PÉRIL EXTRÊME

www.editions-jclattes-fr

Peter Stark

PÉRIL EXTRÊME

Onze scénarios d'aventures à la limite de l'endurance humaine

Traduit de l'américain par
Arthur G.H. Ynchboat

JC Lattès

Titre de l'édition originale
LAST BREATH :
Cautionary Tales from the Limits of Human Endurance
publiée par Ballantine Books

*À ceux qui vont jusqu'au bord
et à ceux qui les en ramènent*

Introduction

Ars moriendi, l'art de mourir

J'ai peur de la mort.

Je me rappelle le moment précis où j'ai pris clairement conscience de ma nature mortelle. Ce n'était pas au moment où je m'accrochais au flanc d'une montagne de glace, ni où je fonçais en kayak dans un torrent de catégorie 4, circonstances où plusieurs victimes dont il sera question dans ces pages prirent conscience que la mort est une certitude. Non, c'est advenu alors que j'étais assis devant une table de bois poli dans le silence feutré de Sanborne House, l'élégante bibliothèque de littérature anglaise à Dartmouth College. Je ne me rappelle pas quel était le livre ouvert devant moi. Mais je me rappelle bien que je contemplais les veines brunes et noires du bois sous la lumière de la lampe et que j'ai pensé : *Je vais mourir. Tout ça va finir.*

Cette idée n'était ni plus ni moins complexe que celle qui vient à des millions, à des milliards d'humains au cours de leur brève existence terrestre. Ce qui m'a alors surpris et me surprend toujours fut le choc émotionnel de cette prise de conscience. J'étais dévasté de douleur par cette pensée. Je portais déjà mon propre deuil, alors que j'avais vingt ans et que, sauf maladie ou accident, je pouvais espérer vivre encore cinquante ans.

Je ne sais pas vraiment quel fut le facteur déclenchant. Rétrospectivement, je peux repérer toutefois quelques indices. Quelqu'un de proche avait récemment tenté de se suicider. Plusieurs de mes amis étaient morts d'overdose. Ces événements m'avaient certes valu des chocs, mais je pense que c'est un incident totalement différent qui m'avait imposé à l'esprit le fait que ma mort était inévitable.

J'étais parti quelque temps auparavant pour un week-end de printemps faire du ski à Tuckerman's Ravine, cette fameuse pente de trois cents mètres de long près du sommet du mont Washington, dans le New Hampshire. Depuis des décennies, c'est le rendez-vous des alpinistes et des skieurs en quête de pentes abruptes. Après quelques descentes enivrantes sur la partie principale de la pente, un ami et moi remontâmes vers la section extrêmement abrupte qu'on appelle Left Gully, le Ravin gauche. Le soleil avait alors baissé quand nous arrivâmes au sommet et une partie du grand cirque de Tuckerman's Ravine était déjà plongée dans l'ombre. Je proposai à mon compagnon, qui est alpiniste autant que skieur, d'emprunter un couloir en pente qui s'ouvrait près de là. Il considéra la pente, qui disparaissait dans l'ombre au-dessous de nous pour ne plus reparaître qu'à trois cents mètres plus loin.

« Non, il ne faut pas y aller, déclara-t-il. La neige en dessous est maintenant à l'ombre et ça gèle dur. Si nous tombions, nous pourrions dévaler et nous heurter aux rochers. »

Je ne m'étais pas avisé que les conditions météo pouvaient changer aussi vite. C'était avant que j'en apprenne davantage sur le ski hors pistes, mais ce que mon compagnon disait me parut sensé et je me rendis à son avis. Nous évitâmes donc le couloir encaissé que j'avais proposé et empruntâmes la pente principale, plus large, plus sûre aussi, où la neige était plus molle et où il n'y avait pas de rochers sur la descente. Une heure plus tard, la journée de sport prenait fin et les gens reprenaient la longue piste au travers de la forêt, pour regagner leurs voitures. Un hélicoptère bourdonna alors au-dessus de nous. Il atterrit rapidement au fond du cirque, puis redécolla. Je n'appris que le lendemain ce qui s'était passé : Un jeune homme avait emprunté le couloir où j'avais voulu aller, il avait glissé et s'était heurté aux rochers. Et il était mort.

À un poil près, ç'aurait pu être moi. Ç'aurait été moi, n'eût été la prudence de mon compagnon. Je crois que c'est cet épisode qui avait déclenché ma révélation à la table de lecture de Sanborne House et qui m'avait fait comprendre combien la mort est proche, au coin de la rue ou à un mauvais virage de skis, et qu'elle est irrévocable.

Cette révélation élémentaire a eu lieu il y a trente ans. Mais je retourne toujours à la montagne, je vais toujours skier hors pistes, et quelque chose me force, me force passionnément à monter là-haut quand je regarde par la fenêtre un jour de printemps ensoleillé et que je vois les pics blancs se profiler sur le ciel. Je suis attiré par la beauté, par le silence, par l'effort physique, par le vent froid et le soleil chaud, en un mot par l'exhilaration. Dans une grande partie de cette force qui s'exerce sur moi et mobilise tout le reste, il y a la conscience de l'imminence de ma mort, celle dont j'avais pour la première fois fait l'expérience à Tuckerman's Ravine. Là réside l'une des prémisses de ce livre. Il y a d'innombrables gens qui font de l'alpinisme ou du ski ou de la luge, il y en a qui font du kayak, d'autres qui s'aventurent dans les déserts ou se lancent dans des aventures moins périlleuses. Comme moi, ils sont fascinés par la beauté et le silence et le ciel et l'exhilaration, mais sous ces motivations court un flux émotionnel qui reste souvent indéfini, diffus. C'est que ces activités mettent l'individu en contact avec un *quelque chose* où vibre la conscience de sa mortalité et tout à la fois, la transcende. Parlant de l'irrésistible attraction du Sahara, en dépit des épreuves brutales, sinon fatales, qui attendent le voyageur, Paul Bowles décrit ce quelque chose comme l'« absolu ».

Il y a un siècle, la mort était familière. Elle venait arracher un parent ou grand-parent, malade ou vieux, au cœur de la maisonnée. Elle faisait partie de la vie quotidienne. Nous ne la percevons plus ainsi ; elle est escamotée dans l'univers pasteurisé de l'hôpital, même si les hospices commencent, heureusement, à changer tout cela. Nous ne parlons pas de la mort. Nous prenons soin de la rejeter à l'extérieur de notre environnement, comme si c'était une obscénité, ou bien une figure de style réservée aux films de violence. Il se peut que ce soit à cause de notre distanciation de la mort qu'à la fois nous en avons peur et nous sommes fascinés par elle, et que nous essayons pourtant de la comprendre. À la différence des Occidentaux, les Japonais se préparent calmement à la mort et, selon une tradition séculaire, rédigent dans leurs derniers jours ce qu'on appelle des « poèmes de mort ». À l'époque médiévale, la tradition chrétienne cultivait la familiarité avec la mort et les érudits rédigeaient des textes tels que l'*Ars moriendi*, autrement dit l'art de mourir. D'autres cultures dans le monde témoignaient aussi d'une familiarité avec la mort étrangère à l'Occident. Le *Livre des Morts tibétain*[1], censé être lu aux agonisants, est une description précise du processus de la mort, présentée comme une libération. Les Tibétains, en effet, tiennent qu'il faut bien comprendre la mort et bien s'y préparer pour mener une vie accomplie et satisfaisante.

Mon intention dans ces pages-ci est d'offrir une variante de l'*Ars moriendi* pour ceux qui se lancent dans des activités exaltantes, souvent périlleuses, voire fatales, telles que l'alpinisme, le canotage sur des torrents, le ski de fond, la luge ou les voyages d'exploration, mais les thèmes du risque, de la mort et de la révélation dont traitent ces chapitres peuvent égale-

---

1. Pour le lecteur français : *Padma Sambhava, le Livre des Morts tibétain*, Christian de Bartillat éd., 1994.

ment s'adresser à ceux qui se livrent à des activités moins extrêmes. Nous partageons tous un destin inévitable, nous sommes tous les habitants d'un corps qui finira par mourir. Plusieurs passages de ce livre se rapportent aux émotions de ceux qui ont franchi le seuil au cours de leurs activités sportives. Chaque chapitre présente l'histoire d'une personne dans une situation désespérée et décrit son état physiologique. J'ai également tenté de traiter certains aspects spirituels de la mort, ainsi que les attitudes de diverses cultures à son égard ; j'ai aussi abordé, mais incidemment, la conjonction du médical et du spirituel au moment de la mort.

Je me suis toujours émerveillé, au cours de mes recherches, de la capacité du corps humain à s'adapter aux modifications de son milieu externe et interne, aux changements de la pression atmosphérique, de la teneur en oxygène, de la consommation d'eau et d'aliments, à l'effort physique, à la chaleur, au froid, à la peur et à l'hémorragie. Mais cette adaptabilité peut être trompeuse.

Le corps humain est à maints égards comparable à une fleur de serre qui ne peut survivre dans un registre de conditions extrêmement étroit. En tant qu'espèce, nous sommes génétiquement adaptés à une bande de températures qu'on ne trouve qu'à l'équateur et, sans certains produits technologiques tels que des vêtements isolants, sans chaudières, sans feux de camp, nous péririons rapidement si nous nous aventurions au-delà de cette bande à quelques milliers de kilomètres au nord ou au sud. Nous pouvons parcourir cette bande tropicale sur le plan horizontal, mais, à la verticale, nous ne pouvons nous en écarter que d'une courte distance sans mettre notre physiologie en péril. Pareillement, les humains ne peuvent pas vivre de façon permanente à plus de quelque cinq kilomètres et demi au-dessus de la surface terrestre. Ils sont également très vulnérables dans un environnement aride, parce que, privés d'eau, ils meurent en quelques jours, en fait en un à dix jours, selon la température, l'effort enduré et d'autres facteurs.

Quand on considère donc la bande étroite qui offre exactement les conditions propices à la vie humaine, en regard du reste de la planète qui est composé de glaces, de roches et d'océans, on se rend bien compte que l'environnement favorable à la vie est très limité. Et ce qui est plus important, on comprend combien il peut être facile de franchir la barrière et le fin réseau de conditions nécessaires à la fragile vie humaine. Mais considérons alors cette bande en regard de l'immensité du système solaire, de la Voie lactée et des profondeurs du cosmos, et nous nous avisons que l'espèce humaine occupe une niche qui est bien plus petite que celle d'une touffe de fleurs sauvages protégée par un rocher dans de vastes et hostiles montagnes, où elle représente la seule manifestation de la vie. C'est pourquoi, à un certain niveau, science et religion s'efforcent de nous faire comprendre combien l'échelle de la vie humaine est infinitésimale comparée à l'échelle du cosmos, mais qu'en même temps la vie humaine participe à cette immensité. Cette immensité qu'on appelle de noms différents, univers en expansion ou chaos, par exemple, et pour certains, Dieu.

Le titre de cet ouvrage, *Péril extrême*, se réfère aux scénarios distincts qui composent chaque chapitre et qui sont présentés comme des récits de mise en garde. La mort de l'explorateur Vitus Behring est la seule mort « historique » décrite dans ce livre. Les dix autres chapitres dépeignent des situations et des personnages inventés qui se rapprochent le plus possible de la vérité physiologique. J'ai basé ces chapitres sur des entretiens avec des gens qui ont survécu à des avalanches, à l'hypothermie, à la quasi-noyade, à des chutes, à l'œdème pulmonaire et à d'autres épreuves. De plus, j'ai interviewé les spécialistes qui traitent ces victimes et j'ai effectué des recherches poussées dans des publications et dossiers médicaux aussi bien que sur des cas spécifiques. Mes sources principales et les remerciements adressés aux nombreuses autorités qui m'ont obligeamment assisté dans mes enquêtes sont cités en fin d'ouvrage. De même que je me suis efforcé de reconstituer l'aspect médical de ces morts et quasi-morts aussi exactement que possible, j'ai voulu dépeindre fidèlement les décors et les circonstances périlleuses dans lesquels les victimes se sont trouvées par accident ou se sont volontairement aventurées. Je me suis servi d'une bonne partie de mon expérience personnelle, puisque je suis skieur de fond et ancien skieur de compétition, et que j'ai fait du kayak et du canoë. Pendant des années, j'ai beaucoup voyagé, le plus souvent à la dure et pour des périodes prolongées, dans plusieurs des régions exotiques qui sont décrites ici, l'Himalaya, le Tibet, le Cercle arctique, le Sahara, l'Afrique occidentale, Sumatra, la gorge du Saut-du-Tigre en Chine, aussi bien que dans des régions moins lointaines, telles que l'Andalousie où j'ai vécu un certain temps.

J'ai choisi de créer des personnages composites fondés sur des entretiens et sur mes recherches, parce qu'ils m'offraient plus de souplesse dans l'exploration des aspects physiologiques, psychologiques et spirituels de la mort que je n'en aurais eue si je m'en étais tenu aux récits d'une seule personne.

Ces scénarios ont revêtu une valeur pédagogique pour moi aussi. La rédaction de ce livre a d'une certaine façon contribué à ma quête personnelle. Je suis né dans une famille aventureuse. Au début du siècle dernier, mon grand-père s'était pris de passion pour le canoë sur cours d'eaux rapides et, parmi bien d'autres expériences, mon père a fait partie de l'équipage du dernier grand voilier commercial qui doubla le cap Horn en 1949. J'ai donc hérité du goût de l'aventure, qui fut stimulé quand mon grand-père et mon père m'emmenèrent, alors que je n'avais que quatre ans, dans leur première descente nocturne en canoë. Commença ensuite une série d'aventures qui se poursuit jusqu'à ce jour.

Cependant, je me suis toujours demandé jusqu'où on pouvait aller *trop loin* et quel était le point de non-retour. Je me suis donc trouvé maintes fois dans des situations qui m'attiraient, autant qu'elles m'effrayaient, que ce fût quand je contemplais des rapides de la berge ou que je parcourais du regard une pente raide de neige poudreuse menaçant l'avalanche, quand j'avançais sac au dos dans une jungle de montagne en Asie ou dans un pays d'Afrique promis à la révolution. Je pense que cette anxiété procédait en partie de la peur de ne pas être à la hauteur et de déshonorer mon grand-père et mon père en n'allant pas plus loin ou plus haut, en quelque sorte, donc, comme si j'appréhendais l'avis des autres. Mais cette anxiété venait aussi du fait que j'aime ces risques et que je déteste y renoncer quand l'occasion s'en offre, et également de l'incertitude qui peut être fortement inconfortable.

Quand on regarde une pente abrupte ou des rapides, on ne peut guère espérer trouver de réponse à la question : *Qu'est-ce qui peut arriver ?* On ne trouve que des probabilités, des estimations, des approximations, des espoirs. Il faut alors s'en remettre entièrement à son propre jugement. Sortir d'un cadre quotidien étroitement réglementé par des lois, des systèmes de sécurité et des garde-fous et se lancer dans une situation où votre vie dépend de votre évaluation de l'angle d'une pente ou de la praticabilité d'un rapide, peut se révéler à la fois déconcertant et excitant. Je pense qu'il existe chez beaucoup de gens un profond désir de cette forme d'indépendance dans une époque où, dans le monde occidental tout au moins, il reste très peu d'occasions d'aventure. Dans une situation difficile ou périlleuse, escalade d'une face rocheuse, descente en ski d'une pente raide ou d'un rapide en canoë, le fait de ne dépendre que de soi-même et de ses compagnons, associé à un besoin de concentration aiguë, procure une vision cristalline du monde alentour ; il engendre en même temps une sorte de détachement de soi-même. On entend souvent dire : C'est à ces moments-là que l'on se sent intensément vivant. Il existe évidemment toutes sortes de risques et celui qui les prend peut en payer le prix suprême. En écrivant ce livre, j'ai appris qu'il n'y a pas de réponses toutes prêtes ni de frontières bien tracées qui permettraient de distinguer la prudence de l'audace et l'audace de la témérité ; ou plutôt que ces frontières varient selon les circonstances et l'individu. Mais ce livre m'a aussi permis de répondre à une question plus importante : Pourquoi y aller ? La réponse, que j'ai essayé d'illustrer par le truchement de quelques personnages, a un rapport avec le sentiment qu'on est intensément vivant, mais aussi avec la mort.

Je constate que, au cours des années, mon attitude à l'égard du risque a évolué. Je pense que c'est parce que j'ai changé depuis ma jeunesse, quand il m'arrivait de skier sur une pente que je soupçonnais être exposée aux avalanches, sans bien savoir ce qu'était exactement ce type de pente. Je me représente mes vingt ans comme une période de témérité où, après une soirée prolongée, nous nous lancions dans des parties de luge sur des lacs glacés, dans le noir, et filions à cent kilomètres à l'heure. À la trentaine, alors que je commençais à en savoir davantage sur la nature et que j'avais l'ambition d'écrire sur elle, la témérité se changea en calcul. Par exemple, quel saut puis-je faire à skis sans courir le risque d'un accident ? À la quarantaine, puis à la cinquantaine, je constate encore que la prudence a grignoté le calcul : plus exactement, j'ai mis le calcul au service de la prudence. Je ne sais pas si je serai plus ou moins prudent après avoir écrit ce livre, mais je pense que, paradoxalement, grâce à toutes les morts que j'aurai décrites, j'aurai moins peur de la mort et, en tout cas, de la mienne.

Je la craindrai moins, non seulement parce que j'en connaîtrai mieux les aspects physiologiques et spiri-

tuels, mais aussi parce que j'aurai moins peur de faire
volte-face. Je ne me soucie plus, en effet, de ne pas être
à la hauteur. Est-ce l'assurance qui vient avec l'âge, je
ne sais, mais je ne répugne plus à faire demi-tour et à
remettre ma tentative à un jour meilleur. J'ai maintenant des enfants, et cela entre aussi en jeu. Je crains
pour eux et leur bien-être plus que pour moi. La façon
dont on évalue l'aventure change avec l'arrivée des
enfants, elle s'enrichit et devient à la fois plus simple et
beaucoup plus complexe. Car j'ai entrepris des aventures avec mes enfants aussi, et nous avons affronté des
peurs, sur les plateaux d'Irian Jaya et dans le Sahara
tout comme dans le parc de l'autre côté de la rue.

En fin de compte, toute personne qui se lance dans
l'aventure doit prendre ses propres décisions en ce qui
touche aux limites de ses capacités et au point où elle
devra faire demi-tour. Les chercheurs d'or des collines
de l'Ouest américain disent souvent : « L'or n'existe que
si vous le trouvez. » On peut en dire de même pour
l'aventure. Ainsi que du risque, de la mort et du sentiment d'être intensément vivant.

Missoula, Montana,
avril 2001

1.

L'hypothermie : comment ceux qui gèlent se remémorent la neige

Quand, sur une route sinueuse de montagne, votre Jeep heurte soudain une congère, vous ne pensez d'abord pas au froid. Votre première idée est que vous avez abîmé votre pare-chocs. La deuxième est que vous avez oublié d'emporter une pelle. La troisième est que vous serez en retard pour le dîner. Des amis vous attendent aux environs de 20 heures dans une cabane de montagne, pour faire du ski sous la pleine lune, suivi d'un dîner tardif et d'un sauna. Rien ne vous arrêtera.

Lorsque vous avez quitté la ville, avec le chauffage à plein régime, vous avez à peine prêté attention au thermomètre lumineux sur la grand-place : −13 °C à 18 h 36. Le bulletin météo à la radio a annoncé l'arrivée sur la région d'une vaste masse d'air arctique. Le caissier de la pompe à essence a secoué la tête derrière son comptoir et a déclaré que ce n'était pas une nuit à mettre le nez dehors. Vous avez souri. Un peu de froid n'a jamais tué personne, surtout avec une bonne pelisse et un bon 4 × 4.

Mais là, vous êtes bloqué. Vous faites marche arrière et vous essayez de vous tirer de la congère. Les pneus couinent sur la neige gelée tandis que les phares dansent sur le rideau de sapins givrés de l'autre côté de la route. Vous ramenez le levier de vitesses au point mort, vous ouvrez la porte et sortez de votre capsule chauffée. Le froid vous gifle le visage et vous tire des larmes. Vous consultez votre montre : 19 h 18. Vous consultez ensuite la carte. Une mince ligne serpente sur la montagne vers le point encadré au crayon qui indique la cabane.

Votre haleine gèle dans l'air. La Jeep est là, enfoncée dans la congère comme une coquille de noix vide. Vous vous représentez le feu de bois, le sauna, le repas chaud et le vin. Vous regardez la carte de nouveau. Vous êtes à huit ou neuf kilomètres de la cabane. Vous parcourez cette distance au pas de course tous les matins. Vous chausserez vos skis. Pas de problème.

Il n'existe pas de température corporelle centrale déterminée à laquelle on meurt de froid. Dans les piscines d'eau glacée de Dachau, les médecins nazis ont calculé que la mort survient aux environs de −60,5 °C. La plus basse température corporelle centrale à laquelle un adulte ait survécu est de −51,5 °C. Pour un enfant, ces valeurs sont plus élevées. En 1994, une fillette de deux ans, dans le Saskatchewan, était sortie de sa maison par une nuit où il faisait −40 °C. On la retrouva près de la porte de sa maison, le lendemain, complètement gelée. Sa température centrale était de 13,8 °C. Elle survécut.

D'autres ont moins de chance, même dans des conditions moins rigoureuses. L'un des pires désastres dus au froid advint en 1964, lors d'une course de compétition sur une lande anglaise pluvieuse et venteuse. Trois des concurrents moururent d'hypothermie, bien que les températures ne fussent jamais tombées au-dessous de zéro et qu'elles atteignissent même 7 °C.

En dépit du savoir des savants et des statisticiens

sur le gel et sa physiologie, personne ne peut prédire exactement quand l'hypothermie surviendra ni si elle sera fatale ou non. Les effets du froid demeurent un mystère. On sait seulement que les hommes y sont plus sensibles que les femmes, et les gens minces et musclés que les obèses, mais aussi qu'il est impitoyable avec les arrogants et les imprudents.

Le processus commence, avant même que vous ne quittiez votre voiture, dès que vous enlevez vos gants pour enclencher un tenon dans les attaches de vos skis. Le métal glacé vous mord la peau. Votre température superficielle baisse.

En quelques secondes, la température des paumes de vos mains tombe à 15 °C. Instinctivement, les capillaires de vos mains se contractent et envoient le sang loin de la peau, dans les profondeurs du tronc. Votre corps laisse vos doigts se geler pour conserver en vie ses organes vitaux.

Vous réenfilez vos gants et vous constatez que vos doigts sont un peu gourds. Puis vous chaussez les skis et vous vous lancez sur la route.

Si vous étiez un pêcheur norvégien ou un chasseur inuit – qui travaillent souvent sans gants dans le froid –, les capillaires de vos mains se dilateraient périodiquement pour permettre au sang de passer et de conserver la flexibilité des doigts. Ce phénomène, qu'on appelle le réflexe du chasseur, peut porter la température de la peau de –5 °C à 10 °C en quelque sept ou huit minutes.

D'autres adaptations de l'organisme au froid sont plus mystérieuses. Des moines bouddhistes tibétains parviennent, par la méditation, à élever la température de leurs mains et de leurs pieds de quelque 8,5 °C. Les aborigènes d'Australie dormaient jadis à même le sol, sans vêtements, par des nuits glaciales, et entraient dans une hypothermie légère, sans frissonner, jusqu'à ce que les rayons du soleil les réveillent.

Vous ne possédez pas de pareilles défenses, ayant passé le plus clair de votre temps dans des bâtiments à la température contrôlée. Ce n'est qu'après dix minutes de rude escalade que votre température corporelle s'élève et que le sang revient à vos doigts. La sueur coule sur votre sternum et dans votre dos.

Vous avez quitté la route et décidé de couper à travers la forêt sur le flanc de la montagne jusqu'au prochain tournant. Tandis que vous avancez dans la neige profonde sous la clarté de la pleine lune, vous vous dites que vos amis avaient raison : c'est une nuit idéale pour faire du ski, bien que – il vous faut l'admettre quand l'air vous gifle par –25 °C – il fasse bigrement froid.

Au bout d'une heure, vous n'avez pas retrouvé la route et vous commencez à vous inquiéter. Vous vous arrêtez pour consulter la carte. À ce moment-là, votre température est montée au-dessus de 38 °C. En gravissant la pente dans la neige profonde, vous avez engendré dix fois plus de chaleur corporelle qu'au repos.

En vous tournant pour examiner la carte, vous entendez un déclic métallique. Vous regardez : le tenon flottant a disparu de votre attache. Si vous levez le pied, le ski tombe de votre botte.

Vous allumez votre torche électrique et ses piles affaiblies par le froid ne jettent qu'un cercle jaunâtre sur la neige. Le tenon ne doit pas être loin, vous dites-vous, et vous commencez à le chercher dans la neige. Tout à votre recherche, vous ne vous rendez pas compte que le froid fait le siège de votre corps fatigué et de vos vêtements trempés de sueur.

La dépense physique qui vous a permis de monter sur le flanc de la montagne est mise à votre débit. Vos capillaires dilatés charrient le surcroît de chaleur de votre corps vers votre peau, et vos vêtements humides la dissipent rapidement dans la nuit. L'absence d'une couche de graisse sur vos muscles, en effet, expose plus directement vos vaisseaux sanguins au froid.

Votre température commence à chuter. En dix-sept

minutes, elle atteint sa moyenne de 37 °C. Puis elle continue de descendre.

À 36 °C, alors que vous êtes toujours courbé à la recherche du tenon, les muscles de votre cou et de vos épaules se tendent dans ce qu'on appelle le tonus préfébrile. Des senseurs ont signalé votre baisse de température au centre de contrôle thermique situé dans votre hypothalamus, lequel, en retour, a commandé la constriction de tous les capillaires superficiels. Vos mains et vos pieds commencent à devenir douloureux à cause du froid. Ignorant la douleur, vous continuez votre recherche. Dix minutes s'écoulent. Vous savez que, sans ce tenon, vous êtes dans un sérieux pétrin.

Quarante-cinq minutes plus tard, vous trouvez enfin le tenon. Vous parvenez même à l'insérer de nouveau dans sa loge et à bloquer votre botte dans l'attache. Mais le froid visqueux qui couvre désormais votre peau se dirige vers le centre de votre corps.

À 35 °C, vous êtes entré en hypothermie moyenne. Vous frissonnez désormais violemment, parce que votre corps atteint sa réaction maximale de frisson, commandée par un réflexe qui veut que vos muscles se contractent rapidement pour élever votre température.

Vous vous avisez que c'était une erreur de sortir par une nuit aussi froide. Vous devriez retourner sur vos pas. Vous fouillez dans la poche de votre parka et trouvez la carte. Vous vous êtes fié à elle pour arriver jusqu'ici, elle devrait vous permettre de retourner à la chaleur de la voiture. Votre température interne commence à descendre au-dessous de 35 °C. Dans l'état brumeux et la panique où vous vous trouvez, il ne vous vient pas à l'esprit que vous pourriez tout simplement suivre vos traces pour revenir à votre point de départ.

Après cette longue halte, skier est devenu difficile. Quand vous arrivez sur la pente, vos muscles se sont refroidis de manière tellement rapide qu'ils ne parviennent plus à se contracter facilement et que, lorsqu'ils se sont contractés, ils ne se détendent pas. Vous êtes contraint à une allure maladroite et vous descendez les bras écartés.

Vous parvenez quand même à passer entre les sapins, glissant dans une lumière argentée à travers des taches ombreuses. Vous avez trop froid pour apprécier cette nuit splendide ou penser aux amis que vous aviez eu l'intention de retrouver. Vous ne pensez qu'à la Jeep tiède qui vous attend au bas de la colline. Son image scintillante est fixée dans votre esprit quand vous arrivez au sommet d'une butte. Vous accélérez, le vent siffle à vos oreilles. Puis, avant que votre esprit ait identifié l'obstacle, vous apercevez une protubérance devant vous.

Vous ne percevez que lentement le danger et vous essayez de bloquer vos skis. Mais votre équilibre et votre appréciation de l'espace sont amoindris par la panique. Quelques instants plus tard, le bout de vos skis heurte le tronc d'arbre enfoui sous la neige et vous faites un vol plané.

Vous restez immobile. Le silence effrayant de la forêt n'est dérangé que par le sang qui bat à vos oreilles. Votre cheville est parcourue d'élancements de douleur et vous vous êtes cogné la tête. Vous avez perdu votre chapeau et un gant. Votre chemise est pleine de neige. De la neige fondue coule le long de votre nuque et dans votre dos.

Vous vous rendez compte, dans une panique subite, que la situation est grave. Vous tentez de vous relever, mais vous vous effondrez, vaincu par la douleur à la cheville.

Vous retombez dans la neige, désemparé, et votre chaleur corporelle commence à se dissiper à une vitesse alarmante, votre tête seule représentant la moitié de cette perte. Le froid vous fait tellement mal aux oreilles que vous ramez dans la neige, retrouvez votre chapeau et l'enfoncez jusqu'aux sourcils.

Mais cette agitation vous a épuisé. Vous savez que vous devriez également retrouver votre gant mais vous commencez à être trop las pour ressentir l'urgence de la situation. Vous décidez de souffler un moment avant de poursuivre.

Une heure passe. À un certain moment, la pensée vous effleure que vous devriez commencer à avoir peur, mais la peur est un concept qui flotte hors de votre portée immédiate, tout comme cette main inerte qui gît toute nue dans la neige. Vous avez atteint cette température à laquelle le froid rend les enzymes de votre cerveau moins efficaces. À chaque degré de moins, votre métabolisme cérébral tombe de 3 à 5 pour cent. Quand votre température interne atteint 33,8 °C, l'amnésie commence à envahir votre esprit. Vous consultez votre montre : 0 h 59. Peut-être quelqu'un viendra-t-il bientôt vous chercher. Quelques moments plus tard, vous consultez de nouveau la montre. Vous n'arrivez plus à comprendre les chiffres. Vous ne vous rappelez presque rien de ce qui suit.

Votre tête retombe. La neige emplit lentement vos oreilles. Dans cet air à −35 °C, votre température tombe d'un degré toutes les trente à quarante minutes et votre chaleur naturelle se perd dans la neige environnante. À 32,7 °C, l'apathie s'instaure. À 32 °C, c'est l'état de stupeur.

Vous avez franchi le seuil de l'hypothermie profonde. Quand votre température interne atteint 31 °C, votre corps ne possède plus le réflexe de se réchauffer en frissonnant. Votre sang s'épaissit comme de l'huile dans un moteur froid. Votre consommation d'oxygène, qui indique le taux de votre métabolisme, a baissé de plus d'un quart. Vos reins, toutefois, travaillent beaucoup plus pour filtrer la surcharge de fluides vitaux qui s'est produite quand les vaisseaux sanguins de vos extrémités se sont contractés et ont repoussé ces fluides vers votre tronc. Vous éprouvez un intense besoin d'uriner, c'est la seule chose que vous ressentiez.

À 30,5 °C, vous avez perdu la capacité de reconnaître un visage familier, s'il en sortait un de la forêt.

À 30 °C, les impulsions électriques étant freinées par les tissus nerveux réfrigérés, votre cœur fait de la tachycardie. Il ne pompe plus que les deux tiers de la quantité normale de sang. Le manque d'oxygène et le ralentissement du métabolisme cérébral commencent à engendrer des hallucinations visuelles et auditives.

Vos oreilles tintent. Levant la tête, vous vous rendez compte que ce ne sont pas les clochettes d'un traîneau, mais celles de la porte de la cabane de vos amis. Vous saviez que vous n'en étiez pas loin. Le tintement est celui de la porte qui s'ouvre parmi les sapins.

Vous tentez de vous relever et vous retombez dans un désordre de membres et de skis. Ce n'est pas grave, vous pouvez ramper, ce n'est pas loin.

Des heures ou peut-être des minutes plus tard, vous vous rendez compte que la cabane est toujours loin devant, au-delà des arbres. Vous n'avez rampé que de quelques pieds. Le cadran lumineux de votre montre indique 5 h 20 du matin. Épuisé, vous décidez de faire une pause.

Quand vous vous relevez, vous êtes à l'intérieur, couché devant le poêle. Il jette des clartés rougeâtres. Il est d'abord tiède, puis chaud, enfin il est brûlant. Vos vêtements ont pris feu.

À 29,4 °C, les gens qui sont en train de geler à mort sont saisis d'une crise étrange et arrachent souvent leurs vêtements. Ce phénomène, connu sous le nom de déshabillage paradoxal, est si fréquent que, dans les villes, on prend souvent les gens en hypothermie grave pour les victimes d'agressions sexuelles. Les spécialistes n'en connaissent pas la cause avec certitude, mais l'explication la plus probable est que, juste avant la perte de conscience, les vaisseaux superficiels se dilatent et produisent une sensation cutanée de chaleur extrême.

Tout ce que vous savez est que vous brûlez. Vous arrachez vos vêtements et vous les jetez au loin.

Mais enfin, dans un dernier accès de lucidité, vous

vous rendez compte qu'il n'y a ni poêle, ni cabane, ni amis. Vous êtes seul dans un froid terrible et le torse nu. Vous vous apercevez alors de votre effroyable erreur et de toute cette série de confusions, comme dans un mauvais rêve. Vous vous êtes débarrassé de vos vêtements, de votre voiture, de votre maison chauffée. Sans cette technologie raffinée, vous n'êtes qu'un délicat organisme tropical dont l'habitat est restreint à une bande tropicale.

Et vous en êtes bien loin.

On dit souvent à propos de l'hypothermie : « Vous n'êtes pas mort avant d'être chaud et mort. » Cela met en relief la nécessité de réchauffer des victimes qui semblent mortes, car, en dépit de toutes les apparences, il se pourrait qu'il reste en elles une étincelle de vie.

À 6 heures du matin, le lendemain, les amis de notre héros, ayant découvert la Jeep en panne, le retrouvent à brève distance du tronc d'arbre, la main sans gant enfouie sous l'aisselle. Sa peau est cireuse et molle, son pouls inexistant, ses pupilles ne réagissent pas à la lumière. Il est mort.

Mais ceux qui connaissent le froid savent que, même s'il est mortel, il confère une sécurité perverse. La chaleur est positive : c'est une rapide vibration de molécules. Le froid, lui, est une absence de ces vibrations. Au zéro absolu, $-273{,}15\ °C$, l'agitation moléculaire s'arrête complètement. C'est ce ralentissement qui change les gaz en liquides, les liquides en solides et rend les solides plus durs. Il freine la croissance bactérienne et les réactions chimiques. Dans le corps humain, le froid ralentit le métabolisme. Les poumons consomment moins d'oxygène, le cœur pompe moins de sang. À des températures normales, cela entraînerait des lésions cérébrales. Mais du fait que son métabolisme s'est ralenti de lui-même, le cerveau réfrigéré a besoin de beaucoup moins de sang oxygéné et, dans des circonstances favorables, il peut en resurgir intact.

L'un des sauveteurs, une femme, applique son oreille sur la poitrine de notre ami. Des secondes passent. Puis elle entend enfin un bruit presque imperceptible, tellement ténu que ce pourrait être le bruit de son propre sang qui bat dans ses oreilles. Elle applique de nouveau l'oreille sur la chair froide. Un autre battement. Et encore un autre.

Le ralentissement cardiaque qui accompagne le gel est d'une certaine manière tellement bénéfique qu'il peut être provoqué. Les chirurgiens du cœur recourent parfois à l'hibernation artificielle pour ralentir le métabolisme de leurs patients et les préparer à l'intervention. Dans cet état de suspension, la circulation sanguine se ralentit, le cœur bat rarement, et, quand le patient est connecté à un cœur-poumon, il ne bat pas du tout. La mort semble imminente. Mais, dans des conditions appropriées, un patient peut survivre ainsi plusieurs heures.

Les sauveteurs couvrent rapidement le torse nu de notre ami avec une parka de secours, lui enfilent des mitaines aux mains et recouvrent tout le corps d'une toile de tente. Ils enlèvent la neige de son visage cireux et gelé. Puis l'un d'eux court à la cabane la plus proche, pendant que les autres montent la garde autour de l'accidenté. Dans le silence, ils s'imaginent entendre le halètement de créatures mystérieuses qui, cette nuit-là, se sont réfugiées dans les profondeurs de la neige pour se protéger elles aussi du froid intense.

Un, deux, trois, les médecins et les infirmiers allongent le corps raide, bloqué en position de chien de fusil, sur une table équipée d'un matelas d'eau chaude maintenue à température constante. On les avait prévenus qu'ils allaient devoir s'occuper d'un cas d'hypothermie profonde. D'habitude, ils parviennent à faire quitter à la victime sa position fœtale, mais, cette fois-ci, ils n'y arrivent pas.

Le caleçon long de l'homme et son fuseau de ski, souillés d'urine et pareils à du carton sous l'effet du gel, sont découpés aux ciseaux. Des électrodes de surveillance cardiaque sont appliquées au torse de l'homme, un thermomètre électronique pour basses températures est inséré dans son rectum. Les écrans digitaux annoncent vingt-quatre battements à la minute et une température interne de 26,2 °C.

Le médecin secoue la tête. Il ne se souvient pas d'avoir vu des chiffres aussi bas. Il ne sait pas vraiment comment ranimer cet homme sans prendre le risque de le tuer.

En effet, beaucoup de victimes de l'hypothermie meurent chaque année alors qu'on est en train de les ranimer. Dans le choc de la réanimation, les capillaires contractés se dilatent presque tous en même temps, déclenchant une baisse soudaine de la pression artérielle. Le moindre mouvement peut déclencher chez la victime une fibrillation ventriculaire fatale. En 1989, seize marins danois naufragés furent repêchés après avoir passé une heure et demie dans la mer du Nord, alors glaciale. Ils traversèrent le pont du bateau qui les avait repêchés et descendirent prendre une boisson chaude. Tous les seize tombèrent morts.

« Vingt-six degrés, annonce un technicien. C'est une chute de deux dixièmes. »

La victime subit là l'effet retard du froid superficiel, qui continue d'abaisser la température interne même alors qu'elle se trouve dans un milieu tempéré.

Le docteur donne des ordres rapides : une perfusion intraveineuse de sérum physiologique, en gros de l'eau salée, à 43 °C. Pour élever la température interne d'un adulte moyen de un degré centigrade, il faut lui fournir soixante kilocalories de chaleur. Une kilocalorie est la quantité de chaleur nécessaire pour élever un litre d'eau de un degré centigrade. Étant donné qu'un litre de soupe chaude à 60 °C fournit trente kilocalories, le patient, qui est toujours en chien de fusil sur la table, aurait besoin de consommer quarante litres de bouillon de poulet pour ramener sa température à la normale. Même le sérum physiologique qui sera injecté directement dans son sang ne lui apportera que trente kilocalories.

Dans l'idéal, le médecin disposerait d'un appareil pour réaliser une circulation extra-corporelle, grâce à laquelle il pourrait aspirer le sang du patient, le réchauffer et l'oxygéner avant de le lui réinjecter, ce qui élèverait sagement la température corporelle de un degré toutes les trois minutes. Mais ces machines équipent rarement les hôpitaux de campagne et, faute de cet appareil, le médecin doit recourir à d'autres solutions.

« Préparez l'appareil de dialyse péritonéale », ordonne-t-il.

Quelques moments plus tard, il insère un gros cathéter dans une incision qu'il a pratiquée dans l'abdomen de la victime. Un liquide chaud commence à filtrer d'un sac et baigne l'abdomen avant d'être aspiré par une autre incision. Ce lavage fonctionne à l'inverse d'un radiateur de voiture : la solution saline réchauffe les organes internes et le sang tiédi recommence à être pompé par le cœur dans tout l'organisme. Un cathéter est ensuite inséré dans la vessie de l'homme et une solution saline chaude d'un autre sac est instillée.

Les membres raidis de l'homme commencent à se détendre. Son pouls remonte. Mais le tracé électrocardiographique de son cœur accuse cette baisse curieuse, dite courbe en J, commune aux victimes d'hypothermie.

« Préparez-vous à la défibrillation », annonce le médecin à son équipe. Il sait cependant que, à des températures aussi basses, il est rare qu'un choc électrique parvienne à rétablir des rythmes cardiaques normaux.

Pendant une heure encore, infirmiers et spécialistes s'affairent autour de la table où l'homme baigne dans un cercle de lumière chaude, les uns vérifiant la température du matelas d'eau chaude, les autres commentant l'imprudence qui a consisté à sortir par une nuit pareille.

Lentement, le patient réagit. On ajoute un autre litre de sérum physiologique à sa perfusion. Mais la pression artérielle de l'homme demeure trop basse, en raison de l'afflux de sang dans les capillaires qui se dilatent. La quantité de fluide perdue par la transpiration et dans les urines a réduit son volume sanguin, mais toutes les quinze à vingt minutes, sa température remonte d'un degré. Le danger immédiat de fibrillation cardiaque s'éloigne au fur et à mesure que le cœur et le sang fluidifié se réchauffent. Les engelures pourraient coûter à cet imprudent des doigts ou le lobe d'une oreille, mais il semble avoir surmonté le plus gros du gel.

Pendant une demi-heure, les techniciens annoncent les données du thermomètre, signalant la transition de ce proto-organisme à sang froid vers l'état d'animal supérieur et doté d'une conscience.

Du fond de ces ténèbres immenses et froides vous parvient un bourdonnement faible, mais insistant. Il grossit rapidement et se transforme en une boule sonore, pareille à un météore qui fonce vers vous et qui se résout en un flot de paroles.

Une voix vous appelle.

Vous ne voulez pas ouvrir les yeux. Vous percevez la chaleur et la lumière qui danse derrière vos paupières, mais, par-delà leur vibration, le froid afflue à l'intérieur de vous, issu de ténébreuses profondeurs marines, des plus lointaines régions de l'espace. Vous êtes trop fatigué même pour frissonner. Vous n'aspirez qu'à dormir.

« Pouvez-vous m'entendre ? »

Vous vous forcez à ouvrir les yeux. Des lumières vous aveuglent. Autour d'elles, des visages et des corps en uniforme gravitent. Vous essayez de penser. Vous avez été absent pendant très longtemps, mais où étiez-vous donc ?

« Vous êtes à l'hôpital. Vous avez été saisi par le froid. »

Vous tentez de hocher la tête. Les muscles de votre cou sont ankylosés, vous ne vous en êtes pas servi pendant des années. Ils ne réagissent qu'à peine.

« Vous allez probablement avoir une amnésie. »

Vous vous rappelez la lune qui brillait au-dessus de la crête des montagnes. Vous skiiez vers elle, vers un lieu chaud sous cet astre gelé. Après ça, rien, rien d'autre qu'un immense froid qui s'est répandu en vous.

« Nous essayons de vous réchauffer un peu », dit la voix.

Vous hocheriez la tête si vous pouviez. Mais vous ne pouvez pas bouger. Vous n'éprouvez qu'un malaise général. Un coup d'œil sur l'endroit qui fait le plus mal vous révèle des cloques emplies d'un liquide clair sur ces doigts qui gisaient sans gant dans la neige. Durant ces longues heures de froid, le liquide à l'intérieur s'est gelé et de petits cristaux de glace se sont formés dans les infimes interstices de vos cellules, aspirant l'eau et bloquant la circulation sanguine. Vous les regardez d'un air absent.

« Je crois que la main guérira, dit une voix au-dessus de vous. Les lésions semblent superficielles. Nous pensons que les cloques s'ouvriront dans une semaine environ et les tissus devraient cicatriser ensuite. »

Sinon, vous savez que vos doigts finiront par être noirs, de la couleur de la chair morte et sans sang. Et qu'il faudra les amputer.

Mais cette appréhension s'estompe sous un flux de lassitude. Vous sombrez lentement, rêvant de chaleur, des vaguelettes d'un océan tropical sur votre torse, de sable chaud au-dessous de vous.

Plusieurs heures plus tard, vous émergez, encore raide et confus, comme si vous remontiez des profondeurs sous-marines. Une vague tiède semble vous envahir. Vous concentrez difficilement votre regard et vous remarquez des tubes insérés dans votre corps. La chaleur s'infiltre comme une rivière bouillonnante dans le froid infini de votre abdomen. Vous examinez les tubes, ils remontent jusqu'à un sac suspendu sous les lampes. Vous commencez à comprendre : le sac contient tout ce que vous avez failli perdre à jamais. Ces gens qui s'affairent alentour ont apporté la lumière et la chaleur, ces bienfaits que vous traitiez jadis de façon si cavalière, les croyant disponibles au bout des doigts ou en déployant simplement une couverture. Dans les heures qui se sont écoulées depuis, vous gisiez dans un lieu où il n'y avait pas de soleil. Vous avez constaté que, dans les profondeurs reculées de l'univers, la lumière est aussi éphémère et splendide que le scintillement des étoiles. La chaleur n'existe que là où il y a de la matière, là où les particules vibrent et sautent. Mais dans l'incommensurable hiver de l'espace, la chaleur est insignifiante, c'est le froid qui règne.

Quelqu'un parle. Votre regard passe de la lumière à l'espace ténébreux de la pièce. Vous reconnaissez la voix d'un des amis auxquels vous alliez rendre visite, il y a maintenant si longtemps. Il vous sourit maladroitement.

« Il faisait froid, là-bas, non ? »

2.

La noyade : une rivière seulement pour soi

> « Il n'est rien sous le ciel de plus doux et docile
> que l'eau, mais il n'est rien de pareil pour attaquer
> ce qui est ferme et fort. »
>
> *Tao-te-king*, vi^e siècle av. J.-C.

Matt comprit d'emblée qu'il abordait les rapides les plus puissants sur lesquels il n'eût jamais pagayé. En trois coups de pagaie, il s'éloigna des remous de la rive et engagea son kayak au milieu du courant. L'esquif fut happé et poussé vers l'avant par la rivière qui déboulait le long du canyon. Une brusque accélération lui rejeta le torse et la tête en arrière, comme s'il avait appuyé sur la pédale d'une voiture de course. Instinctivement, il plongea sa pagaie horizontalement dans l'eau, pour stabiliser son kayak. S'appuyant dessus alors qu'il franchissait la première grosse vague, il ne pensa qu'une chose : « *Nom de nom !* »

Sous les yeux des kayakistes demeurés sur la rive, ce flot d'écume bouillonnante et tonitruante ressemblait à un train de marchandises filant si près, si vite et dans un tel fracas qu'il était impossible de distinguer le nom de la compagnie ferroviaire ni même un wagon, à moins d'avoir un regard fulgurant. Toute la masse du Yang-Tsé-Kiang déferlait au bord du plateau tibétain, le Toit du Monde, pour se déverser dans une série de gorges de huit cents kilomètres de long, comme un orage qui se viderait dans un gros tuyau. À mi-chemin, ce gigantesque conduit était bloqué par les monts du Dragon de Jade, une superbe chaîne de cimes neigeuses formant un barrage de six mille mètres de haut. Plusieurs millénaires auparavant, un séisme avait brisé l'échine de ces montagnes, creusant une fracture de quelque trois kilomètres de profondeur, tellement étroite et abrupte que les Chinois l'appelaient la gorge du Saut-du-Tigre, en souvenir du tigre légendaire qui l'aurait franchie d'un bond. Et, là, le quatrième fleuve du monde se repliait sur les bords, littéralement, pour forcer un passage à travers cette faille, dans le chaos grondant de l'eau cherchant le chemin le plus rapide vers la mer.

Personne n'avait jamais exploré cette gorge en kayak. Personne n'avait même essayé, tant cette section de la rivière était effrayante. Pourtant, à grands frais et avec beaucoup d'efforts, Matt et ses amis avaient gagné la province du Yunnan pour tenter la première descente ; s'ils réussissaient, ils y gagneraient une place, petite mais glorieuse, dans l'histoire du kayak. Ils avaient campé trois jours durant sur un relief rocheux pour reconnaître les rapides, les examinant aux jumelles et escaladant les rochers sur les berges. La puissance, l'ampleur et le fracas des rapides dépassaient de loin tout ce qu'ils avaient imaginé dans le calme de leurs maisons et, en fin de compte, Matt avait été le seul à vouloir s'y risquer.

« Je ne sais pas, Matt, l'avait averti un de ses camarades autour du feu de camp. Tu es le meilleur d'entre nous ici, mais est-ce que tu as vraiment vu la taille de ces trous ? Ils pourraient engloutir n'importe quel radeau, sans parler de ton petit kayak. »

Matt fixait le feu du regard. Il entendait le bruit de l'eau dans le canyon, hurlant dans la brise nocturne comme le flux et le reflux d'une mer lointaine. Il se représentait mentalement les trous, là où des rochers énormes étaient tombés de la montagne et contrariaient le courant. Quand celui-ci passait par-dessus et retombait de l'autre côté, il formait une dépression sur la surface de l'eau, le fameux « trou », immanquablement en aval. Les rivières tentaient toujours de combler ces trous en y déversant l'eau du centre ou des bords du courant, et cela créait des zones turbulentes dans le cours uniforme de l'eau.

On trouve ces trous même dans les plus petits cours d'eau, on les repère à de petites moustaches d'écume en aval des cailloux. Dans une grande et profonde rivière, l'eau s'y rue avec une telle force que, si par inadvertance on y pointe le nez d'un kayak, elle vous engloutit, vous, votre veste de sauvetage et votre embarcation et vous fait remonter de même, vous faisant « recirculer » dans le trou en même temps que l'eau. C'est ce qu'on appelle un « geôlier ». Il n'existe qu'une issue : tout droit. On se laisse engloutir et, contrairement à ce que dicte l'instinct, on nage toujours plus bas, avec de moins en moins d'oxygène dans les poumons, jusqu'à ce que la force de l'eau s'affaiblisse contre le fond et qu'on soit relâché en aval. Puis on nage vers la surface. À supposer, bien sûr, qu'on soit toujours en vie.

Les flammes s'échevelèrent dans la brise et le fracas des rapides s'estompa, comme s'il était passé sous terre, puis il resurgit. Matt avait oublié de répondre. Il avait déjà plongé dans des trous, mais ceux qu'il avait repérés ces trois derniers jours étaient plus grands, beaucoup plus grands que tous ceux qu'il avait vus au cours de ses années de kayak. Il avait commencé à pagayer avec des amis l'été suivant sa dernière année de collège. À l'automne de cette année-là, il ne pouvait plus s'en passer ; les trous l'avaient piégé comme dans la réalité ; il ne parvenait pas à oublier l'intensité brûlante et la finesse de maniement de ses courses en kayak avant le calme studieux de la classe.

Qu'est-ce que je fais ici ? s'était-il demandé après

vingt minutes de présence au premier cours à l'université, alors que le professeur pérorait sur les principes de la comptabilité. Quand la sonnerie avait retenti à la fin du cours, il s'était rendu à la librairie universitaire, avait revendu son gros manuel de comptabilité et ne l'avait jamais regretté.

Depuis lors, il s'était débrouillé, acceptant tous les travaux saisonniers décents qu'il pouvait trouver, couler de l'asphalte ou du béton, construire des piscines, et il passait le reste de son temps à la recherche de rivières. Une fois par an, il organisait une excursion avec ses vieux copains de kayak. C'était lui qui avait suggéré l'expédition à la gorge du Saut-du-Tigre. Il avait d'abord été surpris qu'ils l'eussent acceptée ; ou bien ils ne se rendaient pas compte des périls du fleuve, ou bien ils se disaient qu'ils pouvaient toujours changer d'avis. Pour Matt, c'était bien plus compliqué. Au retour, ils retrouveraient leurs foyers et leurs boulots, conception de software ou gestion de sociétés, et ils se contenteraient de considérer l'expédition ratée comme un voyage intéressant dans un pays exotique. Mais pour lui, le kayak était son métier et c'était ainsi qu'il le considérait. Il n'était ni concepteur de software, ni directeur de société, ni agent de change, il était un kayakiste. Et ça, là, cette gorge, cette première descente, ce moment, c'était à lui.

Matt leva les yeux. Leurs prunelles reflétaient les flammes. « J'ai travaillé deux ans à bâtir des charpentes de maisons pour mettre de côté assez d'argent pour ce voyage, dit-il. Je ne vais pas rentrer à la maison sans avoir au moins essayé. De plus, je n'ai pas l'intention de plonger dans un de ces grands trous. Si ça arrive, bon, je n'aurai plus qu'à m'accrocher, plonger et attendre d'être éjecté. »

Personne n'éleva la voix. Ils regardaient le bois qui sifflait dans le feu et échangeaient des regards, chacun se demandant en silence : *Est-ce qu'on devrait essayer de l'empêcher ?*

« Avez-vous jamais lu Lao-tseu... le *Tao-te-king* ? »

demanda soudain Matt, parcourant du regard les visages éclairés par les flammes. Après le collège, il avait tenu à poursuivre ses lectures, comme pour compenser son manque d'éducation universitaire, et s'enthousiasmait pour ses découvertes avec l'obstination passionnée des autodidactes. « Ça parle beaucoup de l'eau, poursuivit-il. La manière dont elle coule et contourne des obstacles tels que les rochers et la façon dont elle devrait inspirer l'existence. On apprend qu'il faut céder à ce qu'on veut surmonter. C'est comme ça qu'un kayakiste doit penser. Surtout dans un grand trou. *Surtout* dans un grand trou. On ne peut pas triompher de l'hydraulique. Il faut se donner à elle pour pouvoir y plonger. »

Ses compagnons échangèrent de nouveau des regards. « Les rapides dans cette gorge sont de la classe six, dit quelqu'un. Ton envie folle d'y aller, je n'appellerais pas ça céder.

— Bon, je vais le faire de toute façon, dit brusquement Matt. Ou bien vous m'y aidez, ou bien j'y vais seul. »

Après un petit déjeuner de thé vert et de nouilles chinoises, le lendemain matin, Matt et ses amis transportèrent son équipement sur un rocher plat près de l'eau. En général, les kayakistes s'occupent de leurs propres équipements et préparations, mais là, chacun aidait Matt à s'habiller pour la randonnée, comme les écuyers aidaient jadis le chevalier à revêtir son armure avant le tournoi. Ils tinrent ouverte par le dos sa combinaison étanche Goretex, l'aidèrent à s'y insérer, remontèrent la fermeture Éclair, puis s'occupèrent des rabans de caoutchouc aux poignets, aux chevilles et au cou, destinés à empêcher l'eau de pénétrer, et les serrèrent avec des fermetures Velcro. Ils s'agenouillèrent devant lui pour l'aider à chausser ses chaussons de kayakiste, équipés de rebords de mousse pour drainer l'eau et de semelles de caoutchouc assez épaisses pour repousser du pied les rochers sous-marins, s'il devait être éjecté de son kayak, mais assez adhérents pour gravir une paroi de canyon s'il n'avait pas d'autre moyen d'en sortir.

Tandis que ses camarades s'affairaient à tirer des glissières, le corps de Matt se préparait déjà au combat. Alerté par l'effrayant fracas de la rivière, son cerveau avait donné l'ordre de sécrétion à ses glandes surrénales, au-dessus de chaque rein. Sous l'effet de l'adrénaline et de la noradrénaline diffusées dans son cœur, qui les pompait dans les muscles et les autres organes, stimulant leurs fibres, il sentit une fièvre gagner son torse ; elles le préparaient à « vaincre ou fuir » au combat. Ses quelque douze mètres d'intestin grêle se contractèrent également, son anus se serra, son foie déversa du glucose dans son sang pour alimenter ses muscles, et son rythme cardiaque doubla soudain, passant de soixante à cent vingt pulsations à la seconde. L'adrénaline baigna ses muscles thoraciques et son diaphragme ; sa respiration s'accéléra et s'approfondit, passant de douze inspirations superficielles à vingt inspirations profondes à la minute. Son organisme s'approvisionnait en oxygène, comme s'il prévoyait le besoin critique qu'il allait en avoir.

Ses amis aidèrent aussi Matt à revêtir sa veste de flottaison, d'un jaune vif, facile à repérer s'il devait être piégé sous l'eau et équipée d'un harnais auquel ils pouvaient accrocher un câble à tenon, si lui ou son canot étaient bloqués par le courant contre un tronc d'arbre ou un rocher. Enfin, toujours à l'instar des écuyers qui ajustaient le heaume, ils le coiffèrent de son casque rembourré en Kevlar et le lui attachèrent sous le menton. Il protégerait son crâne des collisions sous l'eau si son kayak se renversait et qu'il se trouvait lui-même la tête en bas, essayant de redresser l'embarcation de ce coup franc de la pagaie qu'on appelle le « tour de l'Eskimo ».

« Tu veux ta visière ? » lui demanda l'un de ses

compagnons, tenant une grille métallique qui se fixait sur le casque, afin de protéger la face des chocs contre les rochers. Matt la refusa : « Je préfère bien voir où je vais. » Portant son kayak de polyéthylène rouge vif et sa pagaie jaune en fibres de carbone avec des lames translucides en Kevlar, le groupe se déplaça vers le bord du rocher plat, là où il dominait à pic la rivière, à environ deux mètres de la surface. En amont, une pointe rocheuse issue de la paroi coupait le courant bouillonnant et formait un tourbillon d'avers, c'est-à-dire un lieu abrité où le courant allait en amont, comme l'air qui tourbillonne derrière un brise-vent. Matt glissa ses jambes dans la coque rondouillette et pansue, rembourrée au profil exact de son corps et vaporisa du produit isolant sur le cockpit, pour empêcher l'eau de s'y faufiler. Le profil du kayak était du type qu'on appelle « bateau de crique », celui que les kayakistes experts préfèrent pour aborder des courants difficiles, exigeant une grande adresse technique, parce qu'il est stable mais maniable, et que la coque est conçue pour amortir les descentes brutales de chutes et aborder le plan d'eau inférieur avec le bateau en équilibre, selon la manœuvre qu'on appelle un « boof ».

Matt goûtait le rythme du kayak : cela commençait par une concentration perlée de brume alors qu'il cherchait, le long de la rive, l'endroit parfait dans le chaos de rochers, de tourbillons et de trous qui formait un rapide ; puis la reconstitution mentale d'une série de mouvements pareils à une chorégraphie. Puis la course, comme il l'avait rêvée et gravée dans son esprit, les préparatifs de l'habillage, la mobilisation des forces, l'intensité insoutenable, la concentration et l'effort de la course elle-même et, quand tout allait bien, la pause finale dans un plan d'eau paisible sous les rapides, la sérénité, la détente et la béatitude qui gagnaient tout son être. Si l'on pouvait assimiler le kayak en eaux rapides à un tournoi d'échecs où chaque mouvement avait été mémorisé d'avance, le parcours d'une section puissante et inexplorée telle que la gorge du Saut-du-Tigre pouvait être comparé à l'affrontement d'un grand maître qui n'aurait jamais perdu une seule partie.

Les compagnons de Matt revêtirent leurs propres gilets de sauvetage et se dispersèrent le long de la rive parmi les corniches et les rochers, chacun portant un sac contenant une corde flottante en polypropylène, qu'ils lanceraient au champion s'il était en détresse. Vissé dans son poste, Matt se servait de ses mains, comme une otarie de ses nageoires, pour manœuvrer le kayak à l'extrême bord de la plate-forme rocheuse. Il s'empara de sa pagaie, adressa un salut à ses amis, donna un ultime coup de reins, et le kayak bascula par-dessus le rebord et tomba à plat dans le courant en faisant rejaillir l'eau.

En trois coups de pagaie rapides, il se lança dans les montagnes russes du courant principal, percevant confusément du coin de l'œil les présences fugitives de ses amis sur la rive, formes rouges et bleues des parkas imperméables et des gilets de sauvetage qui s'effaçaient rapidement, puis les cris noyés par le grondement : « Vas-y, Matt ! Vas-y ! »

Il banda ses muscles, appuya sur sa pagaie, pour affronter la première grosse vague, descendit dans le creux et remonta sur la vague suivante, prêt à agir. Ce fut au début de la course que se situa une partie des manœuvres les plus ardues, quand il fallut négocier un S entre trois gros rochers, puis tirer fortement à gauche pour éviter l'endroit où la rivière déferlait sur un roc grand comme une maison. En aval de ce roc se creusait un trou aussi grand qu'un garage pour cinq voitures. C'était ce qu'il devait éviter.

Apercevant le premier des trois rochers du grand S, Matt pagaya vigoureusement vers la droite, puis vers la gauche, puis de nouveau vers la droite, se faufilant entre les obstacles. Pour ses amis sur la rive, son casque rouge et sa pagaie jaune ressemblaient à un petit jouet qui dégringolait dans une immense cascade.

Puis le roc grand comme une maison. *Gauche !*
Gauche ! Gauche ! Quand il l'avait repéré depuis la rive,
Matt ne s'était pas rendu compte à quel point le courant
tirait vers la droite, la direction opposée à celle qu'il
devait suivre. Il tira de toute sa force, sentit la flexion
de la rame, les contractions et décontractions de ses
biceps, le souffle de ses poumons, la poussée des lames
de la pagaie. Il se battait contre tout le courant qui dérivait, pareil à une lame bouillonnante, un glacier resurgi
à la vie, et le poussait inexorablement vers la rive où il
ne fallait pas aller, vers le roc énorme. Le système car-
dio-vasculaire de Matt était alors en surpression. Son
rythme respiratoire monta à trente-cinq inspirations
par minute, proche de l'inspiration maximale pour une
respiration efficace, absorbant cent trente litres d'air à
chaque minute. Son cœur battit à cent quatre-vingt-dix
pulsations à la minute et pompa trente litres de sang
dans le même temps, assez pour remplir une baignoire
jusqu'au trop-plein en quatre minutes. Il fallait cette
rivière de sang, représentant la capacité d'un cœur
d'athlète à sa performance maximale, pour alimenter
les muscles de Matt en oxygène afin de pagayer dans la
gorge du Saut-du-Tigre.

Les lames de sa pagaie tournoyaient et poussaient
contre le courant, s'efforçant de tirer à gauche, et son
kayak, tel un bouchon, tirait quand même à droite. Matt
pouvait voir à une trentaine de mètres de là la nappe
mouvante d'eau former une gangue vitreuse au-dessus
de l'énorme roc, pareil à un dôme de cristal. *Tire ! Tire !*
Tire ! Le vent fouettait son visage mouillé tandis que le
courant accélérait vers le rocher. Il lui fallait souquer
encore plus ferme. Son kayak se mit en travers, poussé
vers le dôme de verre. Il entendait le bruit de tonnerre
du trou au-delà du roc. Il maîtrisa sa pagaie pour tenter
de redresser le kayak, et aperçut au-dessous de lui un
maelström blanc et rugissant. Il fut projeté en l'air. Puis
il retomba la tête en bas, pagayant inutilement l'air, les
jambes toujours attachées au kayak derrière lui, tel un

cerf-volant en polyéthylène moulé, et il plongea au cœur tournoyant du trou.

Ses amis sur la rive ne pouvaient pas avoir vu ce qui s'était passé. Ils avaient bien aperçu Matt projeté dans un énorme panache d'eau, comme s'il prenait son élan d'un tremplin de ski, les lames de la pagaie battant l'air, mais, un instant plus tard, il avait disparu.

L'un des mammifères marins les plus remarquables, la baleine blanche *Delphinapterus leucas* ou bélouga, peut retenir sa respiration pendant dix-sept minutes et plonger jusqu'à huit cents mètres sous la surface. Le morse peut rester immergé pendant deux heures. Certains phoques peuvent plonger jusqu'à près de mille cinq cents mètres. Ils réalisent ces prouesses en emmagasinant de l'oxygène dans le sang et les tissus quand ils nagent en surface et en le libérant quand ils sont sous l'eau. Certains d'entre eux possèdent des systèmes respiratoires qui permettent à leurs poumons de s'effondrer sous les pressions atmosphériques extrêmes, d'autres ralentissent leur rythme cardiaque et leur métabolisme pour réduire leur consommation d'oxygène. On pense que les pingouins qui plongent sous l'eau recourent à un métabolisme anaérobie, c'est-à-dire sans oxygène, pour mouvoir leurs muscles natatoires, tandis que les canards refroidissent leurs cerveaux à des températures assez basses pour ne pas souffrir de lésions par manque d'oxygène.

Les humains sont évidemment très différents. À la différence des mammifères marins, et comme conséquence de l'évolution quand nos lointains ancêtres sont sortis des mers chaudes et ont gagné la terre ferme, ils n'ont conservé aucune capacité de stockage de l'oxygène. Notre espèce n'a qu'une très faible capacité de retenir sa respiration. C'est la raison pour laquelle la noyade est aux États-Unis la troisième cause de mort accidentelle avec huit mille victimes par an. En Europe, trente-cinq mille personnes se noient chaque année et, dans le monde, il y en a près d'un demi-million, ce qui classe la noyade au cinquième rang des causes de mortalité, entre les guerres et les chutes. La noyade, bien plus que d'autres formes de mort, revêt une qualité littéraire, comme si elle impliquait la soumission à quelque chose de plus grand ou, chez les désespérés, le renoncement à l'espoir. Virginia Woolf, qui avait recouru aux images de l'eau dans beaucoup de ses romans, craignit au printemps de 1941 de souffrir d'un accès de démence tandis que les Allemands bombardaient l'Angleterre. Elle emplit donc les poches de sa pelisse de pierres et s'avança, sur la berge, dans l'eau de la rivière Ouse. La première femme du poète romantique Percy Bysshe Shelley se noya quand son époux se lia avec une fille de seize ans et Shelley lui-même se noya quelques années plus tard, en 1822, quand son petit yacht, l'*Ariel*, chavira au large de la Toscane.

Pendant des siècles, la noyade passa dans l'imagination populaire pour une forme de mort affreuse, mais qu'on pouvait souvent éviter. Les premières « Sociétés humanistes » d'Europe et d'Amérique, fondées à la fin du XVIIIe siècle, étaient destinées, non au traitement charitable des animaux, mais à ramener à la vie des personnes qui s'étaient presque noyées, ainsi la *Society for the Recovery of Persons Apparently Drowned* de Londres. Rebaptisée *Royal Humane Society for the Apparently Dead*, celle-ci se consacra à d'autres types de mort soudaine, comme celle qui suit une chute ou le choc de la foudre. Les seules sociétés de ce type à Londres et Amsterdam auraient sauvé plus de mille vies en une vingtaine d'années seulement.

Leurs rapports détaillés décrivent les techniques de secours cardio-pulmonaire inventées à la fin du XVIIIe siècle et qui semblent étonnamment modernes : le bouche-à-bouche (l'utilisation d'un mouchoir ou d'un tissu peut servir à rendre l'intervention moins désagréable), l'usage de tubes pour dégager les voies respiratoires, et de soufflets, dont on recommandait le port à toutes les équipes de sauvetage, qui devaient permettre de ventiler les poumons. Les sauveteurs découvrirent aussi qu'un choc électrique pouvait stimuler un cœur inerte et le ramener à la vie. En 1819, Giovanni Aldini, neveu du fameux Luigi Galvani, qui étudiait les effets de l'électricité sur les tissus animaux, publia *L'application du galvanisme à des fins médicales, notamment dans les cas d'arrêt de la vie*. La *Humane Society of New York* admit qu'en effet l'électricité pouvait être « un agent puissant et un remède tout à fait adapté », et elle recommanda d'appliquer « de fortes étincelles du côté gauche du cœur ». On peut se demander si les miracles décrits par Aldini et d'autres dans le retour à la vie de gens presque morts n'inspira pas à Mary Wollstonecroft Shelley, l'épouse du poète qui allait bientôt se noyer, le fameux roman d'épouvante *Frankenstein*, publié en 1818, où l'on voit un monstre trouver la vie grâce à un éclair électrique.

En dépit de la renommée du Dr Frankenstein, plusieurs de ces techniques de réanimation furent abandonnées ou bien oubliées avant d'être redécouvertes et affinées par des chercheurs au milieu du xxᵉ siècle et elles sont actuellement classiques. Au xviiiᵉ siècle, les victimes se noyaient dans des lacs, des rivières et en mer, alors que, de nos jours, près de la moitié des victimes, surtout de jeunes enfants, aux États-Unis et en Australie, se noient dans des piscines privées. À la différence de ce qui se produisait il y a quelques siècles, les noyades en mer sont devenues relativement rares, sauf dans les milieux de pêcheurs. Les noyades des sportifs dans des rapides, kayakistes, canoéistes et pratiquants du rafting [1], ne représentent qu'une faible fraction des morts par noyade, moins d'une cinquantaine par an selon les rapports ; toutefois, le nombre a augmenté, car

---

1. Type de sport qui consiste à descendre des rapides sur des radeaux pneumatiques (*N.d.T.*).

beaucoup de sportifs s'aventurent dans des descentes toujours plus risquées.

Quelles que soient les circonstances, naufrage, chute dans une piscine, suicide dans un manteau lesté de cailloux ou descente en kayak d'un rapide de classe 5, la mort par noyade représente l'archétype de toute mort. Finalement, tout le monde, malades cardiaques, victimes du cancer, grands vieillards, meurt de la même cause que les noyés : le manque d'oxygène dans le cerveau. Dans le cas de ces maladies ou du déclin, des semaines, voire des années, peuvent s'écouler jusqu'à ce moment final. Mais la noyade accélère le processus de manière saisissante : on peut en général retenir sa respiration pendant une minute et demie avant d'avaler ou de perdre conscience. Quand, sur la terre ferme, la respiration s'est arrêtée, les dommages cérébraux commencent au bout de quatre minutes et le corps médical considère que les chances de rétablissement du cerveau sont quasiment nulles au bout de dix minutes. Sous l'eau, cependant, ces estimations sont atténuées et une étude portant sur cinquante-sept cas de noyade a démontré que les victimes avaient été immergées pendant une moyenne de onze minutes et demie. Mais c'est quand même un temps très court.

0 minute 03 secondes. *Prends quelques goulées d'air !* C'est l'unique pensée de Matt tandis qu'il dévale la tête en bas par-dessus le grand roc. Il n'a pas le temps de réfléchir, même pas celui d'avoir peur, juste le temps des réactions les plus instinctives. Il parvient à inspirer un petit peu moins que cinq ultimes litres d'air. C'est à peu près sa « capacité vitale » ou le maximum d'air que ses poumons peuvent inspirer d'un seul coup, capacité qui varie de deux à six litres selon les individus. L'air qu'absorbe Matt est composé comme partout sur la terre de quatre cinquièmes d'azote et d'un cinquième d'oxygène. C'est-à-dire que ses poumons n'ont à leur

disposition qu'un seul précieux litre d'oxygène pour le maintenir en vie pendant sa plongée sous la surface des eaux.

Il pique de la tête dans le trou. Il est instantanément extirpé de son kayak. Le courant casse sa pagaie en deux, lui arrache la moitié qu'il tient en main, lui arrache aussi ses lentilles de contact et son casque de protection, défait les lanières de son gilet de sauvetage, comme si un grand animal le secouait dans ses mâchoires. Il sent qu'il est précipité à travers des couches d'eau, comme s'il traversait un énorme feuilleté : d'abord, une couche d'écume blanche, puis de l'écume mélangée à de l'eau verte, puis des masses d'eau vert foncé qui le malmènent en silence, tandis qu'il est tiré vers le fond de la rivière. Loin au-dessus de sa tête, il entend le grondement sourd de l'eau qui dévale par-dessus le roc.

Pendant ces quelques premières secondes, de profonds changements surviennent dans sa physiologie. Tous les humains, à un degré plus ou moins grand, conservent un fantôme d'héritage génétique de la réaction à la plongée des mammifères marins : le taux métabolique passe du rapide au lent, afin de conserver l'oxygène pendant le séjour sous l'eau. Vous pouvez, rien qu'en plongeant votre visage dans l'eau froide, ralentir votre rythme cardiaque et le faire passer de soixante-dix à quarante-cinq battements, et certains athlètes parviennent même, en se passant seulement de l'eau glacée sur le visage, à abaisser leur rythme cardiaque jusqu'à six battements à la minute. Tandis que son rythme cardiaque s'abaisse, les veines et les artères des bras et des jambes de Matt se contractent pour économiser l'oxygène au bénéfice du cerveau, du cœur et d'autres organes vitaux. Comme celui des baleines et des phoques, son corps s'efforce de conserver l'unique litre d'oxygène.

0 minute 12 secondes : il reste 825 millilitres d'oxygène. Matt retient sa respiration. Il sent déjà la

contrainte peser sur ses poumons. Le gaz carbonique que ses cellules rejettent après avoir brûlé leur carburant s'accumule dans ses muscles et ses organes, et il est charrié par le sang vers les poumons. Des senseurs précis dans son cerveau enregistrent la légère acidité du sang causée par l'accumulation de gaz carbonique et donnent à ses poumons l'ordre de l'expulser d'urgence. C'est l'accumulation de ce gaz carbonique, et non le besoin d'oxygène, qui déclenche en grande partie le besoin de respirer. Aussi les nageurs qui attaquent de longues distances sous l'eau s'exercent parfois à l'hyperventilation pour alléger partiellement leur charge de gaz carbonique dans le sang, ce qui leur permet de pallier le besoin de respirer. « J'avais le sentiment que je pouvais nager sans fin sans respirer », disent certains d'entre eux pour décrire leur illusion, juste avant de perdre conscience et d'être repêchés au fond de la piscine. Matt avait respiré à fond avant de plonger, mais il n'avait pas hyperventilé et n'avait donc pas maîtrisé entièrement son impérieux besoin de respirer. La pression s'accroît dans son thorax comme un ballon qui gonfle. Son corps lui commande : *Respire ! Exhale ce gaz carbonique ! Respire !*

Tiens bon, songe-t-il, faisant appel à sa volonté pour dominer la douleur qui s'accroît dans sa poitrine. *Ne panique pas ! Tu es déjà passé par là.* C'est un énorme rodéo, comme disent les kayakistes, un trou qui fait tourner en rond ce qu'il a saisi. Matt se sent poussé vers la surface par des tourbillons d'eau sombre qui viennent d'en bas et, tandis qu'il remonte, il est rabattu vers le fond par les masses qui tombent du haut du roc. Ses poumons crient le besoin d'affleurer à la surface, de lutter pour arriver en haut. *Reste en bas !* se dit-il. *Ne te bats pas contre l'eau ! Va plus bas !* Dominant cet instinct humain qui lui dicte de remonter, il rue et s'élance vers la paroi du roc immergé, qu'il contourne comme il le ferait de la cage d'un gigantesque ascenseur.

0 minute 22 secondes. Il lui reste 640 millilitres d'oxygène. Il n'entend plus le fracas au-dessus de lui. L'eau est uniformément sombre. Il sent qu'il a échappé au rodéo et qu'il a été projeté en aval. Mais des courants puissants le chahutent et lui secouent bras et jambes comme si c'étaient des bandes de papier mouillé. Il essaie de se laisser aller, suivant l'eau jusqu'à ce qu'elle ralentisse et le porte vers la surface. Sous les poussées violentes des courants, son gilet de sauvetage est secoué comme le serait un T-shirt trempé. C'est comme s'il avait nagé parmi d'énormes animaux marins qui lui auraient assené des coups de nageoire de part et d'autre.

Entre-temps, des événements remarquables se sont déroulés dans ses poumons. Le précieux litre d'oxygène qu'il a inhalé remplit trois cents millions de petits sacs pulmonaires, qui s'appellent des alvéoles. Si on les étalait, leur surface couvrirait la moitié d'un court de tennis. Ces sacs sont irrigués par des capillaires gorgés de sang, si fins qu'un physiologiste pense qu'un seul verre de sang suffirait à recouvrir cette même surface. Plus d'une fois par seconde, ils sont emplis du sang que le cœur pompe dans les poumons. Chaque fois, le sang est déchargé de son gaz carbonique et rechargé en oxygène dans un processus que l'on appelle échange gazeux.

0 minute 28 secondes. Il ne reste que 490 millilitres d'oxygène. Les chocs au fond de la rivière se calment un moment. Matt est entré dans une zone plus tranquille où le courant a ralenti. *Voici*, se dit-il, *vas-y !* D'un coup de talon, il s'élance vers la surface, essayant de maîtriser ses gestes et de conserver les ressources de son organisme. Tandis qu'il remonte, l'eau s'éclaircit et passe du vert sombre au vert clair, puis au blanc bouillonnant. L'écume tournoie autour de sa tête et de ses oreilles, c'est le bruit de la surface, de l'air, de la vie. Il y est. Il va absorber une grande goulée d'air frais. Mais le courant soulève brutalement son corps, puis l'enfonce. Matt se heurte à un rocher enfoui. Et un autre

trou. Il descend de plus en plus bas vers des couches de plus en plus sombres. Il fait noir. Il ne peut pas respirer. Il lui faut sortir, se battre, gagner la surface coûte que coûte. *Non !* se dit-il. *Cède-lui ! Cède-lui et domine-le !*

0 minute 37 secondes. Il reste 415 millilitres d'oxygène. La conscience de Matt commence à souffrir du manque d'oxygène, comme un globe de lumière qui se contracte et s'affaiblit progressivement. Ses systèmes de contrôle de l'alimentation en oxygène et de l'élimination du gaz carbonique sont en alerte maximale. Au lieu d'un sang riche et rouge, ses veines charrient un sang foncé. Son cœur bat fort, ses oreilles en résonnent. Son intellect devient de plus en plus lent. *Tu vas mourir si tu restes là-dessous plus longtemps.*

Une part de lui voudrait s'abandonner à la panique, mais n'y parvient pas, comme si la panique aussi ne se déclenchait qu'au ralenti. Il se débat pour remonter à la surface. Ses gestes semblent étrangement inefficaces, comme dans un rêve. Il souffre des premiers symptômes de l'hypoxie, c'est-à-dire de la pénurie des tissus en oxygène. Il sent vaguement les muscles de ses bras et de ses jambes le brûler, comme lorsqu'on perçoit la fraise du dentiste après une anesthésie. Privés de l'oxygène nécessaire pour métaboliser les carburants organiques, les muscles produisent maintenant de l'acide lactique, qui s'y accumule et les raidit. Des courants d'eau sombre maintiennent toujours Matt sous l'eau. Il lève les yeux vers ce qu'il croit être la surface. Ses amis l'attendent là-haut. Ils tentent de l'atteindre. Il ne peut pas les décevoir. Ils ne voulaient pas de cette aventure. Ils veulent qu'il remonte. Il ne peut pas rester en dessous.

Il mobilise ses capacités de concentration, comme quelqu'un qui tenterait de tenir une brassée de feuilles mortes dans le vent. *En haut, en haut, en haut !* Il s'efforce d'apercevoir la surface argentée de l'eau. *Là-haut, c'est la vie ; en bas, c'est la mort.*

Bien plus qu'il ne la voit, il devine de nouveau la lumière. Il sent son corps poussé vers le haut. Il entend le bouillonnement des bulles. De l'écume l'entoure. L'air froid fouette son visage. Le fracas de l'eau emplit ses oreilles. Par réflexe, il exhale un grand soupir chargé de gaz carbonique. Ses instincts de mammifère reprennent le dessus, il remonte la tête comme un phoque qui pointe le nez à travers un trou dans la glace. Il respire. Mais ce faisant, son corps est projeté vers un autre trou. La dernière bouffée d'air de Matt est en fait une bouffée d'écume.

0 minute 54 secondes. Il reste 325 millilitres d'oxygène. Matt suffoque dans l'écume et replonge. Son larynx est saisi d'un spasme, le laryngospasme, qui le ferme par réflexe pour ne pas avaler d'eau. Il n'entrera plus d'eau dans ses poumons. La plupart des noyés n'avalent en fait qu'un verre d'eau environ et, dans les noyades « sèches », qui constituent de 10 à 15 pour cent des cas, le larynx se referme avant que le noyé n'ait avalé la moindre quantité d'eau.

Matt ne sait pas vraiment ce qui lui est arrivé. Il a vaguement la sensation d'être ballotté, comme s'il était dans un mascaret géant et tiède et que des mains secourables le massaient et le soutenaient.

1 minute 23 secondes. Il reste 230 millilitres d'oxygène. La noyade ne se produit pas d'un coup, mais graduellement. La conscience de Matt se réduit à un point de plus en plus petit, puis c'est le voile noir. Il est pris dans les turbulences du fond ténébreux. L'eau qu'il a avalée a rempli quelques-unes de ses alvéoles pulmonaires et les a privées de leur couche interne de protéines, le surfactant. Sans celle-ci, les alvéoles peuvent se contracter, puis s'effondrer, comme cela se produit chez certains prématurés atteints d'une déficience de surfactant (ils sont alors traités à l'aide d'extraits de liquide amniotique bovin ou humain). Même si Matt était ramené à la surface et ranimé, il pourrait quand même mourir quelques heures plus tard de ce qu'on appelle la « noyade secondaire », quand les lésions subies font que les poumons, qui s'emplissent des

fluides du propre corps de la victime, sont atteints d'œdèmes et entraînent la mort par noyade interne. Il y a peu de chance que quelqu'un vienne au secours de Matt. Assourdis par le fracas environnant, aveuglés par la lumière, ses amis scrutent la rivière pour voir où il pourrait être. Ils commencent à s'inquiéter. Il aurait déjà dû resurgir dans une zone calme le long de la rive. Ils ne voient rien, même pas le kayak. Ils ne se rendent pas compte que Matt, ou du moins ce qui commence à être de moins en moins Matt, se trouve à deux mètres et demi sous la surface de l'eau, à près d'un demi kilomètre en aval du trou du grand roc.

2 minutes 16 secondes. Il ne reste plus que 98 millilitres d'oxygène. Matt est comme une poupée désarticulée. Concentrant le sang dans le cœur et le cerveau, son corps se prépare à affronter la mort. Ce stade peut être miraculeusement long dans certains cas, surtout chez les jeunes enfants qui tombent dans l'eau froide. Là, pour des raisons inconnues, le réflexe de plongée fonctionne remarquablement bien et l'hypothermie ralentit presque totalement le métabolisme, préservant ainsi la dernière étincelle de vie.

Le 6 février 1974, à 11 h 30, un Norvégien de quatre ans tomba dans une rivière gelée. Quand les plongeurs alertés par un témoin arrivèrent, ils trouvèrent l'enfant à trois mètres de profondeur ; il s'y trouvait depuis exactement quarante minutes. Son corps était gris et inerte, ses pupilles dilatées et fixes, sans pouls. On pratiqua immédiatement sur lui les manœuvres de réanimation cardiopulmonaire et on l'emmena à l'hôpital, où il arriva dix minutes plus tard. Les médecins ventilèrent ses poumons avec de l'oxygène pur, le réchauffèrent sur un matelas d'eau et lui firent une perfusion saline pour corriger l'acidité causée par une aussi longue période de métabolisme sans oxygène et donc une accumulation de gaz carbonique. Ils pratiquèrent les compressions thoraciques pendant une heure, jusqu'à ce que le cœur eût recommencé à battre de façon autonome. Le soir même, l'enfant avait retrouvé la mobilité oculaire et pouvait remuer ses membres ; le lendemain soir, il comprenait ce qu'on lui disait. Et le troisième jour, il était parfaitement conscient. Il quitta l'hôpital huit jours plus tard, pour célébrer son cinquième anniversaire à la maison. Au printemps, parfaitement rétabli mentalement et physiquement, il apprit à monter à bicyclette.

4 minutes 21 secondes. Il ne reste plus que 37 millitres d'oxygène. Matt cesse lentement d'exister. Il n'est pas assez jeune et l'eau n'est pas assez froide pour que se déclenche en lui un réflexe comparable à celui du petit garçon norvégien. Son cœur alimente faiblement son cerveau en sang.

7 minutes 55 secondes. Il ne reste plus que des traces d'oxygène. Les compagnons de Matt, alarmés, escaladent les rocs le long de la rive, cherchant du regard le kayak, la pagaie, Matt. Ils ne trouvent rien. Le corps de Matt est déjà à près d'un kilomètre en aval, ballotté à quatre mètres de profondeur.

19 minutes 36 secondes. Le cerveau de Matt a presque entièrement cessé de fonctionner. Deux amis du kayakiste s'élancent sur le sentier qui mène au sommet de la gorge du Saut-du-Tigre pour chercher du secours. Les autres continuent à scruter les berges. Peut-être se traîne-t-il quelque part, hors de leur vue. Ils espèrent contre toute évidence.

1 heure 6 minutes. Les chercheurs se retrouvent à près d'un kilomètres en aval de leur point de départ. Même là, la violence du courant est effrayante. Dans le fracas des rapides, ils échangent des cris, agitent les bras en direction d'un trou ou de l'autre et des zones calmes où le corps de Matt devrait se trouver. La

panique les gagne, puis elle cède à la résignation. Matt s'est noyé.

5 h 23 minutes. Les deux compagnons partis chercher des secours atteignent un petit village chinois lové dans le flanc de la montagne. Dans l'édifice municipal en briques crues, il n'y a qu'un vieux téléphone noir. Le fonctionnaire chinois de service compose le numéro du siège du gouvernement. Quand il a fini sa communication et raccroché le combiné, il considère ses visiteurs en silence et leur dit en mauvais anglais que les Chinois n'ont pas les moyens d'organiser une recherche systématique à l'aide d'hélicoptères et d'équipes de secours, et que, d'ailleurs, ils n'en ont pas. Des Chinois tombent tous les jours dans les rivières et s'y noient, explique-t-il. Vous les verrez flotter sur le Yang-Tsé-Kiang si vous le descendez en bateau. Leurs corps s'emplissent de gaz, remontent à la surface et flottent comme des troncs d'arbre. Personne n'est allé à leurs secours. Votre ami a choisi d'aller risquer sa vie sur des eaux dangereuses. Ces eaux l'entraîneront désormais vers la mer.

Les amis de Matt s'emportent. Ils donnent des coups de poing sur le bureau et les murs du bureau municipal. Mais ils savent que leur frustration et leur colère n'ont rien à voir avec le fonctionnaire ni l'absence de secours. Ils sont sûrs que Matt est mort depuis longtemps.

Ils quittent enfin le bureau et traversent le village pour descendre vers la gorge, maudissant le fonctionnaire, la Chine et ce voyage. Ce village, qui leur paraissait tellement charmant avec ses toits rouges et son décor montagnard, leur semble désormais misérable, inhospitalier et méchant. Ils ne lisent pas le chinois, mais, s'ils le pouvaient, ils déchiffreraient l'inscription suivante, tracée à l'ocre sur un mur crépi :

Le plus grand bien est comme l'eau.
L'eau ne fait pas d'effort.
Elle coule dans les lieux que l'homme rejette,
ainsi fait le Tao.

3.

Le mal des montagnes
ou
l'aspiration à la pure lumière

« Adrian titube ! » cria Mara.

En dépit du mugissement du vent sur la neige, Mara percevait sa propre respiration. Une, deux, trois, quatre fois sa poitrine se souleva avant qu'elle pût avancer d'un pas de plus sur la pente. Juste au-dessus d'elle, les trois femmes de la première équipe attendaient. À l'appel de Mara, elles tournèrent la tête à l'unisson vers le bas de la pente. Mara vit le reflet éclatant du soleil de haute montagne étinceler sur leurs lunettes, tandis qu'elles suivaient du regard la corde de cinquante mètres qui menait jusqu'à Mara, chef de la seconde équipe, puis jusqu'à Adrian, milieu de cordée.

Adrian avait la tête penchée. Elle gravissait avec une peine infinie les marches que la première équipe avait creusées dans la pente neigeuse. Il semblait que les pointes aiguës des crampons de semelles de ses épaisses bottes de plastique, destinées à l'empêcher de glisser, fussent collées à la neige avec de la résine époxy. Sous les regards de ses compagnes, elle vacilla inexplicablement vers sa gauche, tomba à genoux, s'efforça de ne pas piquer du nez en s'appuyant sur son pic à glace, mais perdit quand même prise et s'étala dans la neige.

Elle resta ainsi, la face contre la neige, faisant de vagues mouvements natatoires avec les bras, comme si elle cherchait confusément à se tirer d'une flaque d'eau. En bas, Linda, dernière de cordée dans l'équipe de Mara, cria un encouragement.

« Allons, Adrian, lève-toi, tu peux le faire ! Tout comme les autres ! Rejoins les autres et nous ferons une pause ! »

Lentement, Adrian se mit à genoux, replia une jambe sous elle, puis l'autre, et se remit en marche.

Les deux équipes n'étaient plus qu'à une heure environ du sommet. Pour en arriver là, il leur avait fallu peiner trois semaines, trois semaines d'escalade sans bouteilles à oxygène, afin de reconnaître une nouvelle piste sur la face nord de la géante de l'Himalaya.

Cette montagne est connue des gens du cru sous le nom d'Annapurna ou Déesse des Moissons. À 8 078 mètres d'altitude, c'est la dixième montagne la plus haute du monde ; son massif énorme, flanqué de dizaines de pics secondaires, jaillit des luxuriantes rizières du centre du Népal. Elle n'est pas aussi élevée que l'Everest, avec ses 8 846 mètres, ni aussi difficile d'accès que le K2, dans la chaîne du Karakoram, au Pakistan, mais c'est quand même une formidable montagne. Elle est réputée pour la beauté de ses paysages, mais aussi pour son inaccessibilité et ses gigantesques avalanches qui dégringolent par-dessus les glaciers dans les vallées, à des milliers de mètres au-dessous. Les chutes de neige y sont abondantes et les tempêtes fréquentes et féroces ; les caprices de la météo et les risques d'avalanches peuvent y piéger les imprudents beaucoup plus haut qu'ils ne voudraient être.

Mara rejoignit les trois femmes qui attendaient en haut.

« Il faut que nous laissions Adrian se reposer, souffla-t-elle, haletante. Elle devient de plus en plus lente à chaque pas.

— Nous ne pouvons pas faire de pause à moins d'abandonner », observa Becca, tête de cordée de la première équipe.

Becca était également l'organisatrice de cette expédition exclusivement féminine, celle qui en avait pris l'initiative et qui veillait à ce que tout le monde suivît le plan, celle qui évaluait aussi avec finesse la détermination de chacune à atteindre le sommet, sa condition physique et son rythme d'adaptation. Elle devait tenir compte de ce que la mousson pouvait survenir à tout moment et que les tempêtes empêcheraient alors toute progression.

Adrian parvint finalement à gravir les dernières marches qui menaient au petit groupe. Elle se laissa tomber dans la neige, la tête entre les genoux. On voyait à son dos qu'elle haletait.

« Comment te sens-tu ? demanda Becca. Tu crois que tu peux y arriver, ou bien tu veux te reposer ici pendant quelques minutes ?

— C'est dur, aujourd'hui, répondit seulement Adrian.

— Qu'est-ce qui se passe ? » demanda Linda, gravissant les dernières marches.

Les deux équipes étaient réunies sur la vaste pente blanche qui menait au sommet.

« Nous nous reposons », dit Becca, usant du « nous » comme elle l'eût fait pour une enfant.

Linda considéra Adrian, toujours affaissée, la tête dans les genoux et tentant de reprendre son souffle.

« Et après ? demanda-t-elle.

— Je ne sais pas, répondit Becca. Attendons voir comment elle ira.

— On ne va pas monter, j'espère, reprit Linda. Pas dans l'état où elle est.

— Bon, intervint Gayle, qui faisait partie de la première équipe. Je n'ai pas l'intention de redescendre, si c'est ce que vous voulez dire. »

Les anciennes caravanes chinoises de la route de la soie passaient par deux cols dans la chaîne du Karakoram, l'un appelé Petite Migraine et l'autre Grande Migraine, comme le nota il y a deux mille ans le fonctionnaire chinois Too Kin. Personne ne savait à l'époque que l'atmosphère raréfiée de la haute altitude engendrait des symptômes tels que la migraine, la nausée, la fatigue et un certain nombre d'autres problèmes typiques du mal des montagnes. Les gens qui y voyagent et ceux qui vivent à ces hauteurs proposent d'autres explications à ce mal. Les Tibétains, qui habitent le plus haut plateau terrestre, à l'est du Karakoram, supposaient qu'il était dû à l'inhalation de gaz toxiques qui flottaient autour des pics les plus hauts. À l'autre extrémité du globe, les habitants des Andes appellent ce mal *mareo de punas*, ou « mal de mer des hauts déserts », ou bien encore *soroche*, terme qui désigne également le minerai d'antimoine parce qu'ils croyaient que le malaise qui affectait les mineurs était causé par l'inhalation de ce minerai. Le jésuite José de Acosta, qui au XVIᵉ siècle suivit les conquistadores espagnols dans les Andes, écrivit : « Je fus saisi de tels élancements de souffrance et de détresse que je crus que mon cœur y céderait aussi. »

Si l'on pouvait peser une colonne d'air d'un centimètre carré, montant jusqu'à des milliers de mètres, là où l'atmosphère de la terre n'existe plus, elle pèserait un kilo au niveau de la mer. À six mille mètres d'altitude, toutefois, elle ne pèserait plus que la moitié, étant donné qu'à cette hauteur la quantité d'oxygène a baissé de moitié. Nulle part au monde les êtres humains ne vivent au-dessus de cinq mille six cents mètres, l'altitude des quartiers des mineurs péruviens. À six mille trois cents mètres, le corps ne s'acclimate plus et se détériore, lentement mais sûrement, s'affaiblissant et perdant du poids. Un individu non acclimaté qui se retrouverait soudain sans masque à oxygène sur le mont Everest, à 8 846 mètres, là où la teneur en oxygène de l'air a baissé des deux tiers, perdrait conscience en

90 à 100 secondes et mourrait sans doute rapidement. Ce fut le sort des deux compagnons de Tissandier, l'aéronaute qui, en 1875, monta en ballon à huit mille six cents mètres en trois heures. Tissandier lui-même perdit connaissance et le ballon entama une longue descente vers la terre. Tissandier reprit alors ses esprits, mais ses compagnons étaient morts. Les oiseaux, en revanche, s'adaptent facilement à des altitudes très élevées. Leurs poumons sont comparables à un moteur à réaction, parce qu'ils absorbent et rejettent continuellement de l'oxygène. L'hémoglobine particulière de leur sang capte l'oxygène même à de très faibles pressions. Chez certains oiseaux, le tissu musculaire est presque noir en raison de sa concentration en myoglobine, qui stocke l'oxygène pour le fournir aux mitochondries des cellules musculaires, permettant à ces oiseaux de suivre leurs routes migratoires au-dessus de l'Himalaya et de l'Everest, entre les plaines de l'Inde et les hauts plateaux tibétains. L'oiseau le plus haut jamais enregistré fut un gypaète barbu qui, porté par un courant chaud, heurta un avion de ligne à plus de douze mille mètres d'altitude au-dessus de l'Afrique. Comme le léopard que Hemingway aperçut dans les neiges du Kilimandjaro, personne ne put expliquer ce qu'il faisait si haut. Même le moineau commun de nos villes survit sans peine à dix mille mètres.

Le corps humain n'est sans doute pas aussi adaptable que celui du moineau, mais il possède quand même une remarquable capacité d'adaptation à de courts séjours en haute altitude, c'est-à-dire au-dessus de six mille mètres. Quelques alpinistes robustes et bien acclimatés, comme Reinhold Meissner et Peter Habler, ont pu atteindre le sommet de l'Everest sans bouteilles à oxygène, approchant de si près les marges extrêmes de l'atmosphère et de l'endurance qu'ils trébuchèrent tous les dix à quinze pas sur les dernières centaines de mètres. C'est en jours et même en semaines qu'on mesure la mise en œuvre des mécanismes de compensation par lesquels le corps s'adapte au manque d'oxygène à haute altitude : il modifie la composition sanguine, l'équilibre hydrique et les rythmes cardiaque et respiratoire, à la façon d'un ordinateur qui règle le mélange d'air et de carburant dans un moteur. Une étude a illustré de façon spectaculaire les différences d'adaptabilité à l'altitude ; elle a consisté à placer seize montagnards péruviens et deux individus vivant au niveau de la mer dans un caisson et à en retirer l'air jusqu'à ce que l'atmosphère interne corresponde à celle qui règne à dix mille mètres. Huit des seize montagnards sont restés conscients tout le temps de l'expérience, cependant que les deux individus vivant au niveau de la mer ont perdu connaissance en une minute et demie.

Tout comme les systèmes d'injection informatisés, les mécanismes d'adaptation organiques peuvent se dérégler, surtout si l'individu qui s'aventure en haute altitude va trop vite. Le résultat est le mal des montagnes, dont les symptômes sont bien connus, mais l'étiogénèse elle-même en est imparfaitement comprise. Sous une forme moins agressive, les symptômes ordinaires – migraine, fatigue, nausées et malaise – peuvent même être ressentis à deux mille cinq cents mètres – altitude de plusieurs stations de ski. Un visiteur occasionnel à Denver, qui ne se trouve pourtant qu'à mille six cents mètres, peut souffrir d'une perte partielle de sa vision nocturne, parce que le manque d'oxygène affecte le centre visuel cérébral. Mais à deux mille six cents mètres, les visiteurs finissent par s'acclimater : au bout d'un jour ou deux, les migraines s'estompent et le séjour se passe sans autre problème. Seule un petit nombre de personnes souffrent de symptômes plus sévères et doivent alors être hospitalisées.

Une ascension rapide à plus de deux mille cinq cents mètres augmente les risques de formes modérées du mal des montagnes et également de deux formes potentiellement mortelles, l'œdème pulmonaire et l'œdème cérébral de haute altitude. On estime que 3 à 4 pour cent des alpinistes qui montent à quatre mille cinq cents mètres dans la région de l'Everest souffrent d'œdème pulmonaire, contre deux pour cent de ceux qui escaladent à des températures très basses le mont McKinley, aux États-Unis, chargés d'énormes sacs à dos. La basse densité de l'oxygène et l'effort extrême sollicitent les poumons au point que les alvéoles se remplissent de liquide ; si cette complication n'est pas promptement traitée, la victime peut en mourir. Pendant longtemps, on prit ces symptômes – souffle court, fatigue, toux et parfois catarrhes sanguinolents – pour ceux de la pneumonie.

Les symptômes de l'œdème cérébral, moins fréquent, évoquent ceux de l'intoxication alcoolique : démarche incertaine, manque de coordination, hallucinations auditives ou visuelles et pertes d'équilibre. Mais la différence est qu'on risque de ne pas sortir du coma qui s'ensuit.

Le traitement de ces deux manifestations est très simple. Il se résume ainsi, pour reprendre les termes d'un médecin spécialiste : « Descendez ! Descendez ! Descendez ! » Hélas, il n'est pas toujours facile de descendre rapidement. Et dans les endroits qui exposent le plus à ces symptômes, à plus de huit mille mètres sur l'Himalaya, même si on descendait vite, on n'aurait pas toujours la chance de trouver promptement un hôpital.

« Je ne crois pas que son état s'améliore », dit Linda après cinq minutes de pause.

Becca mit la main sur le dos d'Adrian :

« Veux-tu quelques minutes de repos en plus ? »

Adrian fit signe que oui sans lever la tête.

« Je pense que nous devrions la ramener en bas tout de suite, dit Linda. C'est peut-être de l'épuisement, mais c'est peut-être quelque chose de plus sérieux. De toute façon, elle ne peut pas continuer une heure encore dans son état. »

Becca regarda la crête du sommet, profilée sur le bleu intense du ciel, et surmontée d'une aigrette de neige. Puis elle regarda la première équipe. Personne ne dit mot. Mara sentit la tension ambiante et la pression qui pesait sur Becca, qui détenait l'autorité. La décision aurait certes été facile si elles n'avaient été si proches du but, si elles avaient eu plus de temps et si la mousson n'était pas imminente.

« Écoutez, je reste avec elle si personne d'autre ne se propose, dit Linda. Vous pouvez continuer. Adrian et moi resterons ici jusqu'à ce que vous reveniez.

— Tu en es sûre ? demanda Becca. Ce sera sans doute ta seule occasion.

— C'est ma compagne de cordée et de tente et c'est mon amie, dit Linda. Elle est plus importante pour moi que le sommet. »

Mara sentit que l'attention se fixait sur elle, maintenant que ses deux compagnes de cordée restaient à l'arrière.

« Et toi, Mara ? demanda Becca. Tu peux venir avec nous. Nous nous partagerons en deux groupes de deux. »

Mara essaya de réfléchir. Monter ou rester. Son cerveau semblait fonctionner au ralenti dans l'air ténu, comme un nuage qui passe indolemment au-dessus d'un pic. Elle faisait de l'alpinisme depuis l'université ; elle était allée camper avec une amie dont les parents l'avaient emmenée escalader une petite montagne. Elle avait participé à des expéditions d'alpinisme au cours des étés suivants et elle avait fini par devenir instructrice ; puis elle avait été à l'université dans une ville de montagne et elle avait suivi des cours sur l'environnement, dans l'espoir que, si elle devenait enseignante sur les milieux naturels sauvages, elle resterait proche des montagnes. Elle avait maintes raisons pour aimer ce milieu. Elle trouvait à chaque montagne un charme particulier. Parfois, c'était simplement la pureté de cette neige blanche qui se détachait sur un ciel d'un bleu pur et cette fracture abrupte entre le ciel et la terre, les petites fleurs bleues et roses jaillissant gaiement de rochers dévastés par les intempéries, le froid qui lui griffait le visage et lui tirait des larmes, ou bien encore le plaisir de résoudre un problème difficile, de trouver un trajet astucieux et sûr vers le sommet en négociant les crêtes et les champs de neige. Parfois encore, c'était simplement le fait de se tenir debout sur un pic et de se sentir si petite devant l'immense et indomptable montagne, avec le monde à ses pieds. Et quelquefois, c'était le sens du travail d'équipe, quand elles étaient toutes encordées et qu'elles travaillaient en synchronisme, ou bien le sentiment d'indépendance et de confiance en soi qu'elle y puisait. Dans un monde qui ne reconnaissait pas aisément les mérites des femmes, voire les contestait, escalader un pic représentait une performance indéniable et tangible. Personne ne pouvait prétendre qu'elle ne l'avait pas fait.

Quand Becca, qu'elle avait rencontrée en même temps que Linda dans un camp d'instruction d'alpinisme, lui avait annoncé qu'elle organisait une grande expédition féminine dans l'Himalaya, Mara avait sauté sur l'occasion. Toutes les raisons qu'elle s'était inventées d'escalader des petites montagnes se trouvaient magnifiées par l'échelle de l'Himalaya. De plus, elles seraient proches du Tibet, l'Annapurna n'étant qu'à une cinquantaine de kilomètres de la haute crête qui marquait la frontière de ce pays. Elle rêvait de contempler, du sommet d'une des montagnes les plus élevées, le plus haut plateau du monde, l'une des citadelles du bouddhisme, religion dont elle admirait le respect pour toutes les formes de vie.

Son désir même d'escalader l'Annapurna l'emplissait d'aise. Mais là, elle se dit qu'elle regretterait de laisser ses deux compagnes à l'arrière tandis qu'elle achèverait l'ascension. Elle avait aspiré à un accomplissement, elle n'aurait réussi qu'un exploit égoïste. Mais peut-être aurait-elle quand même une chance de contempler le Tibet sans aller si haut.

« Je reste, dit-elle finalement.

— Mara, ne te sens pas obligée, objecta Linda.
Nous pouvons nous débrouiller ici sans toi.
— Pas de problème, insista Mara, je reste avec
vous. »
Adrian, la tête toujours dans les genoux, leva faible-
ment la main pour remercier Mara de sa décision.

Le problème d'Adrian s'était déjà manifesté plusieurs semaines auparavant, pendant le voyage de deux
semaines qui menait des vallées basses du Népal au
pied de l'Annapurna. Suivies de porteurs chargés du
lourd équipement des tentes, du matériel d'alpinisme et
de vivres, les trois femmes avaient escaladé les sentiers
de montagne, dormant chaque nuit plus haut que la
précédente, afin de s'acclimater lentement tandis
qu'elles passaient du niveau des rizières à celui des
fermes de montagne. À trois mille mètres, leurs corps
avaient commencé à réagir à la modification de l'atmosphère, mais de manières contradictoires. Deux types de
capteurs organiques, chacun enregistrant les nouvelles
conditions, étaient en conflit : ceux qui, dans l'artère
carotide, mesurent le taux d'oxygène dans le sang,
adressèrent au cerveau des messages commandant
d'inspirer plus d'oxygène par la respiration. Mais plus
les alpinistes respiraient et plus elles exhalaient de gaz
carbonique. Les capteurs qui, dans le cerveau, enregistrent le taux de gaz carbonique dans le sang comman-
daient alors d'abaisser le rythme respiratoire.
    Il leur fallait donc s'acclimater. Elles montèrent au-
dessus du camp de base, à cinq mille mètres, et plantè-
rent leurs tentes dans ces champs de rochers écrasés
qu'on appelle des moraines et que les glaciers laissent
derrière eux dans leur avance. Après une semaine environ à cette altitude, leurs deux systèmes de capteurs
organiques avaient fait la paix. Les reins, faisant office
de médiateurs, avaient astucieusement fait croire aux
capteurs cérébraux de gaz carbonique qu'il y avait plus

de ce gaz dans le sang que ce n'était le cas ; l'astuce avait consisté à épurer le sang des substances alcalines et à laisser croire qu'il contenait un surplus de gaz carbonique. Au lieu de messages contradictoires, les deux groupes de senseurs, ceux de l'oxygène et ceux du gaz carbonique, adressaient désormais aux poumons des messages harmonisés : *Respirez, et profondément !* Le besoin physiologique de respirer profondément quand on est à haute altitude est salutaire, néanmoins ce mécanisme compensatoire varie selon les individus. Une forte réaction hypoxique ventilatoire, comme on l'appelle, permet de s'adapter plus facilement, mais une réponse faible rend plus vulnérable au mal des montagnes. Contrairement à ce qu'on pourrait imaginer, l'entraînement à des sports de longue distance tend plutôt à affaiblir la réaction. Il a été démontré que les alpinistes en condition maximale sont aussi vulnérables au mal des montagnes que les autres. Contrairement aussi aux schémas ordinaires, les hommes ont une réaction moindre que les femmes : les hormones féminines, progestérone et œstrogène, tendent à stimuler la respiration. Une étude réalisée sur Pike Peak, à quatre mille six cents mètres, montre que le surplus d'oxygène dans le sang des femmes, probablement dû à l'hyperventilation, fait qu'elles disposent sur les hommes d'une supériorité équivalant à une avance de cent soixante-deux à quatre cent quatre-vingt-douze mètres. Ce serait là, supposent les chercheurs, la raison pour laquelle les femmes sont nettement moins vulnérables à l'œdème pulmonaire de haute altitude.

Ce qui ne signifie cependant pas qu'elles y soient immunes.

Tandis que le groupe montait au camp de base, Adrian avait souffert de migraines et de nausées. Mais au bout de quelques jours au calme, et grâce à l'ingestion bi-quotidienne d'acétazolamide ou Diamox, les symptômes avaient cédé ; ce médicament accroît, en effet, le rythme respiratoire en abaissant l'alcalinité sanguine. Puis l'équipe avait commencé à installer des camps plus haut, sur la face nord de l'Annapurna, et à transporter l'équipement d'un camp à l'autre. Les alpinistes avaient pris soin de respecter la règle qui veut qu'on ne dorme pas plus haut de trois à quatre cents mètres d'une nuit sur l'autre et qu'on prenne fréquemment des journées de repos. C'est l'altitude à laquelle on dort, et non celle qu'on atteint durant la journée, qui détermine la réaction du corps. D'où l'adage de l'alpiniste : « Va haut, dors bas. »

Une fois sur la montagne, Adrian se sentit mieux. Parties du camp de base, les femmes escaladèrent le glacier au pied de la montagne, jalonnèrent de piquets la route sinueuse qui serpentait à travers les crevasses et installèrent le Camp 1. Après cela vint un des épisodes les plus difficiles, l'escalade des premiers remparts presque entièrement constitués de glace. Cela consistait à planter solidement ses chaussures à crampons, puis les deux pics à glace ; les alpinistes s'accrochaient donc des quatre fers à la paroi glacée, évoquant des mouches sur une vitre. Alors elles vissaient dans la glace des tubes en alliage spécial et y fixaient des cordes ; cela leur offrait sécurité et soutien pour hisser l'équipement le long des parois, afin d'installer les camps supérieurs sur les pentes les moins abruptes.

Quand elles installèrent le Camp 5, juste au-dessous de cinq mille mètres, leur physiologie avait subi des changements spécifiques. Leur organisme produisait activement des globules rouges pour transporter plus d'oxygène. Allongées sous les tentes, leurs rythmes cardiaques au repos étaient passés de cinquante à quatre-vingt-dix pulsations par minute, et leurs rythmes maximaux, quand elles transportaient des équipements lourds, étaient passés de cent quatre-vingts à cent quarante ; cela signifiait que, si elles avaient gravi l'Everest, leurs taux moyens et maximaux auraient tendu à se rejoindre, comme ce fut le cas pour un alpiniste, aux environs de cent quinze. À ces altitudes, il n'y avait tout simplement plus assez d'oxygène pour alimenter normalement le cœur et les autres organes, et celui qui était disponible était de plus en plus monopolisé par les muscles thoraciques. Quand elles parvinrent au Camp 5, leur taux d'ascension était descendu à cent cinquante mètres verticaux par heure, alors qu'au niveau de la mer il avait été de six cents mètres. Près du sommet de l'Everest, à quelque huit mille sept cents mètres, ce taux d'ascension aurait probablement été réduit à une trentaine de mètres par heure, voire moins. Même le grand Meissner, qui pouvait, au niveau de la mer, escalader plus de mille cinq cents mètres en une heure, mit une heure – mais sans appoint d'oxygène, il est vrai – pour franchir les trois cents derniers mètres de l'Everest. Si elles avaient été des sherpas, des Tibétaines ou des Péruviennes, les six femmes auraient pu compenser leurs besoins en oxygène de façon plus subtile : en recourant aux « carburateurs » de ces petits sacs cellulaires qu'on appelle des mitochondries, où les lapins et autres animaux de montagne métabolisent leurs « carburants » à des taux plus rapides que leurs congénères vivant au niveau de la mer.

Au bout de trois semaines de longue acclimatation, tout était prêt pour la conquête du sommet. Le temps était parfaitement clair et Becca donna le signal de départ. La première équipe était alors au Camp 4, et la seconde au Camp 3. Pour profiter donc du beau temps, la seconde équipe devait faire en un seul jour la longue et dure escalade du Camp 3 au Camp 5, le point de départ ; cela signifiait aussi qu'elle devrait monter en une journée de mille deux cents mètres, en évidente contravention à la règle.

Au réveil, dans le Camp 5, le jour de la grande escalade, Adrian se plaignit de nausées, mais décida qu'elle participerait quand même à l'expédition. Les deux équipes partirent donc dans l'aube rose, gravissant sans problèmes les petits glaciers entourant l'Annapurna. Ce fut au milieu de la matinée que Linda et Mara s'avisèrent qu'Adrian titubait et paraissait affaiblie et qu'elles décidèrent de demander à la première équipe de faire une pause.

« Es-tu prête à descendre ? » demanda Mara.

Toujours assise dans la neige, Adrian hocha la tête, comme si elle était trop épuisée même pour parler, et remua maladroitement ses bottes pour essayer de se lever.

Mara et Linda la prirent chacune par un bras et l'aidèrent à se remettre sur pied. Puis Mara les suivit, tandis que Linda soutenait Adrian par la taille dans la descente. Cela faisait des années qu'elles pratiquaient de l'alpinisme ensemble, et Adrian était la marraine de la fille de Linda. Mais, même soutenue par Linda, Adrian trébuchait souvent et Mara devait parfois descendre à leur rescousse.

Alors qu'elles la remettaient d'aplomb une fois de plus, Adrian se tourna soudain vers Mara.

« Je sais ce que vous essayez de faire toutes les deux. Vous essayez de m'exclure de cette ascension. »

Mara dévisagea Adrian pour voir si elle plaisantait, mais les mâchoires serrées et les sourcils d'Adrian exprimaient la rage. Or, le comportement irrationnel est l'un des symptômes de l'œdème cérébral de haute altitude.

« Adrian, tu ne te sens pas bien, répondit Mara. Nous t'emmenons en bas, où tu te sentiras mieux.

— Vous voulez gagner le sommet pour vous deux, répliqua Adrian. J'ai compris votre plan.

— Il n'y a pas de plan, Adrian.

— Je pensais que vous étiez des amies et, maintenant, vous me trahissez.

— Adrian, nous essayons de t'aider.

— Je ne veux pas être aidée par des gens qui me poignardent dans le dos », rétorqua Adrian, et elle s'assit tout à coup dans la neige.

Mara s'adressa à Linda, calmement, par-dessus la tête d'Adrian.

« Laisse-moi essayer », dit-elle. Et, se penchant, elle

dit, articulant clairement : « Adrian, je vais aller à cette butte là-bas. Je reviens. »

Adrian ne répondit pas et se terra encore plus dans la neige, comme si elle était trop fatiguée pour répondre. Mara se détacha de la corde et traversa la pente seule. Elle espérait apercevoir le Tibet au-delà de la pente ; elle espérait aussi que sa brève absence détournerait Adrian de sa fureur paranoïaque. Elle planta son pic à glace dans la neige, pour lui servir d'appui au cas où elle glisserait, et se dirigea vers la butte. Mais celle-ci était plus loin que Mara ne l'avait estimé et il lui fallut une demi-heure pour l'atteindre. En quelques enjambées, elle grimpa au sommet ; hélas, la vue du Tibet était encore masquée par un segment de crête montagneuse. Mara ne vit que quelques points noirs, sans doute des oiseaux. En contrebas, elle vit aussi se dérouler dans la vallée, pareils à une couette, les nuages annonciateurs de ce qui pouvait être un orage. Le ciel au-dessus, cependant, était toujours d'un bleu immaculé.

De plus en plus anxieuse, Mara traversa la pente en sens inverse, aussi vite qu'elle pouvait le faire à près de huit mille six cents mètres. Il fallait faire vite, en effet, pour atteindre le Camp 5 avant que les nuages ne viennent envelopper la montagne. Elle leva les yeux, espérant distinguer la première équipe. Là-haut, trois points noirs se détachaient sur la vaste toile de fond blanche et bleue. Elles devaient avoir atteint le sommet, car elles redescendaient.

Le vent se leva quand Mara atteignit Adrian et Linda.

« Elle te parlait quand tu es partie », l'informa Linda, juste assez fort pour être entendue dans le vent qui soufflait maintenant au ras du sol. « Elle pensait que tu étais assise près d'elle, bien que je lui aie montré où tu te trouvais. »

Le « compagnon fantôme » est une hallucination qui se produit parfois, surtout aux très hautes altitudes, chez les victimes d'œdème cérébral. Des alpinistes ont ainsi *vu* des équipes de terrassiers travailler à six mille cinq cents mètres sur les sommets des Andes, alors que la route la plus proche se trouvait à plusieurs jours de voyage, et d'autres sur l'Everest ont offert des bonbons à des compagnons imaginaires. Une de ces victimes survécut à son œdème pour *voir* Marilyn Monroe aller et venir dans sa chambre d'hôpital. Dans un incident particulièrement spectaculaire, en 1981, un alpiniste suisse s'attarda quelques minutes de plus au sommet du Dôme du Glacier, à l'est de l'Annapurna. Il se crut accompagné par un personnage parlant allemand qui lui indiquait un raccourci vers le camp le plus élevé de l'expédition. Il suivit l'avis de l'étranger, qui disparut sur ces entrefaites, et se trouva bloqué dans les ténèbres ; il passa la nuit par une température de −20 °C, souffrit de gelures graves et d'hallucination aiguës : il s'imagina un moment que ses amis avaient construit un funiculaire et refusaient de l'y laisser monter. Ils finirent par le retrouver – à pied – et le sauvèrent.

Mara et Linda remirent Adrian sur pied et entamèrent lentement la descente, se relayant pour la soutenir et parfois pour s'épauler elles-mêmes. Adrian se marchait sur les pieds et ses crampons accrochaient ses guêtres de protection, celles qui empêchaient la neige d'entrer dans les bottes ; elle trébuchait constamment et Mara et Linda la remettaient sans cesse d'aplomb. C'était aussi harassant pour les deux femmes que de tirer un sac de ciment dans la neige. Adrian ne les aidait même pas, ne semblant plus savoir si elle montait ou descendait, si elle portait ses mitaines ou non et si on l'aidait ou pas. Mara ne pensait plus qu'à une chose : atteindre en sécurité le Camp 5.

La démarche titubante et le manque de coordination neuromusculaire – qu'on appelle ataxie –, la fatigue, l'incapacité de s'occuper de soi sont des symptômes classiques de l'œdème cérébral de haute altitude. Personne ne sait pourquoi ce fut Adrian qui en fut victime et non les autres. Certains spécialistes estiment que chez tout le monde le cerveau enfle durant les montées rapides en haute altitude, mais que certains le supportent mieux que d'autres. La cause précise de l'œdème est aussi inconnue. L'afflux sanguin dans le cerveau peut augmenter de vingt-cinq pour cent lorsqu'on effectue une montée rapide en haute montagne, mais il décroît ensuite au bout de quelques jours. Cette poussée initiale peut toutefois entraîner des ruptures de capillaires et causer des infiltrations de sang et de sérum dans les tissus cérébraux, cause possible de l'œdème. Peut-être aussi les fuites dans les capillaires sont-elles causées par des trous microscopiques ouverts par la croissance de nouveaux capillaires ; l'apparition de ces derniers, qu'on appelle angiogenèse, serait une des nombreuses façons pour l'organisme de fournir plus de sang aux tissus cérébraux affamés d'oxygène.

De toute façon, le cerveau enfle. Cet organe flotte dans le liquide cérébro-spinal, à l'intérieur de l'étroite cavité crânienne ; quand un œdème survient, il faut que quelque chose cède, sinon la pression intracrânienne deviendrait intolérable. Il existe cependant une valve de trop-plein pour le liquide et elle fonctionne mieux chez certaines personnes que chez d'autres. Lors de la compression interne, le cerveau repousse le liquide dans les cavités des vertèbres supérieures. Selon leur constitution, les gens disposent de plus ou moins d'espace pour accueillir ce trop-plein, ce qui les rend plus ou moins susceptibles à l'œdème cérébral. Adrian fut la seule qui en souffrit, peut-être faute de jeu entre son cerveau et sa boîte crânienne, ou faute d'espace dans ses vertèbres cervicales.

Quand la première équipe rejoignit Mara, Linda et Adrian dans la descente, des paquets de nuages réfractant brillamment la lumière fouettaient déjà les flancs de la montagne ; ils teintaient le ciel de nuances pastel et répandaient des taches d'ombre et de lumière sur les hautes pentes de l'Annapurna.

« Vous y êtes arrivées ? » demanda Mara quand ses compagnes approchèrent.

Becca fit un geste victorieux, quoique discret, de la main, comme si elle mesurait le coût de cette victoire. Mais ses premiers mots, quand elle eut rejoint la seconde équipe, furent :

« Comment va-t-elle ?

— Très mal », répondit Linda.

Il n'y avait pas de temps à perdre. La météo changeait vite. La première équipe prit les devants pour préparer la piste sur les pentes plus douces, où elles n'avaient pas besoin de points d'appui, cependant que Mara et Linda encadraient Adrian pour la maintenir debout. Les paquets de nuages s'épaissirent et formèrent une brume blanche et dense traversée de coups de vent, et Mara voyait à peine les membres de la première équipe devant. Dans les nuages blancs et la neige, elle ne distinguait plus les passages qui montaient de ceux qui descendaient. Elle en avait le vertige, des taches noires dansaient devant ses yeux et il devint évident que les deux équipes ne parviendraient pas cette nuit-là au Camp 5. Adrian tombait sans cesse, ses deux compagnes étaient épuisées, la lumière baissait et toutes avaient de la peine à suivre la piste. Pis : ce matin-là, elles n'avaient emporté ni tentes ni sacs de couchage pour être les plus légères possible sur le chemin du sommet.

« Je pense que nous devrions aménager une grotte dans la neige pendant qu'il fait jour », dit Becca.

Quoique épuisées, aucune des femmes ne s'y opposa. Elles parcoururent la pente neigeuse à la recherche d'un endroit propice. Il leur fallait une neige profonde, suffisamment compacte, mais quand même assez friable. Finalement, elles parvinrent à creuser une tranchée à gauche de la route de la descente et, tandis que la lumière déclinait et que les nuages s'amoncelaient, elles travaillèrent chacune à tour de rôle à l'aide des petites pelles de leur paquetage, chassant la neige derrière elles et loin du tunnel ; le trou s'agrandit et devint une grotte. Elle était légèrement inclinée vers le fond, afin que l'air chaud émanant de leurs corps s'accumulât dans une sorte de bulle à l'intérieur. Elles aménagèrent une sorte de plate-forme à l'intérieur, pour leur servir de banc, comme font les Inuits dans les igloos, et pour s'élever au-dessus du froid qui montait du sol. Puis elles firent un petit trou de ventilation au sommet et pétrirent un bloc de neige pour fermer la « porte ». La neige consiste principalement en air et c'est donc un excellent isolant thermique. C'est ainsi que les Inuits, protégés par leurs igloos, ont assez chaud pour se mettre torse nu et jouir de leur chez-soi, tandis qu'à l'extérieur les températures sont largement inférieures à zéro.

Les femmes tirèrent Adrian à l'intérieur et l'installèrent sur des sacs vides posés sur la plate-forme, puis elles refermèrent la grotte. Becca sortit une chandelle de son sac de secours et l'alluma ; l'abri scintilla d'une lumière dorée et commença à se réchauffer. Elles grignotèrent quelques biscuits et burent de l'eau.

Placée entre Mara et Linda, Adrian paraissait un peu moins inerte. Comment se sentait-elle ? *Okay*. Voulait-elle de l'eau ? *Oui*. Elle semblait souffrir moins de ses symptômes, rien que pour être descendue de quelque quatre cents mètres. Sur les instances de Becca, elle avait même essayé de s'hyperventiler, l'afflux d'oxygène dans les tissus et le cerveau pouvant atténuer ses symptômes. Mais si on lui demandait de faire une soustraction ou de dire où elle se trouvait, elle secouait la tête. Mara douta que sa compagne fût consciente qu'elle se trouvait dans une grotte de neige à près de huit mille mètres sur l'Himalaya.

Becca tira aussi de sa trousse un petit réchaud et une casserole pour ce genre de situation, et elle prépara une soupe minute que tout le monde se passa. Mara sentit la chaleur s'infiltrer en elle. Au début de la soirée, à l'heure convenue, Becca se déplaça vers l'entrée du tunnel et appela le camp de base par radio pour exposer la situation. Le camp lui adressa des instructions médicales. Selon le manuel d'urgence, il fallait faire à Adrian une injection de dexaméthasone, un anti-inflammatoire stéroïdien conseillé pour traiter le mal des montagnes et l'œdème cérébral, et lui faire avaler une tablette du même produit toutes les six heures. Et il fallait la maintenir assise.

À la lumière de son casque-lampe, Becca fit à Adrian une injection dans la fesse. Il n'y avait alors plus qu'à attendre l'aube.

Après une heure à boire, à manger et à faire l'état de la situation, Gayle, qui appartenait à la première équipe, déclara qu'il faudrait éteindre la chandelle.

« Pourquoi ? répliqua Linda avec agacement. La lumière a fait du bien à Adrian.

— Parce que nous en aurons peut-être besoin plus tard.

— Nous en avons davantage besoin maintenant.

— Qui sait ce que sera le temps demain ! expliqua Gayle d'un ton calme.

— Ne pensons pas au temps demain. Pensons à maintenant.

— Bon, intervint Becca. Laissons la chandelle brûler un quart d'heure et puis on l'éteindra et on essaiera de dormir. Nous pouvons toujours nous servir de nos casques-lampes. »

Quand la chandelle fut éteinte, le noir régna dans la grotte. On n'entendait même pas le vent, dont le mugissement était étouffé par plusieurs pieds de neige. Mara ne perçut plus que les froissements des vêtements raidis par le froid, au moment où les femmes cherchaient les positions les plus confortables pour dormir. Mais elle entendait aussi la respiration d'Adrian, qui haletait.

Adrian semblait respirer de plus en plus vite, alors que son souffle aurait dû se ralentir comme celui des autres ; et elle avait de petits accès de toux. Ce halètement au repos ou dyspnée est un des symptômes de l'œdème pulmonaire de haute altitude, qui accompagne souvent l'œdème cérébral et peut même le déclencher. On ne sait pourquoi l'un ou l'autre surviennent. Il semble que le manque d'oxygène déclenche une constriction de certains vaisseaux pulmonaires, mais pas de tous et en tout cas pas de ceux qui sont vulnérables. Selon une théorie, de grandes quantités de sang sont donc déversées dans les vaisseaux qui restent ouverts et, sous la pression, des trous s'ouvrent dans les parois de ces vaisseaux, inondant les alvéoles et les conduits pulmonaires. Si elle avait appliqué un stéthoscope sur la poitrine d'Adrian, ou même si elle avait mis l'oreille sur son dos, Mara aurait entendu un râle à chaque inspiration ; c'est le bruit que fait le fluide déplacé.

Mara craignit donc qu'Adrian fût en train de commencer un œdème pulmonaire. Elle était certaine que Becca aussi le soupçonnait, et peut-être même les autres. Mais personne ne dit rien, pour ne pas alarmer Adrian et parce qu'il n'y avait de toute façon rien à faire jusqu'au matin. Elle essaya de ne pas faire attention aux froissements des vêtements, à la respiration de sa compagne, à l'inconfort de sa position contre le mur et à la neige qui crissait sous sa tête. Le banc étant trop étroit, elle ne pouvait pas s'étendre ; elle s'affala donc.

Le sommeil semblait impossible. Elle tenta de recourir à la méditation, comme elle le faisait tous les jours chez elle, assise sur la moquette moelleuse de sa chambre à coucher, mais ici c'était bien moins confortable avec tous les bruits parasites alentour. Autant essayer de méditer dans un réfrigérateur plein de créatures vivantes. Elle y renonça et tenta alors de dormir, le dos contre le mur, tandis que des bruits impatients se multipliaient autour d'elle.

« Bon, qui a apporté les pommes chips ? demanda une voix dans le noir.

— Et le Diet Pepsi ?

— Et la bière et la musique ? » dit une autre.

Elles se mirent à rire, cédant à l'humour noir et teinté d'hystérie des gens qui se trouvent dans une situation difficile, sans parler de la pénurie d'oxygène qui affectait les cerveaux, et elles tentèrent de rompre la tension.

« N'oublie pas d'inviter les copains, dit quelqu'un.

— Qu'est-ce que tu racontes ? On les a laissés à cinq kilomètres verticaux au-dessous.

— Ils font le ménage en bas pendant que nous nous amusons. »

Autres rires. Même Adrian semblait rire. Mara sentait son torse tressauter à côté d'elle, mais elle ne savait pas si la dexaméthasone lui avait dégagé l'esprit et si elle saisissait les plaisanteries, ou bien si elle participait tout simplement à l'hilarité ambiante.

La nuit passa de la sorte. Quand elles eurent fini de rire, elles se racontèrent des histoires sur leurs premières ascensions, leurs premières amours, leurs musiques préférées, leurs idées sur ce qui, dans ces circonstances, serait le meilleur menu et s'il fallait servir une tarte aux pommes chaude, un cake ou des beignets au sirop d'érable.

De temps à autre, elles somnolaient et quand cela advenait, Mara percevait la respiration désordonnée particulière au sommeil en haute altitude, quand les alpinistes se réveillent jusqu'à cent cinquante fois par heure, victimes de leur propre cycle respiratoire déréglé. Le manque d'oxygène dans le sang, en effet, alerte le centre de contrôle cérébral de l'oxygène, qui stimule les poumons afin qu'ils accroissent leur fonction. L'hyperventilation accélère l'élimination du gaz carbonique dans le sang qui, à son tour, alerte le centre de contrôle de ce gaz et informe les poumons qu'ils n'ont pas besoin d'accélérer leur rythme. Les poumons s'arrêtent alors de respirer. Le niveau d'oxygène dans le sang retombe et cela réveille le dormeur, en proie à une sensation de suffocation ; un autre cycle d'hyperventilation commence et ainsi de suite. Même l'acclimatation ne peut pas rompre le cycle de « respiration périodique » qui s'impose aux altitudes extrêmes. Certains chercheurs estiment que la raison pour laquelle les

humains ne peuvent pas vivre en permanence à plus de
six mille mètres est qu'ils ne pourraient tout simplement pas dormir assez et que leurs organismes en souf-
friraient.

Bien qu'Adrian dormît suffisamment, sa toux s'aggrava au cours de la nuit. Vers l'aube, elle souffrit de
longues quintes exténuantes ; elle expectora des catarrhes qu'elle cracha sur la neige à ses pieds. Quand
Becca les examina avec son casque-lampe, elle y dis-
cerna des filets rouges.

Pas un bon signe, se dit-elle, *pas un bon signe du
tout.*

Elle lui prit le pouls et, le calculant à sa montre-
bracelet, le trouva à 130, avec un rythme respiratoire de
35 par minute, comparé à quelque 12 au niveau de la
mer. Le cœur et les poumons travaillaient furieusement
pour fournir de l'oxygène, mais l'oxygène de l'air n'était
tout simplement pas absorbé par ses poumons saturés.
Dans les périodes de silence, tout le monde entendait à
chaque inspiration et expiration les murmures dans ses
poumons et pouvait imaginer, dans le noir, la salive
moussant aux commissures de ses lèvres.

Elle s'acheminait vers un œdème pulmonaire aigu
de haute altitude. Et son cerveau aussi était atteint
d'œdème.

Elles décidèrent d'attendre jusqu'à 6 heures, quand
la lumière leur permettrait de descendre. Si tout allait
bien et si Adrian le supportait, elles pourraient atteindre
le Camp 3 dans l'après-midi, où, à sept mille mètres,
l'air était sensiblement plus dense et pourrait améliorer
considérablement son état. Descendre, en effet, fût-ce
de trois à quatre cents mètres seulement, peut atténuer
beaucoup l'œdème pulmonaire. Les premiers récits des
Espagnols au Pérou décrivent ce rétablissement comme
miraculeux, *por encanto*.

Les femmes remballèrent leurs équipements dans
leurs havresacs, ajustèrent leurs crampons, tirèrent les
glissières de leurs vêtements et toutes les cinq minutes
consultèrent leurs montres. À 6 heures pile, Gayle

rampa le long du tunnel et repoussa le bloc de neige qui servait de fermeture. Mara vit la lumière de l'aube filtrer dans le tunnel, suivie par la coulée d'air froid et le hurlement du vent.

« C'est comment, dehors ? demanda Becca.

— Totalement blanc, répondit Gayle. Un fichu blizzard.

— On peut sortir ? »

Gayle recula dans le tunnel.

« Pas une chance. À trente mètres d'ici, on serait paumées. »

Elle remit le bloc de glace en position. Elles furent plongées de nouveau dans le noir. Gayle rampa vers l'intérieur de la grotte, le faisceau de sa lampe se baladant à droite et à gauche jusqu'à ce qu'elle se fût rassise sur le banc.

« J'espère que ce n'est pas le début de la mousson, dit-elle.

— Si vous ne vous étiez pas obstinées à monter au sommet, dit Linda dans le noir, nous ne serions pas ici à nous interroger sur la mousson. Nous aurions ramené Adrian au Camp 3 à l'heure qu'il est, et elle serait en train de se rétablir. Et nous serions toutes dans nos sacs de couchage en train de boire du thé chaud. »

Gayle dirigea le faisceau de sa lampe vers Linda.

« Et toi, tu n'avais pas envie d'arriver au sommet ? » demanda-t-elle. Sa présence se réduisait à une voix coléreuse et à une bouffée de vapeur dans le faisceau de sa lampe. « Si tu n'avais pas envie d'arriver au sommet, qu'est-ce que tu fichais à huit mille mètres sur l'Annapurna ? Tu cherchais un bon café ?

— Je voulais arriver au sommet, rétorqua Linda, irritée, allumant son propre casque-lampe. Mais je sais aussi quand il faut s'arrêter. Aucun sommet ne mérite de mettre la vie de quelqu'un en danger.

— Ne commencez pas à vous faire des reproches pour ce que vous n'avez pas trouvé, intervint Jill, un autre membre de l'équipe. Vous pouvez prétendre que vous avez fait l'ascension pour la beauté du site ou je ne sais quelle camaraderie, mais chaque fois que vous mettez le pied sur une montagne, vous risquez votre vie et celle de la personne qui se trouve en bout de cordée. Si vous ne vouliez pas courir de risque, vous auriez dû rester à la maison et regarder la télé.

— Ça va ! Assez ! coupa Becca. Au lieu de nous disputer, nous ferions mieux de voir ce que nous pourrions faire. »

Mais il n'y avait vraiment pas grand-chose à faire, sinon d'attendre une éclaircie. Et, assise là, Mara se trouva encore plus coupable. Si elle n'avait pas été tellement désireuse de monter sur la butte pour apercevoir le Tibet, elle et Linda auraient eu le temps de ramener Adrian au Camp 5 avant le commencement de la tempête. Et elles en étaient là.

Becca, qui se préoccupait de la logistique, rampa vers l'entrée de la grotte et l'ouvrit à demi, puis elle appela le camp de base et le prévint que le temps était trop bouché pour sortir. L'un des alpinistes du camp avait entendu dire qu'une autre équipe, pareillement piégée par les conditions météo, avait soulagé une personne souffrant aussi d'œdème pulmonaire en expulsant par des massages le fluide de ses poumons. Appliquant les instructions que leur transmettait Becca, Mara et Linda massèrent donc à tour de rôle Adrian, assise, la tête entre les genoux ; elles lui serraient fortement le torse de leurs bras chaque fois qu'elle toussait, pour expulser l'excès de liquide.

Cela soulageait Adrian, mais il fallait sans cesse répéter l'exercice.

L'eau commençait à manquer ; les bouteilles étaient vides depuis longtemps et, même si la sensation de la soif était émoussée par l'altitude, les corps des femmes avaient besoin de beaucoup plus d'eau que d'ordinaire, de quatre à six litres par jour contre trois au niveau de la mer. Au-dessus de sept mille mètres, en effet, elles se déshydrataient inévitablement, comme tous les alpinistes. L'air sec et froid leur desséchait férocement la gorge et les poumons. Or, elles n'avaient à leur disposition que de la neige et de la glace et elles devaient chaque jour en faire fondre assez pour leurs besoins. Les réchauds étaient peu efficaces, car l'eau bouillait à si basse température dans cet air raréfié que la glace fondait lentement dans le liquide obtenu, peut-être bouillonnant, mais certainement pas très chaud. Mara aida Becca à installer le petit réchaud, à le stabiliser sur le sol de neige compacte et à l'allumer. Chaque geste demandait de la concentration, comme si l'esprit ne fonctionnait qu'à tâtons. La mémoire et le raisonnement conceptuel, en effet, baissent brutalement au-dessus de quatre mille cinq cents mètres. Dans des épreuves de performance cognitive, comparables à l'assemblage de pièces mécaniques, l'esprit fonctionne avec beaucoup plus de lenteur en haute altitude. Mais, en dépit des défaillances de la mémoire à court terme causées par l'hypoxie, on n'a jamais prouvé scientifiquement que de longs séjours en haute altitude puissent causer des dommages permanents, contrairement à ce que croient plusieurs alpinistes. Ainsi, quand il fut expédié clandestinement de Suède en Grande-Bretagne, pour échapper aux nazis durant la Seconde Guerre mondiale, le célèbre physicien danois Niels Bohr fut embarqué dans un avion qui volait à très haute altitude. Il ne comprit pas les instructions du pilote, qui lui disait d'appliquer son masque à oxygène. Il affronta donc des altitudes parfois aussi hautes que dix mille mètres et passa plusieurs heures au-dessus de cinq mille mètres sans oxygène. Il était évidemment inconscient quand il atterrit ; mais il se rétablit complètement et reprit avec brio sa carrière d'atomiste.

Les femmes grattèrent de la neige et de la glace sur les parois de leur grotte et les mirent à fondre laborieusement dans leur petit pot. Elles parvinrent de la sorte à remplir trois bouteilles d'eau, gardant une quatrième pour uriner, comme elles le faisaient quand le temps à l'extérieur de la tente était trop mauvais pour sortir.

La plupart du temps, elles restaient assises en silence, essayant de dormir ou s'absorbant dans leurs pensées. La toux d'Adrian empira au fur et à mesure que les heures passaient et elle devint plus grasse, son souffle se fit encore plus court tandis que le fluide envahissait progressivement ses poumons. « Je n'arrive pas à respirer, dit-elle, une des rares fois où elle dit quelque chose. J'ai l'impression que quelqu'un est assis sur ma poitrine. » Mais rien que d'avoir dit cela, elle souffrit de spasmes d'hyperventilation et de toux. Si elles l'avaient vue à la lumière extérieure, les femmes auraient noté la teinte bleuâtre ou cyanosée de ses ongles et des extrémités de ses doigts, ainsi que de son nez, de sa langue et de ses oreilles. Si on lui avait appliqué un masque à oxygène sur le visage, ses symptômes se seraient atténués en quelques minutes et ils auraient complètement disparu en vingt-quatre heures ; mais il aurait fallu pour cela lui fournir de six à douze litres par minute, alors que les alpinistes se contentent de deux à trois litres en haute altitude. Toutefois, les bouteilles nécessaires au traitement d'un œdème pulmonaire auraient été très encombrantes. Une solution minimale eût été le sac hyperbare, qui ne pèse qu'un peu plus de sept kilos. Il s'agit d'un sac étanche recouvert de plastique dans lequel on insère la victime, et ses compagnons y pompent de l'air jusqu'à obtenir une compression comparable à ce que serait l'atmosphère mille cinq cents ou deux mille mètres plus bas.

Or, les femmes n'en disposaient pas non plus. Elles n'avaient qu'un remède : descendre. Toutes les heures, l'une d'elles allait contrôler le temps dehors par une fente à l'entrée du tunnel et revenait annoncer : « La même chose. »

Vers le milieu de l'après-midi, Adrian ne parvenait plus à rester assise. Elle se laissa d'abord tomber sur Linda, puis sur Mara. À demi inconsciente, elle semblait flotter d'une torpeur à l'autre, incapable de répondre aux questions qu'on lui posait. Il était désormais difficile pour ses compagnes de poursuivre les massages de compression et il devenait évident qu'elles devraient passer une autre nuit dans leur grotte. Impuissantes et frustrées, elles s'activèrent à agrandir la grotte afin qu'Adrian pût être plus à l'aise. À l'aide de leurs pics et de leurs pelles, elles creusèrent à tour de rôle une nouvelle cavité au bout du tunnel. Quand vint le tour de Mara, elle travailla à genoux, le faisceau de son casque-lampe dansant au-dessus de sa tête. Soudain, son pic traversa le mur. Une lumière grise et une rafale de neige s'engouffrèrent par la brèche. Elle se pencha prudemment pour regarder par le trou.

« Oh, mon Dieu ! s'écria-t-elle.

— Qu'est-ce que tu as vu ?» demanda Becca.

Or, Mara était agenouillée au bord d'une énorme corniche de roc et de glace surplombant le vide. Elles ne s'en étaient pas avisées la veille, mais elles avaient de fait creusé leur grotte dans une corniche, comme il s'en forme quand le vent accumule la neige sur une falaise. Et, tandis qu'elles se reposaient douillettement dans leur grotte pendant la nuit, elles étaient en fait adossées à une paroi de neige à plusieurs centaines de mètres au-dessus d'un précipice.

Mara boucha le trou avec un paquet de neige congelée et semi-transparente, qui laissait filtrer une vague clarté tout en empêchant le vent d'entrer. Puis, sur le banc qu'elles avaient creusé pour Adrian dans la nouvelle cavité, ses compagnes jetèrent des sacs à dos en guise d'isolant.

Dans la soirée, Adrian avait sombré dans le coma.

La tempête faisait toujours rage, mais elles n'en avaient plus cure. Elles veillaient Adrian à tour de rôle, sans mot dire. Il ne restait presque plus de carburant pour le réchaud de Becca et elles avaient à peu près épuisé leurs provisions. Si la tempête ne s'arrêtait pas le lendemain, leurs corps déshydratés et affaiblis par le manque de nourriture ne pourraient plus résister au froid. Et leurs jambes ne les soutiendraient plus dans la descente. La salive s'était épaissie dans la bouche de Mara, elle ressentait la morsure du gel dans ses mains et ses pieds comme une présence ennemie qui lui raidis-

sait les doigts et les orteils. Des frissons brusques la faisaient tressaillir, lui rappelant les pattes de grenouille
qui, dans les travaux pratiques de laboratoire, tressau-
taient quand le scalpel touchait un certain nerf.
Personne ne le disait, mais c'était leur propre survie
qui était désormais en cause. Tout ce qu'elles trouvaient
à marmonner était :
« Il faudra que cette tempête s'arrête bientôt.»
Chacune d'elles réagissait à sa façon aux longues
heures d'attente et à l'anxiété de la situation, comme si
Adrian reflétait leur propre mortalité et la peur qu'elles
en avaient. Linda passait de longs moments agenouillée
près de sa camarade, lui massant les bras et les jambes
et lui murmurant : « Tiens bon, tiens bon », l'assurant
que le temps allait s'améliorer et qu'elles l'accompagne-
raient dans la descente. Puis Linda se laissait aller à
sangloter, parce qu'elle perdait une amie et sans doute
par peur de sa propre mort. Becca, elle, demeurait
stoïque, du moins en apparence. Quand son tour venait
et qu'elle s'installait près d'Adrian, elle s'affairait à recti-
fier ses vêtements et la disposition des sacs isolants,
afin de la mettre plus à l'aise, comme si ces soins vesti-
mentaires et infirmiers pouvaient ramener Adrian à la
conscience. Gayle, pour sa part, refusa même d'entrer
dans la nouvelle cavité et s'assit à croupetons, adossée
au mur le plus éloigné de la grotte principale, repliée
sur elle-même comme pour fuir l'inévitable.
« Ne pourrais-tu pas passer au moins quelques
minutes avec elle ? lui dit Linda à la fin. Tu es censée
être une compagne de cordée, après tout.
— Je reste ici », s'obstina Gayle.

Tandis qu'elle tenait la main d'Adrian, toujours
couverte de sa mitaine, Mara essayait de se rappeler ce
qu'elle avait lu dans le *Livre des Morts tibétain*. Les
bouddhistes tibétains estiment que l'art de mourir est
aussi important que l'art de vivre. À l'inverse des Occi-

dentaux qui craignent généralement la mort, ils l'accueillent comme la chance de se libérer du cycle infini des renaissances et des souffrances. Mais il faut que l'esprit du mourant soit entraîné pour saisir l'instant de la mort et s'élancer vers sa libération. C'est pour cette raison qu'un lama lit à l'oreille du mourant ou du mort le *Livre des Morts tibétain*, comme on l'appelle en Occident. Son vrai titre est *Le Grand Livre de la libération par la compréhension de ce qu'il y a dans l'intervalle*. C'est une sorte de guide pour franchir le labyrinthe qu'il faut traverser entre la mort et la renaissance, l'« intervalle », et il comprend des chapitres sur *La Claire Lumière de la réalité hors du corps, Rencontre avec le seigneur de la mort* et *Le Choix d'une bonne matrice*.

Une des pratiques que Mara avait étudiées pour assister un mourant s'appelait *Tonglen*, c'est-à-dire « donner et recevoir ». C'est un exercice de compassion, le plus grand don qu'on puisse faire à un mourant selon les Tibétains. Assise dans l'obscurité sur le banc de neige, Mara se représenta les souffrances d'Adrian comme une fumée épaisse, noire et brûlante. Elle aspira cette fumée dans son souffle. Elle prit la fumée noire dans son cœur et l'introduisit dans la plus vile partie d'elle-même, son moi égoïste et avide. Mara se servit de cette fumée noire pour calciner cette part-là et se purifier le cœur. Puis elle l'exhala sous la forme d'une apaisante lumière fraîche et blanche, porteuse de joie, de compassion et d'amour, qui purifia aussi le karma négatif d'Adrian. Même si Adrian n'était pas consciente, selon les Tibétains, son karma bénéficiait de cette pratique aussi bien que celui de Mara. « Pour moi, écrit un lama tibétain, tout mourant est un maître ; il offre à tous ceux qui l'aident une chance de se transformer en développant leur compassion. »

La respiration d'Adrian devenait de plus en plus faible. Becca alluma le bout de chandelle qui restait. La lumière dorée baigna les parois.

Spontanément, les autres femmes défilèrent l'une après l'autre dans la grotte d'Adrian. Même Gayle. Il sembla à Mara qu'Adrian était entourée de sages-femmes qui, au lieu de l'aider à donner naissance, tentaient de l'assister pour franchir le passage vers la mort et vers le temps qui existait avant la vie.

Les bouddhistes tibétains pensent que tous les mourants « se dissolvent » de la même manière, sauf en cas de mort violente, où les étapes sont très rapides et ne se succèdent pas dans le même ordre.

Tout d'abord, ce sont les sens qui se dissolvent : le mourant ne peut reconnaître les proches à son chevet. Ensuite, les quatre éléments se retirent du corps : le mourant ne peut donc plus se relever.

Les fluides vitaux s'écoulent quand l'eau s'en va. La chaleur corporelle disparaît quand le feu s'éteint. Enfin, l'air se dissipe. Le mourant halète, souffre d'hallucinations et de visions s'il a mené une vie négative, mais a des visions enchantées d'anciens amis et de lieux célestes s'il a mené une vie de bonté et de compassion.

Les inspirations se font plus courtes, les expirations plus longues et le mourant s'éteint sur trois longues expirations. Tous les signes de vie disparaissent.

À ce moment-là, commence la décomposition intérieure.

Juste avant 3 heures du matin, tandis que Linda la soutenait sur le lit de neige, Adrian rendit le dernier de ses souffles rauques. Linda la garda dans ses bras. Les autres s'assirent ou s'agenouillèrent autour, dans la lumière de la chandelle qui achevait de se consumer près de sa tête.

Quelques instants plus tard, Linda s'écarta et Becca vint enlever la mitaine de la main d'Adrian, cherchant le pouls.

« Elle est partie. »

Elles demeurèrent là, absorbées dans leurs pensées.

En médecine occidentale, l'heure légale de la mort est celle où le cerveau et le système nerveux central, qui contrôle les fonctions vitales, ont cessé de fonctionner. Dans les pays scandinaves, en Allemagne et en Autriche, la juridiction exige des tests démontrant que le sang ne circule plus dans le cerveau. Selon les bouddhistes tibétains, toutefois, une « respiration intérieure » se poursuit après le dernier souffle et persiste « le temps d'un repas », soit encore une vingtaine de minutes. C'est durant ce laps de temps que le processus de la conception s'inverserait. L'« essence blanche et bénie » du père migre de la tête du mourant vers son cœur, dissolvant la colère sur son trajet et conférant au mourant la clarté de perception et un sentiment de « blancheur ». Parallèlement, l'essence « chaude et rouge » de la mère monte de l'abdomen où elle siégeait jusqu'alors, détruit le désir et procure au mourant un sentiment de béatitude et de « rougeur ». Les essences mâle et femelle se rejoignent dans le cœur, enserrant la conscience. Le mourant éprouve une impression d'obscurité. La pensée, ainsi que l'illusion et l'ignorance désertent l'esprit. Le mourant aborde alors cet état exalté de connaissance qu'on appelle la « grande clarté » ou la « pure lumière ».

Selon les mêmes croyances, la mort n'annulerait pas la conscience. En supprimant les obstacles que sont la colère, le désir et l'ignorance, elle parviendrait à des niveaux de conscience plus subtils, jusqu'à ce que la personne atteigne la « nature du Bouddha », que d'autres cultures appellent le moi, l'essence de l'esprit, la divinité, le niveau de conscience absolue.

Mara dormit profondément, à demi affalée sur son banc de neige, maintenant qu'Adrian n'était plus là. Comme beaucoup d'alpinistes affligés de la respiration périodique de haute altitude, elle rêva qu'elle nageait sous l'eau. Le premier rayon de l'aube traversa la fenêtre de neige cristalline et Mara aperçut Linda, couchée en chien de fusil devant la grotte d'Adrian, comme pour veiller sur son amie. Des froissements de vêtements dans la chambre principale l'informèrent que quelqu'un bougeait ; elle vit bientôt une forme sombre, qui pouvait être Becca, ramper vers l'ouverture du tunnel. Celle-ci poussa prudemment le bloc de neige qui faisait office de porte, puis l'écarta davantage.

« Le temps est clair ! s'écria Becca. Le vent s'est arrêté ! Le soleil se lève ! »

L'une après l'autre, les femmes sortirent alors du tunnel et contemplèrent l'aube calme. Elles étaient mal assurées sur leurs jambes, après avoir passé toutes ces heures accroupies, et elles étaient affaiblies par le manque d'eau et de nourriture. Elles sentaient la tiédeur du soleil sur leur peau. Le ciel se teinta de rose, puis d'orange au-delà des hauts pics enneigés de l'Himalaya à l'est, et, à leurs pieds, les pentes roses de l'Annapurna dévalaient sur trois kilomètres vers la vallée où se trouvait le camp de base, encore plongé dans l'ombre. À leur gauche, juste au-delà de l'entrée de la grotte, la corniche en forme de vague gelée se renflait légèrement au-dessus d'une falaise à pic de trois cents mètres de haut, dominant les crevasses d'un glacier. Elles eurent le sentiment d'avoir retrouvé la vue après ces deux derniers jours de neige fouettée par le vent et ces deux nuits de somnolence glacée.

« Si nous partons maintenant, nous pouvons arriver au Camp 3 au début de l'après-midi, déclara Becca, et atteindre demain le camp de base. »

Personne ne lui répondit et tout le monde savait ce que l'autre pensait.

« Et Adrian ? demanda finalement Linda.

— Je ne vois pas ce que nous pouvons faire de plus, répondit calmement Becca. Nous n'avons pas les moyens de la descendre le long des parois de glace et même si nous les avions, cela prendrait plusieurs jours et les tempêtes de la mousson sont imminentes. » Elle indiqua les pics et le ciel rose. « Regardez quel paysage incroyable. Je crois qu'elle serait heureuse ici. Je sais que, moi, je le serais. »

Elles convinrent donc de laisser Adrian dans sa grotte de neige. Elles rampèrent de nouveau à l'intérieur ; l'abri, à présent, paraissait aux yeux de Mara insupportablement exigu. Elles ramassèrent leurs affaires, impatientes de s'en aller avant la prochaine tempête et s'efforçant cependant de ne pas avoir l'air d'abandonner Adrian. Becca appela tout le monde dans la grotte où gisait leur compagne. Dans la lumière diffuse, le visage d'Adrian était grisâtre, elle ne reflétait même plus la lumière du jour.

La considérant sur son lit de neige, Mara se dit que ce dernier et paisible refuge était peut-être préférable à ce qui eût attendu Adrian si elle était morte chez elle. L'autopsie aurait révélé un cerveau œdémateux et hémorragique. On l'aurait portée vers une chambre funéraire où, sans doute, un embaumeur lui aurait injecté de l'alcool de bois pour préserver les chairs. Et elle aurait fini dans une boîte d'acier sous terre, protection illusoire contre les petites créatures qui dévorent les morts, alors qu'en réalité il y avait déjà assez de bactéries dans la boîte pour entamer la décomposition.

Au lieu d'enfermer sa dépouille dans une boîte pour empêcher sa décomposition naturelle, les bouddhistes tibétains auraient répandu ses restes aussi loin que possible dans le vaste monde. Ils auraient laissé son cadavre en paix pendant trois jours, jusqu'à ce que son esprit ait eu tout le temps de le quitter, puis ils l'auraient transporté vers un endroit réservé dans la montagne ; là, les moines l'auraient dépecé, roulé dans de la farine d'orge, et les grands rapaces de l'Himalaya seraient descendus s'en repaître ; ç'aurait été ce qu'on appelle là-bas « un enterrement céleste ».

Seuls les esprits bien entraînés résistent à l'effroi devant la Lumière de la terre, quand vient le moment de la mort. Eux seuls savent saisir cette chance de libération. La majorité des morts retournent dans le cycle infini de la mort et de la renaissance, qu'on appelle *samsara*. Pour les Tibétains, si l'esprit d'Adrian, après avoir quitté son corps, n'avait pas trouvé la libération, il demeurerait quarante-neuf jours dans le « Bardo du devenir », l'« intervalle », sorte de purgatoire des esprits destinés à d'autres vies, pour reprendre les termes d'un maître tibétain. Ses actes et ses habitudes avaient entraîné des conséquences, c'est-à-dire la formation de son karma, et ils la pousseraient de-ci, de-là et, en fin de compte, vers le père et la mère et la matrice de sa nouvelle vie, que ce soit un cancrelat, un oiseau ou un être humain. Ceux-ci continueraient à aspirer à la libération et à l'état de demi-dieu.

Mara examina sa compagne inerte dans la pénombre de la grotte de neige et se demanda où Adrian pouvait bien être à ce moment. Peut-être n'était-elle nulle part et ne serait-elle jamais nulle part. Qui savait ? Mais il était réconfortant de penser que, même maintenant, Adrian cheminait vers une nouvelle matrice. Elle ne l'avait pas perdue. Elle la reverrait.

Becca récita une courte prière sans référence religieuse, exprimant l'espoir que le courage, l'amour de la vie et de la montagne de la défunte serviraient d'exemple aux autres. Elle était morte dans ces montagnes qu'elle aimait et son corps demeurerait là.

« Est-ce que quelqu'un veut ajouter quelque chose ? demanda-t-elle quand elle eut fini.

— Un instant », dit Linda.

Mara perçut un froissement de papier.

« Je voudrais laisser ces gâteaux de figues et ces sacs de thé à Adrian, pour la nourrir là où son prochain voyage la mènera », dit Linda. Et elle se pencha pour déposer les présents.

Mara sentit les sanglots monter en elle. Elle se rappela la demi-plaque de chocolat aux noix et aux fruits enveloppée dans du papier doré qu'elle avait gardée pour la descente ; c'était tout ce qui lui restait comme vivres. Elle la tira de la poche intérieure de sa combinaison et la plaça au-dessus des autres présents. Becca donna sa crème contre les gerçures et sa crème solaire. Quand vint le tour de Gayle, elle glissa la main dans son chandail à col roulé et retira sa chaîne en or avec une pierre en pendentif.

« Je n'ai pas de vivres à offrir à Adrian, mais j'aimerais lui donner ceci, c'est un rubis que ma grand-mère m'avait donné quand j'étais petite. Il a été mon porte-bonheur pendant toutes ces années et je voudrais qu'Adrian l'ait. »

Elle déposa la chaîne sur la tête d'Adrian de sorte que le rubis reposât sur la combinaison d'alpiniste, puis elle rampa hors de la grotte. Mara s'attarda, voulant être la dernière à partir. Elle étreignit Adrian, déjà raide, froide et petite, puis elle se releva et donna un coup de pic à glace dans la fenêtre qu'elle avait fabriquée. La vive lumière du jour inonda la grotte. Mara s'agenouilla et, regardant à l'extérieur, elle vit le ciel immense et la falaise. Les autres pics de l'Himalaya se dressaient au-dessous et au-delà. Elle distingua enfin les étendues désolées du grand plateau tibétain : des roches aux nuances de gris, de vert, de bleu, de brun, terres arides et pics couronnés çà et là de neige. Cela paraissait aussi mystérieux qu'une autre planète. De cette hauteur, la couche d'air lumineuse qui nimbait les collines était plus nettement visible, comme l'atmosphère terrestre vue de l'espace. Des pics épars perçaient ce voile pour s'élancer vers l'espace bleu sombre. Elle fut surprise de la minceur de cette couche qui entretenait la vie. Les Tibétains vivaient donc à la limite de la marge entre ciel et terre et elle comprit leur respect pour toute forme de vie, aussi infime fût-elle.

Elle s'arracha à sa contemplation et évalua la taille de l'ouverture : assez grande pour permettre le passage à un rapace, gypaète, épervier ou vautour. Contente de son travail, elle rampa à son tour le long du tunnel, vers la lumière. Avec l'aide de ses compagnes pantelantes, elle remit en place le bloc de neige pour condamner le tunnel et combla les interstices avec de la neige. Puis les femmes s'attachèrent les cordes, mirent leurs sacs au dos et, toujours haletantes, commencèrent leur descente de la montagne.

4.

L'avalanche
ou l'étreinte glacée du sphinx blanc

Leurs planches à surf de neige sur le dos, ils avan-
çaient tous trois dans la neige depuis le début de la
matinée, sur un ciel bleu cobalt, le long d'une haute
crête des monts Wasatch, dans l'Utah. Cette chaîne
offre l'une des neiges les plus profondes, les plus légères
et les plus poudreuses du monde. L'air humide du nord-
ouest du Pacifique court le long du Grand Lac Salé, puis
s'élève d'un kilomètre et demi sur les flancs des
Wasatch, quatre mille six cents mètres de haut. Lors de
cette ascension, l'air marin libère son humidité sur les
flancs des montagnes et se condense en flocons légers.
Les particularités de la météo et de la géographie font
des Wasatch le grand rendez-vous des surfeurs de neige
et des skieurs ; ils accourent du monde entier dans ces
stations de sports d'hiver. Certains d'entre eux recher-
chent les vastes et sauvages étendues qui appartiennent
à l'État fédéral mais ne font pas partie des zones de
sport surveillées. Ces terres montagneuses sont connues
des aficionados, tels nos trois surfeurs, sous le nom de
« Maquis ».
Quittant juste après l'aube la piste officielle qui

commence à l'autoroute, ils avaient traversé les bois de peupliers au bas des contreforts, puis avaient abordé les forêts de sapins de la moyenne montagne. Vers le milieu de la matinée, ils avaient rencontré un *ranger* du service forestier qui descendait de la piste.

« Dites, les jeunots, vous allez dans le cirque ? avait-il demandé.

— C'est là que nous allons, en effet, avait répondu Jeremy, qui menait le trio.

— Faites attention là-haut, dit le *ranger* qui avait remarqué les sept anneaux d'argent accrochés au lobe de l'oreille gauche de Jeremy. Je viens d'examiner la neige et elle n'a pas l'air très stable.

— On fera gaffe », répondit Jeremy.

Il s'avança mais le *ranger*, qui se tenait dans la tranchée centrale de la piste enneigée, ne s'écarta pas pour le laisser passer.

« Vous feriez mieux d'y penser à deux fois », conseilla-t-il.

Jeremy fit trois pas dans la neige tassée sur les côtés pour le contourner.

« Tu barres le passage », lui dit-il et il continua son chemin, suivi par ses compagnons, Liz et Dougie. Le *ranger* leur lança un regard mécontent, mais resta silencieux. Il ajusta les bretelles de son sac à dos et reprit sa descente.

Les trois surfeurs savaient bien ce qu'ils faisaient. Ils avaient participé à des séminaires sur la manière d'éviter les avalanches et sur les techniques de survie dans la nature. Ils avaient fait d'innombrables expéditions dans le Maquis, et ils avaient parfois campé plusieurs jours dans des cirques de haute montagne pareils à celui qui se profilait au-dessus de leurs têtes comme une grande demi-lune. Et pourtant, ils ne semblaient pas bien vus des autorités de ski de la région, qui leur refusaient l'usage des remonte-pentes, leur recommandaient d'être sages ou bien les rabrouaient. C'étaient tantôt le service forestier qui entendait contrôler les expéditions dans le Maquis, et tantôt les parents. L'une des grandes joies du surf dans le Maquis était justement qu'un vaste monde s'y offrait loin des autorités. Et ce monde-là ne les tenait pas en suspicion parce qu'ils avaient des cheveux hérissés au gel ou bien la langue percée ou encore un certain genre. Le Maquis ne pratiquait pas de discrimination et offrait librement ses joies et ses difficultés.

À la fin de la matinée, suant sous le grand soleil de l'altitude, le trio parvint finalement à la crête. Les pics des Wasatch, tous de différentes hauteurs, les entouraient. À leurs pieds s'étendait un vaste cirque sans arbres, bordé d'un bourrelet de neige de trois mètres de haut qu'on appelait une corniche. Ils se déchaussèrent et s'enfoncèrent dans la neige jusqu'aux cuisses. Tirant des pelles de leurs sacs à dos, ils creusèrent un grand trou pour détecter les couches faibles dans les épaisseurs de neige. Au fond, ils trouvèrent, en effet, une couche friable, pareille à du sucre granulé.

Jeremy s'accroupit et en prit une poignée qu'il étala sur sa mitaine. Puis il la comprima dans ses doigts et les rouvrit : les particules de neige ne s'étaient pas agglomérées et elles s'écoulèrent d'entre ses doigts comme du sable.

« Elle a l'air lâche, constata-t-il, mais je n'ai pas vu de traces de glissements dans les autres cirques alentour. On ne devrait donc pas avoir de problèmes. »

Les traces dont il parlait étaient des failles et des traînées sur les pentes, associées à des éboulis de neige au pied de ces pentes, révélant des avalanches récentes. Car Jeremy avait plus d'expérience du Maquis que Liz et Dougie, et ces derniers s'en remettaient à son jugement. Les trois surfeurs rangèrent donc leurs pelles, attachèrent leurs chaussures de neige à leurs sacs à dos et bouclèrent les attaches de leurs cuissardes souples dans les attaches de plastique rigide de leurs planches de surf. Celles-ci ressemblaient à de gros skis courts recourbés aux deux extrémités, des hybrides entre le ski et la planche de surf marin. Ils vérifièrent à deux fois leurs avertisseurs d'avalanche, de petits postes émet teurs-récepteurs fixés à leurs harnais corporels, sous les parkas : ils émettaient un signal sur la fréquence de 457 kHz. À l'instar des balises d'urgence des avions qui permettent de localiser un appareil tombé, le signal de ces radios pouvait être capté par d'autres membres du groupe ou par des sauveteurs dans le cas où une avalanche aurait enseveli le porteur d'une telle balise. Pareils à des grenouilles collées à des planches, les trois surfeurs sautillèrent ensuite gauchement vers le rebord du cirque. Une cuvette de trois cents mètres de profondeur, parfaitement circulaire, s'étendait à leurs pieds ; c'était la trace d'un ancien glacier qui avait broyé le roc comme une meule ; elle était recouverte d'une épaisse et moelleuse couche de neige poudreuse.

Dougie devait s'élancer le premier. Le cirque était si vaste et si profond qu'il en avait le vertige.

« Bon, tu as l'intention de le contempler toute la journée ou tu vas y aller ? demanda Jeremy en bouclant une attache.

— Donne-moi une minute, veux-tu ? rétorqua Dougie.

— Quand c'est son tour de tracer la première piste, il peut y mettre toute la journée, observa Liz, qui prenait la défense de son compagnon. Il a toujours été comme ça.

— Je sais, je sais ! dit Jeremy, conciliant. Mais c'est que ce cirque est tellement splendide que c'en est presque insupportable !

— Si Cat avait été avec nous, elle aurait aimé cet endroit, murmura Liz, contemplant les sommets alentour et les pointes se dressant dans leurs gaines de neige sculptée par le vent.

— Je ne sais pas », répondit Dougie d'un ton maussade, examinant toujours les vertigineuses parois du cirque. Son cœur en battait plus fort et sa respiration s'accélérait à cette vue. « Elle n'a pas vraiment fait de surf depuis que Kayla est née. »

Dougie et Cat avaient vécu trois ans ensemble dans un pavillon de location au bout du canyon, gagnant à peine leur vie comme serveurs ou assistants du remonte-pente en saison. Avec Liz et Jeremy et deux ou trois autres mordus, ils avaient constitué un groupe, résistant aux pressions des parents qui leur demandaient de s'inscrire à l'université ou de prendre un vrai travail, bref de faire autre chose que du surf de neige l'hiver et de la moto tout-terrain pendant l'été. Puis Cat avait été enceinte. Kayla avait maintenant dix mois et apprenait seulement à marcher. Dougie l'aimait, il prenait du plaisir à jouer avec elle, à faire des grimaces, à la regarder rire et à lui apprendre à marcher. Mais il y avait des jours où il lui fallait être loin de cette maison, des langes sales et des traces de nourriture de bébé sur la table de la cuisine, loin des crises de larmes enfantines. Toute l'attention de Cat se reportait désormais sur l'enfant, il n'en restait plus pour Dougie. Sans le surf, il serait devenu fou de claustrophobie. En fait, il avait été fou jusqu'à ce qu'il eût découvert le surf. Il avait haï ses parents et ses beaux-parents. Il avait été exclu de l'école, puis confié à des kyrielles de psychologues et psychothérapeutes et, en fin de compte, à des officiers de la liberté surveillée. Seul le surf lui avait donné sa vraie place dans le monde.

« Qu'en penses-tu, Jeremy, je vais tout droit ou j'incline à peu à droite ? demanda Dougie, scrutant toujours le cirque.

— Je dirais d'aller à droite, répondit Jeremy. Il y a une espèce de bosse au milieu qui pourrait t'envoyer valdinguer de l'autre côté.

— Tu penses que ça tiendra ? évalua Dougie.

— On n'a fichtrement pas d'autre choix que de l'espérer, bougonna Jeremy. Écoute, si tu ne veux pas inaugurer la piste, ça ne me dérange pas d'y aller. »

Dougie examina de nouveau le cirque. La pente lisse ne révélait aucun défaut, et pourtant elle était aussi complexe et mystérieuse que le cosmos tout entier. Il y avait là plus de cristaux de neige que d'étoiles dans l'univers. Ces millions de milliards de cristaux, tous différents, étaient répandus sur la paroi du cirque dans un nombre infini de combinaisons, adhérant l'un à l'autre par leurs innombrables points de contact, selon la température et l'humidité. La moindre vibration, voire un simple cri, pouvait déclencher un immense glissement vers le bas. Y aurait-il une avalanche ou pas ? Lisse et immaculée, cette couche de neige était aussi mystérieuse que le sphinx, et seuls les alignements de ses milliards de cristaux détenaient la réponse. C'était comme si l'on regardait le ciel nocturne. Dougie pouvait bien demander quel en était l'objet et qu'est-ce que cela signifiait pour lui, mais tout ce qu'il pouvait faire, c'était formuler une hypothèse raisonnable ; la réponse ne lui serait donnée que s'il s'élançait.

Il fit glisser de son bonnet de peluche pourpre ses lunettes de ski à lentilles rouges, les ajusta et serra les manches étanches de ses gants. Il n'avait jamais vraiment couru dans la vie après les certitudes. Si ç'avait été le cas, il serait resté dans la vallée et il aurait glissé son badge dans une pointeuse cinq fois par semaine, dans un vrai boulot.

« J'y vais, dit-il.

— Ouais, Dougie ! lui répondit Liz.

— Mords-y l'œil », cria Jeremy.

Pendant un long moment, Dougie demeura perché au bord de la corniche, se représentant son atterrissage et les figures qu'il exécuterait ensuite. Il respira lentement, pour se calmer. S'il y avait eu un électro-encéphalographe sur la corniche et que les électrodes eussent été appliquées sur son crâne, l'écran de l'appareil aurait montré une soudaine pointe dans le tracé des ondes alpha de son hémisphère gauche. Ces ondes, qui se situent entre huit et treize cycles (8 et 13 Hz) par seconde, correspondent à un état méditatif serein. Ce même tracé a été enregistré chez des archers qui se préparaient à décocher une flèche dans le cœur d'une cible. Dougie respira profondément trois fois et, d'un saut, mit sa planche en position perpendiculaire à la corniche. Puis il fit deux petits sauts et un grand qui le propulsa par-dessus la corniche.

« Yahooo ! »

Il perçut le sifflement de l'air quand il plongea. Une fois en l'air, il se concentra pour maintenir son équilibre, les bras tendus, les genoux légèrement fléchis, les yeux sur l'aire d'atterrissage qui approchait rapidement sur la pente au-dessous de la corniche...

Whompp !

Il atterrit parfaitement, écrasant le terrain, comme on dit. Il absorba la force énorme de l'impact : quatre-vingt-deux kilos tombant d'une hauteur équivalente à deux étages, en pliant le torse et les genoux. La planche avait projeté un paquet de neige. Un instant plus tard, Dougie se redressa, se lança et soudain fila sur la pente.

Il effectua un virage à droite « sur l'orteil », ainsi appelé parce qu'il avait aligné les orteils de ses attaches sur le côté droit de la planche. Celle-ci était plus mince au milieu qu'aux extrémités et, quand Dougie l'inclinait sur le bord pour effectuer un virage, elle se courbait gracieusement comme un arc. De petits paquets de neige voletaient et s'écrasaient sur son parka rouge, ses fuseaux noirs et son visage, comme de délicieux coups de pinceau humides et froids.

« Ouais ! Taille-la ! cria Liz d'en haut.

— Fais-nous des virages en puissance ! » reprit Jeremy.

Dougie jaillit comme une fusée de son premier virage et pencha vers la gauche, du côté de ses talons ; la planche tournoya dans le deuxième virage, achevant sa trajectoire sur la pente abrupte au-dessous. Dougie planait et tombait tout à la fois, dans l'ivresse de la liberté totale, le vent qui lui fouettait le visage, la neige qui jaillissait, le bleu profond du ciel hivernal et ce cirque immense et vierge au-dessous. Il aimait ça. Son corps et la planche se jouaient des lois implacables de la gravité, il allait et venait comme un archet vibrant sur l'immense caisse de résonance de la montagne. Ses ondes cérébrales passaient avec agilité des fréquences sereines alpha aux fréquences normales de l'éveil, dites bêta moyennes, et puis encore au-dessus, quand il entrait dans ces états de vigilance plus aiguë demandés par les difficultés du terrain. Enfin, il redescendait vers les calmes ondes alpha avec cette aisance dans le changement qu'on a constatée chez les pilotes d'essai des B 2 quand ils passent des tâches complexes de leurs bombardiers fantômes aux tâches plus routinières.

Trois virages. Le vent siffla à ses oreilles.

Quatre virages. Il avait trouvé son rythme.

Cinq virages. Il décrivait de grandes courbes escortées par un sillage de poudreuse, comme une comète alpine.

Six virages. *Voilà la bosse... Penche à droite pour l'éviter.*

Sept virages. Pas assez loin... il dérivait vers la bosse... Pas de panique... il la voyait au-dessous, ce serait une chute facile, bien que la pente devînt plus abrupte au-dessous... il resterait un peu plus longtemps dans l'air, voilà tout.

Et soudain, Dougie prit son envol. Il saisit de la main gauche le bord de la planche, près du talon, dans cette manœuvre élégante qu'on appelle « la méthode aérienne ». Il parut être suspendu dans l'air, saisi par le sentiment de planer, oiseau calme et sûr de lui, sur les étendues immenses du cirque.

Il atterrit une fois de plus de façon parfaite, en écrasant le terrain.

« Yoooow ! » Il espéra que Liz et Jeremy entendraient son cri et sauraient quelle belle course il faisait.

Huitième virage. Il aperçut du coin de l'œil quelque chose d'insolite à droite... Une longue fissure bleuâtre dans la neige.

Puis la neige renvoya un bruit énorme, semblable à celui que provoquerait une main écrasant une citrouille géante.

Neuvième virage. Toute l'étendue de neige se mouvait, se fragmentait en plaques épaisses.

Un autre cri, le sien, mais cette fois il fut seul à pouvoir l'entendre.

Il s'était instinctivement accroupi, les bras étendus

pour conserver son équilibre ; c'était la réaction instantanée à un bruit ou une lumière inattendue, définie comme le « réflexe de surprise ». Ses yeux cherchèrent la source du danger. L'adrénaline se répandit dans son organisme. Ses ondes cérébrales montèrent soudain aux fréquences d'alerte et d'anxiété maximales, les bêta hautes, au-dessus de trente cycles par seconde. Le danger était tout autour de lui : une avalanche de plaques, de grandes plaques molles de neige fraîche qui se fracturaient à leur tour et déferlaient sur les pentes comme un vieux bâtiment qu'on dynamite et qui s'effondre d'un coup dans un nuage de poussière.

Dougie projeta sa planche à droite, à l'extrémité de la masse qui croulait, chevauchant la neige bouillonnante comme un surfeur dans l'écume... Une seconde... deux secondes... trois secondes...

Un paquet de neige d'un mètre de haut le heurta et lui fit perdre l'équilibre.

Renversé à terre, sur le dos, il sentit l'avalanche prendre de la vitesse et fouetter la neige tout autour de lui. Soixante kilomètres à l'heure, soixante-dix, quatre-vingt-dix... Renversé, submergé, il faisait de grands mouvements de bras pour rester au-dessus, les pieds attachés à la planche... Les paquets de neige le firent de nouveau bouler... Il respira de l'air mêlé de neige poudreuse, comme s'il nageait dans l'écume d'une vague qui se rompt... Quand cela allait-il s'arrêter... Allait-il être projeté sur des arbres ou des rochers ?... Ça ralentissait... Gagner à tout prix la surface, une main sur la bouche pour faire une poche d'air, pousser l'autre main dehors pour alerter les autres... Puis la neige devint soudain dense et noire...

... Et tout s'arrêta.

Un célèbre saint homme vivait à Pondichéry, en Inde ; il s'appelait Yogiraja Vaidyaraja, mais on le surnommait aussi « le yogi enterré ». Comme témoignage de sa dévotion, il entrait régulièrement dans une petite boîte et se laissait enterrer pendant plusieurs jours.

L'histoire se passait en 1973 : une équipe dirigée par un chercheur américain travaillant sur les réflexes, Elmer Green, se rendit à Pondichéry, fit construire une caisse de un mètre de profondeur sur un mètre et demi de hauteur et l'équipa d'une lucarne d'observation en verre ; les interstices furent scellés à la cire et à la mousse de polyuréthane. La caisse était si parfaitement étanche qu'une chandelle qu'on y mit à brûler s'éteignit au bout d'une heure et demie. Le yogi fut équipé d'électrodes destinés à contrôler ses réflexes vitaux et ses ondes cérébrales et il entra dans la caisse, qui fut de nouveau scellée. Vaidyaraja prit la position du lotus et l'observation commença. Ses ondes cérébrales passèrent immédiatement des ondes bêta à haute fréquence, témoins de l'état d'éveil et de vigilance, aux ondes alpha longues et lentes, qui correspondent au calme et à la méditation. Son rythme cardiaque diminua de moitié et sa respiration tomba au tiers du taux normal d'éveil : quatre inspirations-expirations par minute. Le yogi demeura dans cet état de suspension pendant huit heures avant de faire signe qu'il voulait sortir de la caisse, se plaignant des chocs électriques que lui donnait l'équipement.

Il eût fait une bonne victime d'avalanche, ou plutôt un bon survivant d'avalanche. La neige est principalement constituée d'air, dans une proportion qui va de 95 pour cent pour une neige fraîche, poudreuse et vierge, à 60 pour cent, voire moins, pour une neige compactée d'avalanche. La victime peut donc respirer l'air piégé entre les flocons pendant un certain laps de temps. À certaines conditions du moins : qu'elle n'ait pas été tuée par les éboulements violents de l'avalanche, n'ait pas été projetée contre des rochers ou des arbres, ou bien qu'elle n'ait pas basculé dans un précipice, que la neige n'ait pas bouché ses voies respiratoires, ou que son poids sur elle ne bloque pas sa cage thoracique. Même si la victime a échappé à ces risques et qu'elle respire toujours, l'asphyxie n'est pas loin. Le gaz carbonique exhalé par sa respiration va s'accumuler autour de son visage, et elle va bientôt accuser les premiers signes d'hypercapnie, c'est-à-dire d'accumulation de gaz carbonique dans le sang. Entre-temps, un masque de glace, une sorte de masque mortuaire des montagnes, se sera formé autour de la bouche et du nez, sous l'effet de la chaleur du souffle, et il bloquera la ventilation des poumons.

Les statistiques de survie aux avalanches sont saisissantes de netteté ; une victime a 92 pour cent de chances de survie dans la neige au bout de quinze minutes ; vingt minutes plus tard, c'est-à-dire au bout de trente-cinq minutes d'ensevelissement, ces chances tombent à 30 pour cent ; et après un peu plus de deux heures, elles sont très minces, à peine 3 pour cent[1]. Quelques victimes vraiment chanceuses ont toutefois modifié ces données de manière incroyable. En 1955, un chasseur suédois âgé de vingt-cinq ans, Evert Stenmark, survécut huit jours à une avalanche ; il s'était creusé une petite poche d'air et il se nourrit de ptarmigan cru, de cire de ski, de neige fondue et d'un espoir déclinant, pendant que les équipes de secours le recherchaient. Grand amateur de cinéma, Stenmark avait conservé dans son portefeuille tous les talons de tickets des films qu'il avait vus. Son frère repéra finalement le talon rouge d'un ticket du film *Le Chat Noir*, d'un cinéma de Stockholm, que Stenmark avait accroché à une branche d'arbre qu'il avait trouvée sous la neige et hissée à la surface.

Telles sont les singularités de la survie dans une avalanche. Les risques d'en être victime sont très minces, il faut pour cela se trouver au mauvais endroit au mauvais moment. Selon certaines estimations, il se produit aux États-Unis quelque cent mille avalanches

1. Ces chiffres sont tirés de « Avalanche survival Chances », lettre de M. Falk et al. in *Nature*, 368, 21, 1994, et de « Respiration during Snow Burial using an Artificial Air Pocket », par Colin D. Grissom et al., in *Journal of the American Medical Association*, 3 mai 2000.

par an, dont la plupart dans les chaînes montagneuses de l'Ouest, les Rocheuses, les sierras et la chaîne des Cascades ; il y en a des dizaines de milliers d'autres au Canada et en Europe, mais elles tuent une quarantaine de personnes par an en Amérique du Nord et une centaine en Europe. Celles de l'Amérique du Nord tuent surtout des vacanciers, car le nombre de skieurs, surfeurs, promeneurs sur raquettes et pratiquants de *snowmobiles* curieux de la nature en hiver a augmenté ces dernières années. Cependant les habitants des villages des Alpes vivent depuis des années sous la menace constante des avalanches. Ils ont donc mis au point des stratégies nombreuses pour se protéger : ils entretiennent des forêts et construisent des palissades pour freiner les avalanches sur les pentes abruptes, tiennent attentivement compte des trajets d'avalanche, recouvrent les chemins de chaume et équipent leurs bâtiments et leurs églises de fortes proues pour détourner ou fendre les avalanches comme un bateau fend la mer.

Mais à la différence de celle de la mer, la force d'une avalanche est saisissante de soudaineté ; c'est un rappel du fait que la terre sur laquelle nous vivons et les montagnes elles-mêmes, ces symboles de la stabilité, ne sont pas inertes, mais à leur façon vivantes comme la neige qui les recouvre. Quand elles se déclenchent, les chutes de neige peuvent aplatir des bâtiments et des forêts et recouvrir de petites montagnes, telle une grande vague blanche, et enterrer tout le fond d'une vallée. On a relevé au Japon les vitesses de certaines avalanches à 380 km/h, et on a également mesuré en Alaska les distances qu'elles franchissent, évaluées à douze kilomètres ; quant aux victimes qu'elles peuvent causer, on citera le cas de l'avalanche de glace, de neige et de boue qui survint au Pérou en 1970 et qui décima une vingtaine de milliers de personnes dans une vallée des Andes.

Parmi les plus célèbres victimes d'avalanches, on compte les soldats et les éléphants de combat d'Hannibal, qui périrent en franchissant les Alpes, en route pour le siège de Rome. « La neige tombant des sommets engloutit des escadrons », écrivit le poète épique Silius Italicus. Non loin de là, en 1991, deux promeneurs allemands découvrirent dans un glacier en dégel le cadavre d'un chasseur d'il y a cinq mille ans ; c'était Ötzi, l'Homme des glaces, qui allait devenir mondialement célèbre (ainsi nommé en raison du site où il avait été trouvé, les Alpes d'Ötztal) et qui avait sans doute été victime d'une avalanche. Le prince Charles de Galles échappa de peu à une avalanche lors d'une expédition de ski en 1988, quand lui, ses compagnons et un guide de montagne suisse s'aventurèrent sur des pistes jugées dangereuses, où l'un de ses meilleurs amis, le major Hugh Lindsay, ancien écuyer de la reine, y trouva la mort. Des centaines d'alpinistes dans le monde entier ont péri dans des avalanches, à l'instar d'Alex Lowe, considéré comme le meilleur alpiniste américain, alors qu'il skiait sur une montagne du Tibet.

Il n'est pas difficile de comprendre comment quelques-uns des meilleurs connaisseurs des montagnes ont été surpris par des avalanches. Car, en dépit de toutes les recherches sur leurs causes et la physique de la neige, le phénomène demeure imprévisible autant qu'effrayant. La séduction de la haute montagne en hiver est presque irrésistible pour certains, et pourtant il est impossible de s'aventurer dans de tels parages sans s'exposer à des risques. Chaque année, cependant, des centaines de milliers de skieurs, d'alpinistes et de surfeurs des neiges prennent volontairement ces risques. Et s'ils le font et s'élancent sur ces surfaces immaculées et mystérieuses, c'est véritablement un acte de foi. Cela peut leur valoir une expérience extatique aussi bien que l'asphyxie lente sous des tonnes de neige.

Une clarté faible, pareille à celle de l'aube, le silence, le poids de la neige : Dougie essaya de respirer, son thorax se dilata un peu et fut écrasé par la neige environnante, déjà aussi dure que du béton.

Il sentit l'odeur du cuir mouillé. La paume de sa main gantée était contre son visage et formait une petite poche d'air. Il essaya encore de respirer un peu, puis encore, encore...

Il lui sembla qu'il était couché sur le flanc. Il s'agita, tentant d'agrandir avec ses bras la poche d'air devant son visage. Mais ses bras étaient immobilisés, comme dans un plâtre cloué à une table d'acier. Il essaya de remuer les jambes : rien. Seuls ses orteils se mouvaient dans ses bottes. Il essaya de bouger son torse. Rien non plus. Il était comme ligoté dans un coffre sombre et froid.

Il tenta de crier.

Il se débattit frénétiquement, tournant la tête de part et d'autre, comme pour se creuser un passage vers l'extérieur. Il parvint à remuer légèrement la tête, s'emplissant les oreilles de neige. Il avait perdu son bonnet. Il savait qu'il faisait froid, mais il ne s'en inquiétait pas, l'hypothermie ne le menaçant pas avant quelque temps. Il agita la main et ses doigts bougèrent à l'intérieur des gants. Il gratta la neige devant son visage. Il agrandit ainsi de quelques centimètres la poche d'air et ce fut tout ce qu'il put faire. Sa respiration se faisait déjà difficile, et l'air qu'il respirait était humide et dense. Il sentit la panique monter. Ses peurs d'enfant, celles des petites pièces sombres, lui revinrent, lorsqu'il s'éveillait dans son lit et que, étouffant dans le noir, les ténèbres comme un oreiller pressé contre son visage, il appelait ses parents au secours.

« Au secours ! cria-t-il, donnant des coups de tête à l'avant et à l'arrière. Au secours ! Sortez-moi d'ici ! »

La neige étouffa ses cris. L'effort le fit haleter. Quelqu'un repoussa l'oreiller contre son visage.

Je vais mourir, songea-t-il. *S'ils ne me trouvent pas, je vais mourir.*

La panique revint. Il donna des coups de tête encore plus forts contre sa prison de neige et ses doigts grattèrent plus activement. Il haletait, sa poitrine était comprimée par ce corset de neige et son cœur battait à plus de cent à la minute. Cela faisait deux minutes qu'il était enseveli. L'oxygène dans son sang n'avait que légèrement baissé, passant de 96 pour cent de concentration, ce qui est la moyenne de la plupart des gens, à juste un peu moins de 95 pour cent. Mais le gaz carbonique qu'il exhalait avait augmenté et, pis, celui qu'il inhalait avait décuplé, passant de 0,35 pour cent de l'air à chaque inspiration – ce qui ne représente qu'une trace pour quelqu'un qui se promène dans un environnement normal –, à 4 pour cent. C'était encore trop peu pour affecter son système nerveux central, le gaz carbonique n'affectant la vigilance qu'aux environs de 15 à 20 pour cent, mais c'était assez pour alerter les senseurs de gaz carbonique dans son cerveau et stimuler les poumons, afin de les inciter à respirer davantage et à débarrasser le sang de ce gaz. Entre-temps, ses ondes cérébrales atteignaient la frange des bêta hautes, à 30-35 cycles par seconde, caractéristiques de l'anxiété, de la peur et de l'hyperactivité.

Il cria de nouveau.

La neige étouffa pareillement son appel, comme si l'énorme masse au-dessus de lui était parfaitement indifférente à son désespoir. Il songea à Cat et à Kayla assises sur le vieux sofa élimé dans le pavillon de la vallée, attendant son retour. Il ne les reverrait jamais. Il donna de la tête en avant et en arrière avec fureur, comme si en tapant son crâne contre la neige durcie il pouvait effacer la réalité de sa prison.

Il s'arrêta, haletant fort, mais toujours à bout de souffle. Il voulait crier et se débattre encore, forcer une sortie. Mais, s'il le faisait, il manquerait encore plus vite de souffle.

Cela faisait quatre minutes qu'il était enseveli. La saturation de son sang en oxygène était tombée à 91 pour cent, ce qui n'était pas assez pour causer des troubles sérieux, l'organisme pouvant survivre avec des taux aussi bas que 50 pour cent. Le gaz carbonique qu'il avait exhalé remplissait la poche d'air immédiatement devant son visage et il saturait les infimes poches d'air entre les cristaux de neige. Il aspirait donc de cette même poche un air qui contenait maintenant 6 pour cent de gaz carbonique, et le taux montait rapidement vers la zone où les facultés intellectuelles se détériorent. Il commençait à accuser les symptômes de l'hypercapnie aiguë, c'est-à-dire de l'excès de gaz carbonique dans le sang, qui vont de la respiration accélérée, de l'anxiété et d'une altération minimale des fonctions intellectuelles, entre 4 et 10 pour cent, à l'altération grave, entre 10 et 15 pour cent. La perte de conscience survenant entre 15 et 20 pour cent et les convulsions au-dessus de 20 pour cent. Des singes et des chiens respirant des concentrations très élevées de gaz carbonique, soit de 30 à 40 pour cent, souffrent de rythmes cardiaques élevés et d'autres irrégularités cardiaques, mais ils peuvent survivre plusieurs heures ; toutefois, replongés brutalement dans un air normal, leurs cœurs sont vulnérables à la fibrillation ventriculaire, c'est-à-dire à des rythmes très anormaux et à une mort soudaine.

Si Dougie avait porté un nouveau type de veste apparu sur le marché des équipements de grand air, il aurait pu éviter certains de ces problèmes. Il aurait ainsi pu respirer par un tube inséré dans le col de la veste et rattaché à une membrane faisant partie du tissu de la veste ; cette membrane fonctionne comme une poche d'air artificielle pour les victimes d'avalanche. Il aurait alors aspiré l'air pur directement de la neige en contact avec le tissu du devant de la veste et exhalé le gaz carbonique par un autre tube à l'arrière. La quantité de gaz carbonique qu'il aurait inhalée ne serait pas montée si vite ni si haut qu'en respirant l'air de la poche devant son visage.

Malheureusement, il ne portait pas ce type de veste. La concentration de gaz carbonique dans son sang accélérait donc son rythme respiratoire et le faisait haleter, et le halètement n'arrangeait rien ; au contraire, il lui faisait respirer encore plus de ce gaz.

Liz et Jeremy avaient poussé des cris d'enthou-
siasme quand Dougie décrivait ses grandes paraboles
dans le cirque, traînant un panache de neige poudreuse.
Ils l'avaient vu sauter par-dessus la butte et saisir élé-
gamment sa planche selon la méthode aérienne. Ils
l'avaient entendu crier de joie quand il avait atterri. Puis
ils l'avaient vu soudain s'accroupir, les bras écartés pour
garder l'équilibre. Ils avaient vu les pentes autour de lui
se fracturer en plaques et tomber, d'abord lentement
et ensuite filer à une vitesse stupéfiante. Debout sur la
corniche, à plusieurs centaines de mètres au-dessus du
point de déclenchement de l'avalanche, ils ne couraient
pas eux-mêmes de risques.

« Sors de là, Dougie, cria Jeremy, sors de là !
— Va sur le côté, Dougie ! Sur le côté ! » cria Liz.
Mais Dougie était en bas, un point rouge et noir, et
il avait disparu, avalé par le bouillonnant nuage blanc.
Il n'y eut d'abord pas de bruit ; il fallut une ou deux
secondes pour que le son se transmît au point où ils
étaient. Ils entendirent les fractures de la neige, un
grand bruit de soufflerie et un grondement formidable
qui se répercuta dans tout le cirque.

« Ne perds pas de vue l'endroit où tu l'as vu pour la
dernière fois ! cria Jeremy à Liz. Je vais le chercher au
bout de la chute. »

En quelques secondes, le torrent de neige qui avait
dévalé sur environ quatre cents mètres au fond du
cirque était retombé sur une surface comparable à celle
d'un terrain de football, et il s'était soudain arrêté. Les
échos des grondements se répercutèrent quelque temps
après la fin de l'avalanche, puis le silence tomba.
Jeremy cligna des yeux et ne vit ni rouge, ni noir. Rien.

« Je l'ai en tête », dit Liz.

Elle indiqua l'endroit où ils l'avaient vu pour la dernière fois, à peu près à cinquante mètres en bas et à
droite de la butte. Ils mémorisèrent l'endroit.

« Il faut faire très attention, sans quoi nous serons
ensevelis nous aussi, dit Jeremy. Je vais y aller le pre-

mier et, quand je serai au-dessous de la butte, tu me suivras. »

Il lança sa planche par-dessus le bord de la corniche, glissa dans le cirque et parvint à la butte en longues glissades rapides, puis il se réfugia derrière celle-ci, pour le cas où Liz déclencherait d'en haut une autre avalanche. Une minute plus tard, elle l'avait rejoint, juste au-dessus de la ligne de fracture de l'avalanche, un escarpement d'un mètre de haut dans les couches de neige, là où les plaques s'étaient détachées ; dessous s'étendait une surface égale et lisse, qui avait été mise à nu quand l'épaisse couche supérieure s'était détachée.

Dans les couches neigeuses, comme dans les pages d'un livre, on pouvait lire toute l'histoire de l'hiver telle qu'elle s'était déroulée dans le cirque. Deux mois auparavant, les premières grandes chutes de neige de l'année avaient été suivies par une vague de froid. La terre encore chaude en dessous et l'air glacé au-dessus avaient vaporisé les particules de neige près de la surface. La vapeur d'eau était montée en surface et s'était cristallisée à la limite des particules plus froides de la couche superficielle, comme le givre sur une fenêtre. En fin de compte, toute la couche supérieure s'était cristallisée de nouveau en minuscules pyramides et coupelles côtelées, appelées « givre de fond » ou « neige de sucre ». Rien ne liait ces particules indépendantes. Puis d'autres couches de neige tombèrent dessus, mais elles ne subirent pas les grandes différences de température entre la terre chaude et l'air froid qu'avaient connues les premières, et leurs particules se lièrent. D'abord, les branches des flocons de neige se cassèrent ou bien donnèrent naissance à de petits ponts de glace qui soudaient les flocons entre eux. Ces masses de millions de milliards de flocons mal joints reposaient sur le substrat meuble du givre de fond, non homogène. L'atterrissage de Dougie avait infligé à cette structure un choc suffisant pour provoquer une fracture dans cette couche et la faire glisser par plaques ; celles-ci avaient commencé à dévaler et ç'avait été l'avalanche.

Liz et Jeremy filèrent sur la couche inférieure « scalpée » en direction de l'endroit où ils avaient vu Dougie pour la dernière fois. Ils trouvèrent là un chaos d'éboulis comme on en voit sur le bord des routes déblayées, des fragments de grandes plaques mélangées à de la neige friable, le tout en train de se solidifier en une masse compacte. Ils défirent les boucles de leurs planches et commencèrent les recherches.

Pas de signe de Dougie.

« Allumons les balises », dit Jeremy, haletant d'anxiété, le cœur battant à cent trente-cinq par minute. Lui et Liz se défirent de leurs gants et tirèrent les balises de leurs parkas, puis les allumèrent pour capter les messages émis par Dougie. Ils perçurent tout de suite un message continu : « Bip... Bip... Bip... » Il était là, quelque part, mais où ? Leurs récepteurs comportaient des antennes directionnelles équipées d'une flèche rouge lumineuse qui s'allumait quand l'appareil était dirigé vers le signal de Dougie. Debout dans les débris de l'avalanche, ils orientèrent leurs récepteurs pour établir la direction du signal.

Cela faisait sept minutes que Dougie était enseveli. Il rêvait qu'il gravissait un pic élevé avec un lourd paquetage sur le dos, pataugeant dans une neige profonde. Il avait été pris dans une avalanche en gravissant la montagne. Il devait encore être en train de la gravir, car il haletait. Le taux de gaz carbonique qu'il respirait à chaque inspiration était monté à 10 pour cent, abordant ainsi la zone d'altération grave des fonctions intellectuelles ; le taux d'oxygène dans son sang était tombé à 85 pour cent. Son rythme respiratoire était monté à trente par minute, celui du halètement difficile, en raison du gaz carbonique. Ce qui tue en fin de compte certaines victimes d'avalanche c'est que leur sang et leur cerveau sont tellement chargés de ce gaz qu'ils sombrent dans la stupeur, que leur respiration se ralentit et qu'ils meurent par manque d'oxygène. C'était ce qui arrivait à Dougie. Il pensa de nouveau à Cat et Kayla sur le sofa et de nouveau la panique le gagna. Il se réveilla et voulut crier. Puis il pensa que, s'il criait, il mourrait. Non, il ne devait pas crier, mais faire exactement le contraire : être très, très calme. Il fallait qu'il trouve un point de calme en lui-même. *Laisse-toi aller*, se dit-il. *Laisse-toi aller. Laisse-toi aller.*

Sept ans plus tôt, arrêté pour un larcin, il avait été expulsé du collège, et ses parents et professeurs l'avaient envoyé consulter une série de spécialistes. Ses entretiens avec eux avaient été nombreux et difficiles. On avait alors diagnostiqué chez lui de l'hyperactivité, et un juge du tribunal des mineurs avait pris l'initiative originale de le condamner à un traitement de neurologie rétroactive. La neurologue était une femme aimable, d'âge mûr ; écartant des boucles de cheveux en désordre, elle avait posé sur le crâne de Dougie quelques gouttes d'un gel conducteur et elle avait fixé dessus des électrodes. Allongé dans un fauteuil, Dougie se trouvait en face d'un écran d'ordinateur, à l'autre extrémité du petit cabinet. Une large autoroute courait vers un désert pastel, piqué de buttes qui lui rappelaient l'Arizona. La thérapeute l'avait alors enjoint d'empêcher l'autoroute de s'élargir, mais elle ne lui avait pas expliqué comment s'y prendre.

« Vous le trouverez tout seul », avait-elle dit.

La largeur de l'autoroute correspondait en fait à l'amplitude des ondes cérébrales de Dougie, ces impulsions électriques qui traversent le cerveau et changent de fréquence pour des raisons encore inconnues, mais qui correspondent aux divers niveaux d'activité mentale. Les chercheurs en rétroactivité neurologique, ou *neurofeedback*, ont constaté que ceux qui souffrent d'un trouble appelé déficit d'attention sont en quelque sorte cantonnés aux ondes alpha lentes et aux ondes thêta, proches de l'état de rêve et du sommeil, alors que ceux qui souffrent d'hyperactivité sont trop souvent dans le domaine des ondes bêta hautes, qui correspondent à l'agitation. La théorie du *neurofeedback* postule qu'on peut entraîner le cerveau à passer plus facilement d'une fréquence à l'autre ; la pratique, qui ne fait cependant pas l'unanimité, s'est révélée très efficace aussi dans le traitement de l'épilepsie.

Dougie avait découvert que, grâce à une certaine concentration diffuse, il pouvait assez facilement empêcher l'autoroute de s'élargir. Quand il le faisait, l'ordinateur émettait des notes sourdes indiquant qu'il avait marqué des points. C'était comme un jeu et, quand il avait gagné assez de points, les buttes à l'horizon revêtaient des couleurs splendides. Après chaque séance de quarante minutes, Dougie se trouvait détendu et le monde lui paraissait remarquablement clair et frais. Après six mois de traitement, sa capacité de concentration s'était considérablement améliorée. Il était beaucoup plus calme et ses résultats scolaires en avaient bénéficié.

Là, enfermé sous des milliers de tonnes de neige, dans une semi-obscurité, suffocant, résistant à l'envie de crier, il repensa à ces séances. Il se souvint de cette concentration diffuse. Il se rappela comment éviter de se concentrer sur un objet ou une pensée en particulier, mais sur une sorte de vide. Il imagina l'espace à l'intérieur de ce sarcophage de neige, l'espace entre les milliards de cristaux de neige, l'espace de tout l'univers. Il ne devait pas penser à Cat et à Kayla jouant sur le sofa et attendant qu'il franchît la porte. Il fallait penser à un vaste espace vide.

D'une certaine manière, ce que faisait Dougie n'était pas très différent de la méditation de base des yogis orientaux, qui enseignent aux novices à faire le vide dans leur esprit afin d'y trouver la sérénité. Si des électrodes connectées à un électro-encéphalographe avaient été posées sur le crâne de Dougie, le tracé aurait montré que ses ondes cérébrales étaient passées des bêta hautes de l'extrême agitation, à trente cycles par seconde, aux fréquences bêta inférieures, puis aux fréquences alpha de huit à treize cycles par seconde. Il y avait cent milliards de cellules nerveuses dans le cerveau de Dougie ; comme les flocons de neige, chacune avait une structure et une fonction différentes. Mais, à la différence des cristaux de neige, chaque neurone pouvait communiquer avec des millions d'autres grâce à de petits influx électriques. Tous les savants du monde n'auraient pas pu, à ce moment-là, dire exactement ce qui se passait dans le cerveau de Dougie ou dans n'importe quel cerveau ; on a, en effet, calculé que le nombre de combinaisons des connections possibles entre les neurones, ce qu'on appelle des « pensées », dépasse le nombre d'atomes dans l'univers. Le cerveau est si complexe qu'en comparaison un superordinateur a l'air d'un abaque, et pourtant il ne parviendra jamais à se comprendre lui-même.

Le cerveau de Dougie produisait des ondes alpha synchrones qui correspondent à la représentation de l'espace. Normalement, à l'état d'éveil, dans la fréquence bêta, les diverses parties du cerveau émettent des ondes quelque peu différentes, mais dans la fréquence alpha synchrone, toutes les parties du cerveau émettent cette fréquence-là, « comme un bruit de fond doux dans tout le cerveau », selon les termes d'un chercheur. Ces ondes correspondent à une relaxation profonde, où le corps entier semble délivré de ses tensions. Le cœur de Dougie battait alors soixante-cinq fois par minute au lieu de cent trente-cinq et son rythme respiratoire était descendu de trente à quelque huit fois par minute. Il était entré dans le domaine du yogi enterré. Il avait imaginé le calme et l'espace vide et il s'y trouvait. Il était entouré d'espace. Les cristaux de neige n'étaient en contact qu'avec leurs voisins, mais ses neurones, eux, étaient en contact avec une infinité d'autres, produisant les ondes synchrones alpha, comme si ce cycle pénétrait les espaces entre les cristaux de neige et se propageait jusqu'aux étoiles. Il imaginait ces ondes voyageant dans l'espace, vers des récepteurs inconnus à des milliers d'années-lumière de là, pareilles aux mystérieux signaux électromagnétiques que les radio-astronomes de la terre reçoivent d'étoiles lointaines et des profondeurs de l'univers. Pour la première fois depuis qu'il avait déclenché l'avalanche, il ne se débattait plus. Il entendait les battements lents et puissants de son cœur. Pour la première fois, la neige ne lui grattait pas les oreilles quand il cognait la tête contre sa prison. Il entendait près de sa poitrine la balise émettre un petit bip, chaque fois qu'elle lançait un signal électromagnétique à travers les épaisseurs de neige.

À la surface, Liz et Jeremy se faufilaient dans les blocs étincelants dans le brillant soleil du matin, l'œil et l'oreille rivés sur leurs balises. Le risque d'une autre avalanche qui déferlerait sur eux n'était pas écarté. Trébuchant dans les décombres de neige, ils faisaient vite, sachant que c'étaient les minutes les plus importantes dans un sauvetage d'avalanche. Orientant leurs balises, ils finirent par localiser le signal de Dougie, indiqué par la flèche rouge. Ils se dirigèrent vers lui, un peu à distance l'un de l'autre. Dans un bouquet de sapins au fond du cirque, Liz entendit un corbeau qui protestait contre leur présence dans ce matin calme. Puis elle remarqua quelque chose de pourpre à une dizaine de mètres d'elle.

« Le bonnet de Dougie ! cria-t-elle à Jeremy. C'est son bonnet ! »

Jeremy courut vers elle.

« Regarde la balise ! » s'exclama-t-il, haletant.

Le cadran de l'appareil indiquait douze mètres. C'était la distance à laquelle se trouvait l'émetteur de Dougie.

Ils avancèrent de nouveau en trébuchant, suivant

les flèches de leurs petites boîtes jaunes, les manches de leurs pelles dardant hors de leurs sacs à dos. Le corbeau vola vers un autre arbre dans l'air serein. Les indications des cadrans baissaient de valeur : douze... sept... quatre... un...

Liz s'arrêta.

« Ici ! cria-t-elle. Il doit être ici ! »

Jeremy s'était déjà défait de son sac à dos, en avait tiré sa pelle et commençait à fouiller la neige.

Le calme avait envahi Dougie. Il rêvait de nouveau. *Si c'est ça la mort,* songea-t-il, *ce n'est pas très difficile.* Il n'utilisait plus qu'une petite quantité d'oxygène. Et il n'en restait d'ailleurs plus beaucoup.

Il entendit un bruit singulier près de son oreille gauche. Cela paraissait très près et brutal, ce n'était certes pas une pulsation d'étoiles. Quelque chose de dur heurta son épaule gauche, puis sa tête. Dans d'autres circonstances, il aurait dit que ça lui avait fait mal. Il dormait presque et quelqu'un le secouait. Il ouvrit les yeux. Une main gantée de cuir noir bougeait devant son visage et balayait les petits cristaux de neige.

5.

Le scorbut : la revanche de Steller
ou la botanique au service de la vie

Des bourrasques soufflaient dans les gréements et la pluie crépitait sur le pont, mais, dans le petit salon de son voilier, Phil était au sec et au chaud. Sur la table de teck devant lui, il y avait un livre ouvert et un verre du bordeaux dont son marchand de vin de Seattle l'avait assuré qu'il serait tout à fait buvable lors d'un voyage au long cours. Les goûts de Phil le portaient plutôt vers des sodas caféinés, et il eût été le premier à admettre qu'il n'aurait pas fait la différence entre ce vin et de la bibine. Il n'en restait pas moins qu'un verre de claret convenait à l'esprit de son aventure : jadis, les officiers de la Royal Navy en buvaient un coup avant de se lancer dans une de leurs vaines recherches du mythique passage du Nord-Ouest, au-dessus de l'Amérique du Nord.

Phil aurait également pu allumer les lampes de 12 volts du salon, mais il préférait la lumière douce de la copie de lampe d'époque en laiton, achetée pour deux cent quatre-vingt-quinze dollars dans une boutique de marine avant de quitter Seattle, trois jours plus tôt. Première leçon de ce voyage d'exploration intérieure : ça coûte cher de reconstituer le décor d'un vieux loup de mer.

Le *bip* de la radio de marine annonça le bulletin météo. Phil leva les yeux de son livre.

« Avis aux petits tonnages dans le détroit de Juan de Fuca pour la journée de demain : vents de sud-ouest de vingt-cinq à trente nœuds avec des creux de deux à trois mètres... »

C'était le même bulletin qu'il avait entendu tout l'après-midi. Ce système de tempête serait suivi immédiatement par un autre qui durerait jusqu'à dimanche. La question qui se posait à Phil était de savoir s'il devait tenter de passer le détroit le matin ou bien attendre deux, trois, voire quatre jours que le vent et la houle perdent de leur force. Trois ou quatre jours ! C'était une éternité dans son univers professionnel. On pouvait fonder une société dans ce laps de temps et la vendre.

Il retourna à sa lecture. Il lui était difficile de la quitter, en dépit de l'anxiété que lui causait la météo : c'était le *Journal d'un voyage avec Behring, 1741-1742*, de Georg Wilhelm Steller. Vitus Behring avait été ce vieux loup de mer danois que Pierre le Grand et Catherine de Russie avaient chargé de reconnaître, à partir de la Sibérie, la côte septentrionale, alors inexplorée, de l'Amérique du Nord. Son nom est éternisé désormais par la mer et le détroit qui séparent l'Asie de l'Amérique. L'auteur du journal, Steller, faisait à la fois fonction de médecin, de minéralogiste et de naturaliste de l'expédition et il était aussi le compagnon de cabine de Behring. Ce jeune savant allemand était un homme de discipline qui n'avait que mépris pour les officiers et l'équipage du navire, lesquels le lui rendaient bien. À la différence de maintes chroniques flatteuses d'explorateurs, celle de Steller ne faisait pas de cadeaux ; piqué par la façon dont on le traitait, il ne témoignait guère d'indulgence pour l'incompétence et les erreurs de jugement des officiers, ni pour la saisissante succession de désastres qu'elles causaient.

L'amie de Phil, ou plutôt son ex-amie, Myrna, lui

avait offert le journal de Steller juste avant son départ. Il l'avait priée de l'accompagner dans ce voyage qu'il avait programmé plusieurs mois plus tôt. Après réflexion, elle y avait renoncé et, du coup, elle avait aussi renoncé à Phil. Ils ne s'entendraient pas, avait-elle allégué. Elle aspirait à une vie rangée et prévisible. Elle voulait une jolie maison, un potager, un travail régulier et un jour, espérait-elle, des enfants. Il était trop instable, disait-elle. Il avait protesté, bien qu'il n'en fût pas si sûr dans le fond. Mais il fallait qu'il fît ce voyage avant tout. Il fallait qu'il le fît avant toute chose. Ne pouvait-elle pas le comprendre ?

« Oui, je peux le comprendre, avait-elle répondu. Mais n'espère pas que j'attendrai ton retour. »

Ç'avait été leur dernière rencontre. Mais après que Phil avait fait ses dernières courses, fournitures, vivres, banque, il était retourné sur le bateau et il avait trouvé le journal de Steller placé en évidence sur le pont, avec un paquet enveloppé dans du papier brun, portant l'adresse de l'expéditrice, Myrna. Il avait jeté le livre par l'écoutille et le paquet avec, sans même les ouvrir. Puis il avait monté ses sacs d'épicerie et ses caisses de bordeaux, ses vêtements de tempête, les pièces de rechange pour le pont, des livres de voyage en mer, les cartes, des batteries de rechange et autres articles.

Il projetait vaguement de faire voile pour une destination indéterminée, de lire les récits de voyage et de boire son vin jusqu'à ce qu'il eût décidé de ce qu'il voulait faire de sa vie. Le cours des actions de la compagnie de logiciels de Seattle où il travaillait avait prodigieusement grimpé au cours de l'année écoulée et, pressentant que cela ne durerait pas toujours, Phil avait fermé boutique avant d'y être contraint : il avait démissionné et vendu ses actions. Une partie de l'argent avait été consacrée à acheter ce voilier ; ce n'était pas un géant des mers, mais un joli sloop de trente-cinq pieds de long avec une coque en fibre de verre et un bel accastillage de bois. Au-dessous du pont, la cabine avant comportait des couchettes en V, puis un réduit avec la douche et les toilettes et, plus à l'arrière, dans les profondeurs de la coque, un salon meublé d'une table de teck convertible en couchette de secours et flanqué d'une kitchenette, où l'on se tenait debout sans peine. Le bateau était également équipé d'un système automatique pour carguer les voiles, ce qui permettait de naviguer en solitaire. Enfin, il y avait une bonne radio et un système GPS[1] qui permettait de faire le point par satellite.

Phil connaissait un peu la navigation, ayant bourlingué sur de petits bateaux, lors de vacances dans la propriété familiale, sur un lac à l'est de la chaîne des Cascades. Là, toutefois, il se lançait dans la navigation hauturière et c'était comme s'il passait d'une calculette de poche à un superordinateur dernier cri. L'agent qui lui avait vendu le yacht l'avait assuré que celui-ci le mènerait sans difficulté à travers le Pacifique, jusqu'à Hawaï et au-delà, pourvu que Phil eût l'expérience et le cran suffisants. Phil avait fièrement baptisé le bateau *Myrna Loy*, en double hommage à la célèbre actrice des années trente et quarante et à son amie ; il espérait alors que Myrna serait du voyage. Mais l'espoir avait déjà été contrarié quand les peintres en lettres de la marina avaient pris le *o* pour un *a* et transformé le nom en *Myrna Lay*.

Au nord, décida-t-il enfin. Il mettrait cap au nord. Il trouverait beaucoup plus facilement au nord les rives sauvages qu'il recherchait pour sa retraite spirituelle. Avec de la détermination, il pourrait naviguer sur l'Inside Passage jusqu'en Alaska. Il caboterait là en sécurité d'île en île, à l'exception de quelques grands bras de haute mer. Trois jours seulement après avoir quitté Seattle, il avait gagné le premier des détroits, celui de Juan de Fuca, long de vingt-cinq milles, entre le sud des îles San Juan et Victoria, sur l'île de Vancouver, en Colombie-Britannique. Harcelé par le vent, la pluie battante et glacée qui lui coulait dans le dos, la forte houle qui martelait la coque du *Myrna Lay*, il avait enfin jeté

---

1. Global Positioning System. (*N.d.T.*)

l'ancre en fin d'après-midi dans une petite crique entourée de sapins, sur une petite île.

Il espérait trouver dans le journal de Steller le courage de repartir au matin. Quels qu'eussent été les autres problèmes de l'expédition de Behring, il avait quand même fallu pas mal de cran pour faire voile sur un petit navire à travers l'océan septentrional, inconnu et battu par les tempêtes, vers des rivages également inconnus. Le voyage de Phil y ressemblait : il partait à la découverte de ses propres rivages inconnus, vers les limites du possible. Or, trois jours seulement après le départ, cela paraissait bien plus lointain qu'il ne l'avait imaginé.

Il se replongea dans sa lecture, sous la lumière dorée de sa lampe de laiton. Au moins, sur le *Myrna Lay*, il n'affrontait pas des conflits de personnalités comme Behring sur son *St. Peter*.

Le conflit était devenu évident dès le moment où ce navire et son jumeau, le *St. Paul*, avaient quitté la péninsule du Kamtchatka, à l'extrémité de la Sibérie, le 4 juin 1741. Steller, fils d'un professeur de musique, était un étudiant entreprenant qui avait gagné sa vie en tant que prêcheur à mi-temps tout en poursuivant ses études de théologie, de philosophie, de médecine et de sciences naturelles à Halle, une des universités de pointe d'Allemagne. Après ses études, il s'était rendu en Russie pour y tenter sa chance et là, il s'était laissé fasciner par les grandes explorations de la Sibérie orientale et septentrionale alors en cours. Il n'avait que trente-deux ans quand Behring l'avait engagé et que l'expédition s'était mise en route. Fort de son savoir livresque, Steller avait commencé incontinent à prodiguer des conseils qu'on ne lui demandait pas à l'équipage du *St. Peter*, dont l'instruction était rudimentaire et qui était presque entièrement russe.

Au cours de la traversée du Pacifique Nord vers l'Amérique, Steller avait recommandé une route plus au nord, parce que, disait-il, les paquets d'algues flottantes et la faune montraient qu'il y avait une terre par là. Les officiers ne l'avaient pas écouté.

« Tu n'es pas marin », lui disaient-ils.

« Évidemment, nota Steller dans son journal d'une plume volontiers acide, ils avaient assisté aux délibérations du conseil privé de Dieu ! »

Il releva que, en rejetant ses conseils, les officiers du *St. Peter*, qui fut promptement séparé du *St. Paul*, mirent six semaines de plus à trouver la terre ferme. Quand ils atteignirent enfin la côte de ce qui s'appelle actuellement l'Alaska, Steller, ayant mesuré la salinité de l'eau et observé les courants, indiqua aux officiers ce qu'il estimait être un bon mouillage, à l'embouchure d'une rivière. Une fois de plus, ils passèrent outre.

« Tu y es déjà allé, pour en être si sûr ? » lui demandèrent-ils.

Quand ils jetèrent enfin l'ancre dans un lieu de leur choix, les officiers décidèrent de ne rester en Amérique que le temps de s'approvisionner en eau douce, puis de retourner immédiatement en Sibérie. Ils refusèrent de laisser Steller suivre les porteurs d'eau à terre et faire son travail de naturaliste. Puis, de guerre lasse, ils lui concédèrent dix heures pour herboriser et faire ses observations et ses prélèvements, et lui adressèrent un message.

« Je devais retourner immédiatement à bord ou ils m'abandonneraient là[1] », écrivit Steller.

Pareils conflits, toutefois, ne portaient que sur des considérations nautiques ; les vrais problèmes se déclarèrent au retour, quand le scorbut se manifesta. Quelques semaines plus tard, en effet, l'équipage commença à s'affaiblir. Behring était déjà malade quand le *St. Peter* avait jeté l'ancre au large d'une île, près de la péninsule de l'Alaska, pour s'approvisionner

---

1. Les citations de Steller, ici et ailleurs dans ce chapitre sont tirées de son *Journal of a Voyage with Bering, 1741-1742*, édité par O.W. Frost et traduit par Margritt A. Engel et O.W. Frost, Stanford University Press, Stanford, California, 1988. Le texte de la note de Steller en allemand est : « *Ich sollte mich nur geschwinde nach dem Fahrzeuge packen.* »

en eau, et il avait dû s'aliter. Steller demanda aux officiers de détacher quelques hommes pour l'aider à ramasser des plantes dont il savait qu'elles permettraient de guérir la maladie, et il indiqua une source qui offrait de l'eau bien plus pure que celle que les marins allaient puiser dans un étang. Mais les officiers avaient alors cessé de prêter attention aux avis non sollicités de Steller, et allaient en pâtir. Également dégoûté par eux, Steller prit sur-le-champ une résolution :

« Bien que j'eusse déjà construit une hutte pour m'abriter de la pluie nocturne, avec l'intention de passer la nuit à terre, je décidai de regagner le navire et de répéter, de façon formelle mais avec modestie, une fois de plus, mon opinion sur la mauvaise qualité de l'eau et la collecte des plantes. Mais en ce qui touchait à l'eau, je fus rejeté et grossièrement contredit et l'on m'enjoignit d'aller ramasser les plantes, comme si j'étais l'apprenti d'un médecin et soumis à leur bon vouloir, et la tâche que j'avais recommandée dans l'intérêt de leur santé et de leur vie ne fut pas jugée digne d'occuper un ou deux hommes. Je regrettai ma bonne résolution et décidai qu'à l'avenir je ne m'occuperais que de moi seul et ne gaspillerais pas un mot de plus. »

Le bip du bulletin météo retentit une fois de plus, Phil leva les yeux de sa page et écouta. Le même bulletin. Toujours des vents forts, de la pluie et une houle avec des creux de deux à trois mètres. Il sentait toujours les bourrasques dans les gréements secouer le *Myrna Lay* et faire dériver sa proue à l'ancre. Il espéra que l'ancre tiendrait sur le fond rocheux de la crique. Il n'avait pas beaucoup d'expérience en matière d'ancres. En fait, quand il était entré dans la crique, il avait dû consulter son manuel de navigation et feuilleter en hâte le chapitre « Ancres et ancrage » avant de courir à l'avant et jeter l'ancre de côté en laissant filer la longueur de filin que le manuel recommandait.

Il se versa un autre verre de bordeaux et jeta un coup d'œil sur le salon, la lampe de laiton, les boiseries, les étagères de livres maintenues par une barre de bois quand le bateau roulait, la kitchenette, les coffres à vivres. Les considérations de Steller sur les vivres lui avaient donné faim. Il alla examiner le placard du haut et en inventoria le contenu : deux grands sacs de pommes-chips, cinq boîtes de raviolis, huit paquets de poulet à la crème, trois grandes bouteilles de Diet Cola, un sac de deux cent vingt grammes de boules de gomme. Il ouvrit le placard du bas : un bocal de beurre de cacahuète, un autre de confiture, deux miches de pain blanc, des tortillas, un kilo du meilleur café de Seattle, deux kilos et demi de sucre...

Ce fut alors que Phil s'avisa qu'il n'avait pas emporté un seul fruit frais ni de légumes verts.

La fin du XVe siècle vit l'avènement de nouveaux profils de navires et de nouvelles techniques de navigation, et aussi de voyages beaucoup plus longs, à la recherche des routes d'Orient. Le scorbut, « maladie des explorateurs », prit soudain les proportions d'une épidémie parmi les équipages. Il survenait généralement au bout de dix ou douze semaines en mer. « Beaucoup d'hommes tombèrent malades », écrivit l'explorateur portugais Vasco de Gama en 1497, alors que les quatre navires de son expédition contournaient la pointe sud de l'Afrique, le cap de Bonne-Espérance, en route vers l'Orient. « Leurs mains et leurs pieds enflaient, et leurs gencives poussaient par-dessus leurs dents, de sorte qu'ils ne pouvaient plus manger. » Les équipages furent sauvés par l'opportune rencontre, au large de Mombasa, de marchands maures qui transportaient des oranges « meilleures que celles du Portugal », et qui raffermirent rapidement leurs gencives.

Tel fut le sort d'innombrables expéditions par la suite. Le scorbut apparaissait donc au bout de trois ou quatre mois et l'équipage finissait par succomber à moins de toucher terre, où quelques jours d'alimentation fraîche le rétablissait « miraculeusement ». Un quartier-maître portugais, qui avait le sens des statistiques, calcula en 1634 que moins de la moitié des cinq mille soldats qui avaient fait le voyage de Lisbonne aux Indes avait survécu soit aux naufrages, soit au scorbut, qui les rendait « malades de la bouche », *ammalati de la boccha*. La théorie principale sur ce mal était que le mauvais air en était responsable, surtout sous les ponts, mais les Espagnols croisant dans le Pacifique croyaient, eux, que c'était un vent malsain soufflant au large du cap Mendocino, en Californie, qui entraînait « quelque corruption des humeurs ».

Capitaines et médecins de bord savaient apparemment qu'une nourriture fraîche prévenait ou guérissait le scorbut, mais la confusion sur ce point dura quelque trois siècles. Il est presque inexplicable qu'un remède aussi sûr, aussi commun dans la nature et aussi connu de tant d'indigènes n'ait pas été, dès l'abord, recommandé par les puissances maritimes européennes. Le fait est que près de deux millions de marins, selon les statistiques nautiques, perdirent la vie à cause du scorbut entre 1500 et 1800, faute d'une prescription courante.

Les indices sur les causes et le traitement du scorbut ne manquaient pas. En 1535, une expédition française commandée par Jacques Cartier partit à la recherche d'une voie maritime à travers l'Amérique du Nord ; elle fut prise dans les glaces du Saint-Laurent et, à la mi-février, l'équipage était décimé. À la fin, trois ou quatre hommes, dont Cartier, qui avait dû s'approvisionner dans une réserve privée, eurent la force de quitter leurs couchettes. Vingt-cinq hommes sur cent dix étaient morts. Cartier ordonna de procéder à une autopsie de l'une des victimes, un garçon de vingt-deux ans nommé Philippe Rougemont d'Amboise, dans l'espoir d'y déceler une façon de prévenir la mort de tout l'équipage.

« On découvrit que son cœur était complètement
blanc et racorni, écrivit le chroniqueur de l'expédition,
avec le contenu d'un cruchon d'eau rougeâtre autour.
Son foie était en bon état, mais ses poumons étaient
noirs et gangrenés... Sa rate aussi était, sur deux doigts
près de la colonne vertébrale, légèrement atteinte,
comme si on l'avait frottée sur une pierre rugueuse.
Après avoir vu cela, nous fîmes une incision sur l'une
des cuisses qui, à l'extérieur, était très noire, mais à l'intérieur les chairs furent trouvées assez saines. Puis nous
l'enterrâmes du mieux que nous pûmes. »

Cartier ne voulait pas laisser les Indiens approcher
de son navire, de peur qu'ils ne vissent combien l'expédition était vulnérable, et pourtant ces Indiens possé-
daient un traitement. Cartier rencontra un jour l'un
d'eux, Dom Agaya, qu'il connaissait déjà et qui avait lui-
même souffert du scorbut. Cartier lui ayant demandé
comment il avait été guéri, l'Indien et deux femmes de
sa tribu lui montrèrent qu'il fallait couper des branches
de l'arbre « anedda », en broyer l'écorce et les feuilles,
les faire bouillir et en boire l'infusion tous les deux
jours, puis, avec ce qui restait, appliquer des cata-
plasmes sur les jambes atteintes par l'œdème du
scorbut.

« Le capitaine ordonna sur-le-champ de préparer
l'infusion pour les malades, écrivit le chroniqueur, mais
aucun d'eux ne voulut y goûter. À la fin, il y en eut un
ou deux qui s'y risquèrent et, dès qu'ils eurent bu le
breuvage, ils se sentirent mieux, ce qui doit, à l'évidence, s'expliquer par des causes miraculeuses. Car,
après avoir ingéré l'infusion deux ou trois fois, ils
retrouvèrent leur force et leur santé et furent guéris de
toutes les maladies dont ils avaient jamais souffert. Et
quelques-uns des matelots qui souffraient depuis cinq
ou six ans de la vérole furent aussi entièrement guéris
par cette médecine. La demande de la potion fut telle
qu'en moins de huit jours, un arbre entier le plus gros
et grand que j'ai jamais vu fut entièrement dévasté. »

Un enquêteur moderne a établi que le puissant et

mystérieux arbre « anedda » était probablement le cèdre blanc. Une expédition postérieure de quelques années à celle de Cartier rapporta en France des spécimens de cet arbre, qui fut surnommé *arbor vitae*, « arbre de vie » et qui est devenu très familier aux jardiniers quatre siècles et demi plus tard. Ses vertus curatives du scorbut furent toutefois rapidement oubliées. Moins de dix ans après l'expédition de Cartier, un autre groupe de Français hivernant au même endroit sur le Saint-Laurent perdit cinquante hommes sur deux cents à cause du scorbut. Quelques décennies plus tard, hivernant sur la rivière Sainte-Croix, dans ce qui est aujourd'hui le Maine, le groupe de De Monts perdit à son tour trente-six membres sur quatre-vingts, victimes de ce qu'on appelait « le mal de terre ». Mélangeant les hypothèses les plus échevelées et les intuitions justes, le chroniqueur de l'expédition, Lescarbot, attribua l'épidémie à « la grande décomposition qui règne dans les bois durant les pluies d'automne et d'hiver », à « des viandes grossières, froides et mélancoliques » et enfin à une luxure bridée.

Les « viandes mélancoliques » constituaient l'hypothèse la moins aventureuse, car le scorbut est avant tout dû à une carence nutritionnelle. Et en dépit des faiblesses de ses analyses, Lescarbot releva aussi et à juste titre le rapport étrange entre le scorbut et le stress, qui est également évoqué par les chercheurs modernes. La maladie affectait surtout les marins « mécontents, revêches, jamais satisfaits et paresseux ». Les remèdes que suggérait Lescarbot seraient dignes de ce qu'on appellerait l'école française de traitement du scorbut : des chapons et du gibier frais nappés d'une riche sauce au beurre, avec des herbes tendres de printemps, une disposition heureuse et beaucoup de sexe, bien que ce dernier remède ne pût être utilisé que dans le cadre des unions sanctionnées par l'Église. « Il reste nécessaire pour chacun d'avoir la compagnie honnête de sa femme légitime, car, sans cela, l'esprit de chacun est toujours porté sur ce qu'on aime et désire, le corps s'emplit d'humeurs et ainsi s'engendre la maladie. »

À quelques exceptions près, telles que le tour du globe qu'effectua dans les années 1570 sir Francis Drake sur le *Golden Hind*, et où son équipage se ravitaillait en herbes sauvages d'Amérique du Sud, en langoustes des Célèbes et en citrons et huîtres fraîches d'Afrique occidentale, les Anglais ne s'en tiraient pas mieux, dans les voyages au long cours, que les Portugais, les Espagnols et les Français[1]. La colonie anglaise de Plymouth, aux États-unis, fut elle-même à demi décimée par le scorbut, et les descendants des premiers colons importèrent du jus de citron par bateau. « C'est un secret merveilleux de la puissance et de la sagesse de Dieu, qu'Il ait caché tant de vertus inconnues dans ce fruit », écrivit sir Richard Hawkins, de la British Navy, quand son équipage fut à son tour sauvé de la mort par des citrons et des oranges, en arrivant au sud du Brésil.

Mais en dépit de témoignages aussi éclatants sur les vertus curatives des agrumes, en dépit du constat de Hawkins, qui avait probablement vu en vingt ans dix mille hommes mourir du scorbut, les autorités anglaises tergiversaient ; elles débattaient de la vertu de recettes telles que la consommation d'eau de mer, les gargarismes à l'acide sulfurique et, bel exemple de l'école anglaise de traitement du scorbut, de la consommation de litres de moût d'orge mis à tremper dans l'eau. La théorie était que l'orge fermenterait dans l'organisme tout comme dans les cuves et qu'elle exercerait on ne savait quel effet thérapeutique.

---

1. La ration alimentaire ordinaire d'un matelot anglais en 1740 consistait en une livre de biscuits de mer, quatre litres de bière ou une ration de liqueur, plus une livre de porc ou de bœuf salé, une cinquantaine de grammes de fromage, vingt-cinq grammes de beurre, un peu moins de deux cents grammes d'avoine en flocons et cent vingt grammes de pois ou fèves séchés (d'après *The History of Scurvy and Vitamin C*, de Kenneth J. Carpenter.)

Ce fut seulement deux siècles après le voyage de Hawkins que Gilbert Blanc, un médecin réputé qui avait accompagné la flotte britannique dans les Antilles et avait traité des douzaines de cas de scorbut, parvint enfin à convaincre le Bureau des marins blessés et malades, ainsi que les lords de l'Amirauté, d'imposer le remède devenu depuis célèbre : dix grammes de jus de citron par jour et par homme. L'édit entra en vigueur en 1795 et, au cours des vingt années suivantes, la British Navy distribua un million six cent mille gallons de jus de citron (plus tard remplacé par du jus de lime douce, les termes « citron » et « lime douce » étant alors utilisés l'un pour l'autre). Ces rations réduisirent le scorbut de façon spectaculaire, permirent à la marine britannique de vaincre les flottes française et espagnole à Trafalgar en 1805 et valurent aux citoyens britanniques autour du globe le surnom de *limeys*, « citronneux ». « L'Empire britannique, écrivit un médecin, est une fleur produite par les graines d'agrumes. »

Il s'en fallait, toutefois, que le scorbut eût été éliminé. Il sévit encore durant la grande disette de la pomme de terre européenne et durant la ruée vers l'or en Californie, à la fin des années 1840 ; on le revit durant les expéditions polaires et aussi durant la guerre civile américaine, où il fit trois mille victimes sur les douze mille qui périrent dans l'infâme prison d'Andersonville. À la fin du XIXe siècle, les médecins d'Europe et d'Amérique enregistrèrent une recrudescence des cas de « scorbut infantile » à l'époque où l'on nourrissait de plus en plus souvent les bébés avec des aliments et du lait industriel à la place du lait maternel.

Bien que le scorbut fût relativement facile à guérir, personne ne savait vraiment ce qui le causait. Un grand pas fut franchi en 1907 quand deux savants norvégiens parvinrent à déclencher le béribéri chez des cochons d'Inde en les nourrissant rien que de pain. Le béribéri était une autre maladie qui affectait les marins norvégiens ; on apprit ainsi que les cochons d'Inde étaient aussi vulnérables à cette maladie que les humains. Cette expérience en entraîna une foule d'autres et la recherche progressa rapidement. Quatre ans plus tard, en 1911, un jeune chimiste polonais, Kasimir Funk, émit l'hypothèse que le scorbut et plusieurs autres maladies étaient dus à des carences en substances qu'il appelait des « amines vitales ». D'autres chercheurs trouvèrent, au terme d'expériences sur des rats, qu'il existait des substances nutritionnelles non identifiées, qu'ils appelèrent le « facteur liposoluble A » et le « facteur hydrosoluble B ». Les chercheurs traquant l'élément nutritionnel qui prévenait le scorbut l'appelèrent logiquement « facteur nutritionnel accessoire C ». Ces substances inconnues n'étaient pas nécessairement des amines, composés de base, mais le concept des « amines vitales » de Funk fut adopté sous une forme abrégée. Il se trouve donc que nous absorbons nos doses quotidiennes de *vitamines* A, B et C, et non de « funkines » de la même dénomination.

Celui qui, en fin de compte, identifia la vitamine C fut le biochimiste hongrois Albert Szent-Györgyi, qui travaillait sur un autre problème quand il isola dans les glandes surrénales des veaux, et plus tard dans les choux, les oranges et le paprika une substance cristalline. La structure moléculaire de ces cristaux évoquait celle de sucres ordinaires, le glucose et le fructose, c'est-à-dire des hexoses, comme on les appelle chimiquement. Comme il n'était pas sûr de leur structure moléculaire, Szent-Györgyi songea un moment à appeler ces cristaux des « ignoses » ou des « godnoses », ce dernier terme signifiant en anglais phonétique « Dieu sait quoi ». Le rédacteur en chef d'un journal scientifique le convainquit de les appeler « acide hexuronique », qu'on rebaptisa plus tard « acide ascorbique », c'est-à-dire la vitamine C. Ce n'était pas cette vitamine-là que Szent-Györgyi avait eu l'intention de découvrir, mais ses travaux ne lui en valurent pas moins le prix Nobel de physiologie et de médecine en 1937. Trente ans plus tard, il écrivit : « Toute cette affaire était pour moi trop tapageuse et les vitamines me paraissaient théoriquement inintéressantes. Le mot "vitamine" désignait quelque chose qu'il fallait manger et ce qu'on doit manger est du ressort d'un chef cuisinier, pas d'un savant. »

Phil se désintéressa quelque peu du bordeaux et de la *Myrna Lay* qui dérivait dans le vent et, debout dans le salon, contempla les réserves de ses placards. Il avait négligé les oranges au supermarché parce qu'elles étaient difficiles à éplucher, et les pommes parce qu'il les jugeait trop farineuses. Il n'avait même pas envisagé de se fournir en laitues, ni en poivrons rouges et verts, pourtant riches en vitamines C, parce qu'il préférait éviter l'effort de mâcher des salades. Non, il avait préféré les aliments concentrés. Et, comme les marins de deux ou trois siècles auparavant, il s'en était amplement approvisionné. Ce n'était pas la pénurie de vivres qui le souciait, mais plutôt la qualité de ses vivres. Il fourragea dans les sacs de pommes-chips, les raviolis en boîte, le cola sans sucre et les paquets de boules de gomme. Il trouva une boîte de fromage, un saucisson à l'ail et une boîte de biscottes salées.

Ça ne conviendrait pas, non, pas du tout. Il porta instinctivement la main à ses incisives supérieures et en vérifia la stabilité. Elles branlaient un peu. L'idée de manger des boules de gomme avec des incisives que le scorbut aurait rendu encore plus branlantes lui donna envie de jeter le sac par-dessus bord. Puis il se ressaisit : est-ce qu'il ne se faisait pas des idées ? Il n'était qu'à trois jours de Seattle et non pas trois mois. Mais peut-être ses réserves en vitamine C étaient-elles déjà défaillantes bien avant le départ et le scorbut le frapperait-il donc avant le délai ordinaire de deux à trois mois. Il se sentait, en effet, un peu faible et c'était là un signe précurseur. L'anémie pouvait prendre plusieurs jours ou plusieurs semaines à s'installer avant que les signes les plus alarmants du scorbut ne se manifestent. Quelles étaient en fait ses réserves en vitamine C avant le départ ? C'était la question principale. Déjà basses, sans doute. Il essaya de se rappeler la dernière fois qu'il avait mangé de la salade, un fruit ou n'importe quel légume vert. Est-ce que les olives vertes garnissant la double pizza à la mozzarella comptaient comme légumes verts ? C'était la pizza qu'il avait dévorée lors de sa dernière rencontre avec Myrna. Phil fourragea encore, à la recherche de quelque chose qui pût contenir de la vitamine C.

On ignore quelles étaient les connaissances de Steller en matière de traitement du scorbut, quand le *St. Peter* jeta l'ancre au large d'une île proche de l'Alaska. Il connaissait déjà la cochléaire, que certains médecins et navigateurs européens prescrivaient depuis un siècle ou plus [1]. Doté d'une inlassable curiosité en matière de botanique, Steller avait apparemment observé aussi les plantes que consommaient les indigènes du Kamtchatka, car il avait séjourné là-bas plusieurs mois avant le départ de l'expédition. Bien qu'on lui eût refusé toute aide lors de l'escale dans l'île, Steller ne s'en était pas moins rendu à terre et il avait ramassé les herbes médicinales qu'il avait pu y trouver. En plus d'une variété de cochléaire, il avait trouvé une sorte de patience [2] apparentée au sarrasin, que les Eskimos de Sibérie mangeaient crue, ainsi que de la gentiane et « d'autres

---

1. La cochléaire officinale est également connue sous le nom d'herbe à la cuillère ; son goût rappelle celui du cresson (*N.d.T.*). Le gendre de Shakespeare, John Hall, de Stratford upon Avon, a laissé d'abondants mémoires sur la façon de traiter les victimes du scorbut grâce à la cochléaire ; parmi ses patients, il compta sa propre femme, Susanna, fille aînée du dramaturge, âgée de quarante-sept ans lors de l'épidémie de scorbut de 1630, et qui souffrit de « douleurs des lombes, de dégénérescence des gencives, d'haleine fétide, de mélancolie, de météorisme, de tachycardie, d'apathie, de difficultés respiratoires, de peur de sa mère, de crampes et de douleurs d'estomac persistantes ainsi que d'agitation et de faiblesse ».
2. Il s'agit de la patience crépue (*N.d.T.*).

variétés de plantes pareilles au cresson que je cueillis pour mon seul usage et celui du capitaine ».

Pendant que Steller procédait à sa cueillette, l'un des matelots les plus malades, Nikita Shoumaguine, fut déposé à terre par les porteurs d'eau, dans l'espoir que le seul fait d'être sur la terre ferme lui ferait du bien. En effet, l'une des théories en cours sur le scorbut était que les humains avaient besoin d'être exposés à de mystérieuses « particules terrestres ». Peu après avoir été déposé là, Shoumaguine mourut. Les îles Shoumaguine, au large de l'Alaska, commémorent donc le premier des matelots du *St. Peter* qui succomba au scorbut. Comme on pouvait s'y attendre, les autres marins malades sur le *St. Peter* ne voulurent d'abord pas entendre parler des plantes que Steller avait cueillies. Mais ils changèrent bientôt d'avis. « Obtus et malgracieux autant qu'ils fussent, ils remarquèrent très évidemment l'effet de mes soins, grâce à la divine providence, quand ils virent que le capitaine, tellement atteint qu'il en avait perdu l'usage de ses membres, s'était rétabli en huit jours en consommant de l'herbe à scorbut crue ; non seulement il put quitter sa couchette, mais encore monter sur le pont et il se trouva même aussi vigoureux qu'il l'avait été au commencement du voyage. De même, le lapathum ou patience[1] que j'avais recommandé de manger cru pendant trois jours raffermit-il les gencives de la plupart des matelots. »

Mais les réserves de ces plantes furent sans doute insuffisantes, à cause du mauvais vouloir de ceux qui auraient dû aider Steller à les cueillir. Le navire leva l'ancre le 6 septembre et se lança dans une traversée du Pacifique Nord. Les tempêtes d'automne firent rage et le scorbut sévit de nouveau. Le vent hurla dans les gréements et les vagues martelèrent le *St. Peter* avec la force de boulets. Andreas Hesselberg, qui avait pourtant un demi-siècle d'expérience de la mer, n'avait jamais vu des éléments si furieux. « Nous nous attendions à tout

---

1. Il s'agit de la patience crépue (*N.d.T.*).

moment à ce que notre navire fût fracassé et personne ne pouvait rester assis, debout ni couché, rapporta Steller. Personne ne pouvait rester à son poste et nous dérivions par la terrible volonté de Dieu là où les cieux enragés voulaient nous porter. La moitié des hommes étaient malades et les autres tenaient par la force de la nécessité, mais entièrement possédés par la folie que leur causait l'agitation terrifiante de la mer et du navire. »

Durant une accalmie, le 2 octobre, Steller recensa vingt-quatre matelots malades et deux morts. Les tempêtes avaient repoussé le navire de quelque deux cent trente milles nautiques, plus de quatre cents kilomètres, vers l'Amérique. Les réserves de brandy s'épuisèrent. Mais les tempêtes et le scorbut s'acharnaient. À partir du 20 octobre, on compta un mort presque chaque jour. Il ne resta que dix hommes, dont Steller – qui rappela que tel n'était pas son contrat de travail, mais qui s'exécuta quand même –, capables de manœuvrer le *St. Peter*. Mais ils étaient si faibles qu'ils ne purent même pas mouiller dans une petite île pour s'approvisionner en eau fraîche, car ils n'auraient pas eu la force de relever l'ancre.

Ce fut alors que deux des officiers supérieurs de Behring, lui-même souffrant, le quartier-maître Khitrov et le lieutenant Waxell, prirent la décision soudaine et inattendue – selon Steller – de changer de direction et de faire voile plus au nord, s'écartant ainsi « de façon criminelle » du parcours établi, qui voulait que le *St. Peter* fût reconduit à son port d'attache, Avacha, dans le Kamtchatka. Peu après, les officiers annoncèrent qu'ils étaient « mathématiquement certains » que le *St. Peter* toucherait bientôt la côte du Kamtchatka. L'équipage, ou du moins ceux de ses membres qui tenaient encore sur pied, se réunit sur le pont, au petit matin du 5 novembre 1741, pour vérifier cette prédiction. « À l'étonnement général, rapporta Steller, on aperçut la terre à 9 heures du matin. »

Après avoir dit leurs actions de grâces, les officiers

et les matelots examinèrent les représentations d'Avacha en leur possession et les comparèrent à la côte qui se présentait à eux et ils convinrent que les deux correspondaient parfaitement. Ils identifièrent même l'entrée du port d'Avacha et son phare. Le *St. Peter* s'approcha, le soleil se leva et les officiers firent le point de midi avec le sextant. Mais quelque chose clochait. Selon leurs observations, ils se trouvaient par 55° et 56° de latitude nord, au lieu de 52° où était Avacha et où ils avaient cru être aussi d'après le profil de la côte. Ils tentèrent de diriger le navire vers le sud, près du point qu'ils pensaient être le cap Isopa, mais des vents forts se levèrent. L'équipage n'avait plus la force de grimper aux mâts pour carguer les voiles. Durant la nuit, les vents violents et les voiles gonflées déchirèrent les câbles qui tenaient le grand mât.

Le lendemain matin, 6 novembre, les officiers et le commandant tinrent conseil pour décider de la suite. Behring insista pour faire voile au sud jusqu'au port d'Avacha, qui assurerait leur sécurité, bien que le grand mât en péril ne pût supporter une forte voilure et que l'équipage fût encore plus faible. Néanmoins, le quartier-maître Khitrov, « assurant que si ce n'était pas là le Kamtchatka, il mettrait sa tête sur le billot », entreprit de convaincre l'équipage de toucher terre immédiatement dans ces parages inconnus. L'équipage prit son parti et, quand un officier subalterne s'opposa au plan de Khitrov, ce dernier et Waxell le jetèrent hors de l'assemblée en criant, selon Steller : « Dehors ! Ferme-la, fils de pute ! »

Ce soir-là, le *St. Peter* se réfugia donc dans une crique inconnue, lorsque la houle se déchaîna soudain, secouant le navire comme une balle. Les plus superstitieux des marins jetèrent par-dessus bord sans autre cérémonie les cadavres de leurs compagnons récemment décédés, dans l'espoir de calmer l'océan en furie. Le lendemain matin, Steller, toujours vaillant sans doute en raison de son régime d'herbes et probablement désireux de s'échapper du navire, fut parmi les premiers à mettre pied à terre en compagnie de son domestique cosaque, du cartographe Pleniser et de quelques matelots malades. Il avait emporté avec lui tous les bagages qu'il avait pu ; en effet, étant donné le mauvais ancrage du navire et le manque de matelots en bonne santé, il savait qu'au premier grain le navire dériverait en mer ou bien se fracasserait sur la grève. Il passa la première journée, le 7 novembre, à explorer les parages, relevant en particulier que les loutres de mer n'avaient pas peur des humains, alors que, sur le continent, elles étaient chassées avec acharnement pour leur fourrure ; elles avaient même quitté la grève pour partir à la nage vers le canot qui amenait les robinsons. Retournant plus tard au point où ils avaient accosté, Steller trouva le lieutenant Waxell, affaibli par le scorbut, qui prenait l'air du large.

« Dieu sait si c'est bien le Kamtchatka, lui dit Steller.

— Et qu'est-ce que ça serait d'autre ? répliqua Waxell. Nous demanderons bientôt des chaises de poste. »

Les deux jours suivants, Steller, son chasseur et domestique cosaque Thoma et son ami le cartographe allemand Pleniser poursuivirent leur exploration des parages. Steller nota d'autres indices : les renards bleus étaient insolemment familiers, il n'y avait ni arbres ni buissons sur ce territoire montagneux, et l'on trouvait sur la grève beaucoup de « vaches marines »[1] que Thoma disait n'avoir jamais vues au Kamtchatka ;

---

1. Également appelées « vaches marines de Steller », ces mammifères marins atteignent la taille de huit mètres ; ils se propulsent dans l'eau grâce à une queue bipennée et se nourrissent de plancton. Trente ans après leur découverte par Steller, ils furent décimés jusqu'à l'extinction par les chasseurs russes. Steller décrivit également des centaines d'autres plantes et d'animaux de Sibérie et d'Amérique, dont plusieurs furent nommés en son honneur, tels le geai de Steller et l'aigle marin de Steller.

enfin, les nuages alentour indiquaient que ces terres étaient entourées d'eau. Steller supposa qu'ils avaient abordé une grande île.

Il est vraisemblable que le trio médita cette possibilité, ou plutôt que ses deux compagnons écoutèrent Steller la développer alors qu'ils étaient assis cette première nuit-là autour d'un feu. En tout cas, pendant qu'ils se chauffaient ainsi, un renard bleu entra dans leur camp et déroba deux des ptarmigans, une sorte de grouse, qu'ils avaient chassés. Ce fut un moment décisif du voyage : Thoma, qui souffrait également du scorbut, s'en prit soudain à Steller avec colère et mit tous leurs ennuis sur sa curiosité.

Steller a consigné sa réponse : « Courage ! Dieu nous aidera. Même si ce n'est pas ton pays, nous avons encore l'espoir d'y parvenir. Tu ne mourras pas de faim. Si tu ne peux pas travailler et me servir, je m'occuperai de toi. Je sais que ton cœur est honnête et ce que tu as fait pour moi. Tout ce que j'ai est aussi à toi. Demande-le-moi et je partagerai avec toi tout ce que j'ai jusqu'à ce que Dieu nous vienne en aide. »

Ces échanges incitèrent Steller à entreprendre les préparatifs pour l'hiver, s'il s'avérait que cette terre inconnue était bien une île. Sur ses incitations, Pleniser accepta de l'aider à construire une hutte et ils conclurent un pacte d'amitié et d'assistance. Avec des pelles de fortune, les trois hommes commencèrent à creuser le sol pour installer une maison enfouie, dont le toit serait constitué de bois flotté, à l'instar de celles où les indigènes du Kamtchatka hivernaient. Les trois autres Allemands de l'équipage du *St. Peter* se joignirent à eux, ainsi que deux autres cosaques et les deux domestiques de Behring, tous ayant fait vœu de participer à « une communauté de biens ».

Un jour ou deux plus tard, les autres membres de l'équipage du navire qui avaient encore quelques forces pour ramer vinrent creuser leur propre maison souterraine et s'installer, comme Steller. Ce dernier n'était plus le médecin et botaniste méprisé ; l'exemple en avait soudain fait un chef. Entre-temps, l'étoile du quartier-maître Khitrov déclinait rapidement. Les marins malades rejetaient sur lui la responsabilité de leur misère et de leur isolement. Il supplia les marins allemands de lui faire un coin dans leur hutte afin de ne pas dormir avec les matelots russes qui l'accablaient nuit et jour de menaces. Mais Steller et ses compagnons étaient toutefois « offensés par lui et lui refusèrent tout espoir, parce qu'il était en bonne santé mais paresseux et que c'était lui seul qui les avait entraînés dans cette infortune ».

Le travail sur les huttes se poursuivait le 12 novembre, une semaine après que la terre eut été en vue, et il fut achevé le lendemain. Mais, pour plusieurs membres de l'équipage, ces abris venaient trop tard.

« Ce jour-là, beaucoup de malades furent ramenés du navire, écrivit Steller, et parmi eux il en fut qui, tel le canonnier, moururent dès qu'ils humèrent le grand air, d'autres qui rendirent l'âme lors de la traversée, comme le soldat Savin Stepanov, d'autres encore quand ils mirent pied sur le rivage, comme le matelot Sylvestre... Avant même qu'on les eût inhumés, les cadavres furent dévorés par les renards, qui flairaient les malades allongés sur la plage et sans défense, et qui osaient même les attaquer alors qu'ils étaient encore en vie. Il en fut un qui criait parce qu'il avait froid, un autre parce qu'il souffrait de la faim et de la soif, car les bouches de plusieurs d'entre eux avaient été ravagées par le scorbut à tel point qu'ils ne pouvaient rien manger, en raison de leurs gencives enflées et noirâtres et poussant par-dessus les dents... Les huttes ayant été achevées, nous y transportâmes plusieurs malades. L'espace était cependant compté et ils gisaient partout sur le sol, vêtus de leurs haillons. »

Steller ne décrit pas avec précision l'état des hommes qui mouraient sur la grève, mais il vit probablement tous les symptômes du scorbut. Selon le cours ordinaire de la maladie, les marins avaient commencé à souffrir d'anémie avant que les symptômes physiques de la maladie n'apparaissent. Les premiers de ceux-ci étaient de petites taches pourpres sur les fesses et l'arrière des jambes, causées par de petites hémorragies autour des follicules pileux. Puis la peau se desséchait et devenait rugueuse. Le matelot atteint manquait parfois d'air, ses articulations devenaient douloureuses, surtout celles des genoux, des hanches et des chevilles, parce que le seul poids du corps suffisait à déclencher des lésions articulaires qui se compliquaient d'hémorragies et d'œdèmes. Ses jambes enflaient et devenaient aussi douloureuses à cause des hémorragies musculaires et sous-cutanées. Le moindre contact lui causait des hématomes. Les cicatrices de vieilles blessures se déchiraient et se rouvraient par suite de l'enflure, les égratignures et les blessures ne se cicatrisaient pas et la faiblesse générale atteignait un tel point que le matelot ne pouvait plus remuer ses membres. Puis, quand les capillaires cédaient, le plus célèbre des symptômes du scorbut apparaissait : les gencives enflaient et se changeaient en tissus muqueux noirâtres et pourpres trop sensibles pour supporter la mastication et saignant à la moindre friction. Les dents se déchaussaient. S'il restait quelque force au matelot, il pouvait se les arracher avec les doigts.

« Si la situation se poursuit, rapporte un texte sur le scorbut, le corps entier se change en une masse de chairs sanguinolentes et la mort est une bénédiction.»

Un matelot, qui gémissait de froid et de douleur sur la grève tandis qu'il maudissait ses officiers et les dieux pour l'avoir réduit à cet état, s'imposa un trop grand effort en voulant ramper vers les abris tout neufs pour s'y faufiler. Cette épreuve soudaine entraîna une rupture des grands vaisseaux circulatoires près du cœur. Il tomba sur le nez dans le sable gelé.

Phil avait sorti la plupart de ses vivres des placards supérieurs et inférieurs et les avait jetés sur le sol du salon à la recherche d'aliments frais qui pussent contenir de la vitamine C. Des boîtes de chili con carne et de haricots cuisinés tombèrent sur le plancher. Dans le fracas des conserves qui roulaient par terre, Phil percevait quand même celui de la pluie qui s'abattait sur le pont avec une force renouvelée. Combien de temps serait-il donc bloqué dans cette crique ? Une boîte de *tacos*, galettes de viande à la tomate, tomba aussi par terre, puis une autre d'anchois et un tube supplémentaire de pâte dentifrice. Au moins il s'était souvenu d'emporter sa brosse à dents et n'avait pas entièrement négligé son hygiène. Mais n'avait-il pas remarqué, la nuit dernière, un filet sanglant dans le mélange de pâte et de salive qu'il avait craché dans la cuvette d'acier inoxydable de la salle de bains du *Myrna Lay* ? Ou bien n'était-ce qu'un résidu d'une boule de gomme rouge ? Ou encore des traces du bordeaux ? Phil imagina les gencives des marins de Behring mourant sur la grève. Combien de temps faudrait-il avant que ses propres gencives fussent dans un pareil état ? À l'idée de frotter les soies dures de sa brosse sur des gencives ramollies et pourpres, arrachant au passage des lambeaux de muqueuse, il eut la nausée.

Un bref, mais fascinant récit nous est parvenu de chercheurs qui, intentionnellement ou non, provoquèrent le scorbut sur eux-mêmes. Au milieu du XVIIIe siècle, un certain William Stark, jeune médecin excentrique anglais qui avait rencontré Benjamin Franklin, et qui avait peut-être pris trop à la lettre le régime frugal recommandé par l'Américain, causa sa propre mort en ne mangeant quasiment que du pain et en ne buvant que de l'eau.

En 1930, John Crandon, chirurgien à la Harvard Medical School, provoqua cette fois intentionnellement le scorbut sur lui-même. Les premiers signes apparurent après douze semaines d'un régime qui, aux yeux de quelques internes, comportait pourtant tous les éléments nutritionnels essentiels, pain, biscottes, fromage, œufs, sucre, chocolat et bière. Quelques années plus tard, au cours de la Seconde Guerre mondiale, un petit groupe d'objecteurs de conscience de Sheffield, en Angleterre, se portèrent volontaires pour une expérience ; ils consommeraient des aliments, lait, pommes de terre et autres dont toute vitamine C aurait été détruite par la chaleur, mais ils auraient préalablement absorbé de grandes doses de la même vitamine. Au bout de quatre à onze semaines de ce régime, toutefois, la vitamine C dans leur plasma sanguin baissa à des niveaux indécelables. Au bout de vingt semaines, tous observèrent de petites éruptions dans les follicules pileux de leurs fesses et à l'arrière de leurs jambes et six des dix cobayes volontaires souffrirent d'hémorragies sous-cutanées. Après ce délai, des lésions qui leur avaient été intentionnellement infligées ne se cicatrisèrent plus ; à ce stade-là, ils souhaitèrent sans doute avoir opté pour le front.

À la trente-sixième semaine, les gencives de neuf volontaires sur dix étaient devenues « pourpres, enflées et spongieuses » et des « incidents particuliers » se produisirent. L'un des volontaires – un étudiant de vingt-deux ans – souffrit, après un exercice physique, d'une attaque cardiaque. Un autre se réveilla au milieu de la nuit à cause de douleurs thoraciques ; il souffrait aussi d'un murmure systolique. Une radiographie pulmonaire révéla la croissance soudaine d'une petite lésion tuberculeuse pré-existante. Des injections massives et immédiates de vitamine C eurent raison de ces problèmes. Les chercheurs modifièrent l'expérience et administrèrent à chacun des volontaires restants dix milligrammes de vitamine C par jour, un sixième de la dose actuellement recommandée aux États-Unis, soit de cinquante à soixante milligrammes par jour, et un quart de la dose recommandée au Canada, de vingt-cinq à

quarante milligrammes. Même avec cette dose minimale, l'état des volontaires s'améliora de façon marquée
et au bout de dix à quatorze semaines, ils étaient parfaitement rétablis.

Des analyses biochimiques fines ont permis de
comprendre que la vitamine C agit comme une sorte de
lien atomique dans les centres organiques de production de protéines. Les humains produisent sans cesse
des protéines, soit pour grandir, soit pour remplacer
celles qui ont été détruites. Cela représente une demi-
tonne durant les premières années de l'enfance et
quelque cinq tonnes pour le reste de l'existence. Ces
protéines sont produites à l'intérieur des microscopiques ribosomes des cellules, qui, à l'aide de quelques-
uns des vingt acides aminés disponibles dans l'organisme, composent des assemblages différents. L'une des
plus importantes de ces protéines est le collagène, substance extrêmement résistante mais flexible, qui constitue la base des tissus conjonctifs tels que les ligaments,
les tendons et les os, ainsi que les parois internes des
vaisseaux sanguins et la peau. Le cuir est ainsi un collagène naturel. En résumé, la vitamine C ou acide ascorbique insère un groupe supplémentaire d'atomes
d'oxygène et d'hydrogène dans les acides aminés qui
constituent le collagène, ce qui renforce leurs liens et
confère au collagène sa résistance et sa flexibilité. Elle
joue un rôle similaire, quoique moins nettement connu,
dans la production de l'élastine, une protéine du
groupes des fibres élastiques, comme celle des veines et
des artères.

Quand les matelots du *St. Peter* gisaient en gémis-
sant sur la grève, les tissus et les vaisseaux sanguins
de leurs organismes contenant cette protéine qu'est le
collagène, alors carencés en vitamine C, se délitaient littéralement à l'instar des gréements de leur bateau. Le
capitaine-commandant Behring était l'un des plus

atteints. On l'avait transféré sur la terre ferme et installé sous une tente ; là, il demanda à Steller ce que celui-ci pensait de cette terre.

« Ça ne me paraît pas être le Kamtchatka, répondit Steller.

— Le navire ne pourra sans doute pas être sauvé, observa Behring. Que Dieu protège donc notre chaloupe ! »

Ce fut Steller qui prit soin de Behring, les deux valets de celui-ci s'efforçant surtout de rester en vie. Il lui donna à boire et lui apporta des vivres, dont la chair d'une jeune loutre sous la mère, dont l'Allemand savait qu'elle contenait de nombreux nutriments. « Mais, rapporta Steller dans son journal, il manifesta une très grande répugnance à son égard et s'étonna de mes goûts, qui étaient adaptés aux circonstances et au lieu. »

Une fois de plus, et à leur détriment, les officiers du *St. Peter* se montrèrent rigides alors que Steller se montrait souple et capable d'improvisation. Bien qu'il consentît à « se rafraîchir » avec de la chair de ptarmigan, Behring sombra de plus en plus dans le désespoir et la maladie. Son corps était infesté de poux. Il se fit enterrer dans le sable jusqu'à la taille.

« Plus je m'enfonce dans la terre, plus j'ai chaud », dit-il.

Deux heures avant l'aube du 8 décembre 1741, le capitaine-commandant Vitus Behring mourut. « Il aurait certainement survécu si nous avions atteint le Kamtchatka et s'il avait pu trouver une chambre chauffée et de la nourriture fraîche, écrivit Steller. En fait, il mourut autant de faim, de froid, de soif, de vermine et de chagrin que de maladie. » Son corps était cependant gravement affecté par le scorbut, comme en témoignaient non seulement les œdèmes des pieds et des articulations, mais également la « mortification » ou putréfaction de ses chairs. Calme et même « serein » dans ses derniers moments, Behring conserva sa raison et la parole jusqu'au bout. « Il ne désirait rien d'autre que notre délivrance de cette terre inconnue, écrivit Steller, et du fond de son cœur, la fin de nos souffrances. Il n'aurait peut-être pas trouvé un meilleur lieu pour se préparer à l'éternité que ce lit de mort à ciel ouvert[1]. »

Phil examina ses gencives au-dessus du petit évier éclairé par une lampe de 12 volts. Elles semblaient normales, enfin, presque normales. Peut-être étaient-elles un peu plus foncées que d'habitude. Était-ce l'effet du vin ou bien celui des capillaires menacées d'hémorragie ? Dans ce cas, il eût dû avoir d'abord des taches sombres sur l'arrière des jambes et les fesses. Il enleva soudain son jean et le laissa tomber, puis tenta de s'examiner, mais en vain. Il se passa la main sur les fesses. Il sentit de petites éruptions. Zut ! Il fit un effort supplémentaire pour y voir de plus près. Il aperçut au moins quatre ou cinq petites taches pourpres ! N'étaient-ce que des éruptions ? Ou bien le début d'une hémorragie folliculaire ?

Remettant son jean, il revint au salon, heurtant de ses pieds nus les paquets et les boîtes de conserves épars. Il devait bien y avoir de la vitamine C quelque part dans ce foutoir.

La mort de Behring coïncida avec la fin de l'hécatombe de l'équipage. À Noël, les survivants avaient récupéré leur santé, sinon toutes leurs forces. Entre-temps, une tempête avait poussé le *St. Peter* sur la grève et

---

1. Longue d'une centaine de kilomètres et large d'une cinquantaine, l'île où mourut Vitus Jonassen Behring, également appelée Avacha, était alors inconnue des géographes ; elle fait actuellement partie de l'archipel des Komandorski, dans la mer de Bering, entre la mer Arctique et le Pacifique, et elle ne se trouve qu'à trois cents milles nautiques du point de départ de l'expédition, Petropavlovsk (*N.d.T.*).

enfoncé sa quille dans le sable ; le navire ne semblait plus guère en état de reprendre la mer. Des équipes parties en reconnaissance revinrent pour confirmer ce que Steller avait présumé : ils étaient bien sur une grande île, et ils n'avaient trouvé aucune trace d'occupation humaine. Pour se tirer de là, les naufragés devraient attendre le printemps.

Ils s'installèrent donc pour l'hiver et chassèrent des mammifères marins pour leur subsistance. Comme les Eskimos, qui ont toujours évité le scorbut, les matelots constatèrent qu'un régime carné, et notamment les abats consommés crus ou légèrement cuits, leur assurait les nutriments nécessaires. Une centaine de grammes de foie de phoque cru contient assez de vitamine C pour subvenir aux besoins de l'organisme selon les recommandations canadiennes, et un kilo ou un kilo et demi de chair de phoque légèrement cuite – la chaleur et la lumière détruisant la vitamine en question – en contient autant. Même de nos jours, les chasseurs indigènes de Mandchourie, du Groënland et des pays du Nord prélèvent les reins et le foie des rennes, des phoques et des autres animaux qu'ils viennent de tuer et les consomment sur-le-champ, comme d'énormes capsules sanguinolentes de vitamine C. Ils mastiquent également volontiers la peau crue de baleine, riche en vitamine C. Comme les hommes, les autres mammifères ont besoin de vitamine C, mais ils possèdent leurs propres moyens de la synthétiser à partir du glucose. Les seuls mammifères terrestres incapables de le faire sont le cochon d'Inde, la chauve-souris frugivore, les primates et les humains : ils manquent tous de l'enzyme qui permet la conversion finale du glucose en acide ascorbique.

La viande fraîche éleva le taux de vitamine C dans le sang des naufragés que leurs organes absorbèrent. Les glandes surrénales en prélevèrent de grandes quantités pour synthétiser à leur tour de la norépinéphrine et de l'épinéphrine, c'est-à-dire de l'adrénaline, l'hormone que le corps produit pour affronter le stress et

élever le rythme cardiaque, dilater les vaisseaux sanguins et diffuser dans la circulation les comburants
nécessaires au combat ou à la fuite. C'est pourquoi les
personnes soumises au stress, comme les matelots de
l'expédition de Behring, ont besoin de quantités supérieures de vitamine C et sont donc plus exposées au
scorbut.

À supposer que leur régime carné leur en eût assuré
au moins dix milligrammes par jour, les naufragés se
seraient rétablis en deux semaines. Leurs forces
auraient été restaurées et leurs dents se seraient affer-
mies dans leurs alvéoles. En huit semaines, leur peau
aurait retrouvé sa couleur naturelle, à l'exception des
taches causées par les hémorragies. Au bout de dix à
quatorze semaines, leurs gencives aussi se seraient raf-
fermies, du moins si l'on se base sur les observations
recueillies sur les objecteurs de conscience de la
Seconde Guerre mondiale. Il est toutefois possible que,
sur leur île, leur rétablissement ait été plus lent.

Durant le long hiver, les naufragés se laissèrent
aller à la folie du jeu et se querellèrent. Toute forme de
jeu de hasard fut donc interdite par les officiers mari-
niers. Au printemps, ils entreprirent la construction
d'une nouvelle embarcation, plus petite, avec le bois
récupéré sur l'épave du *St. Peter*. Ils passèrent ainsi du
chaos, « l'état de nature », comme le définissait Steller,
à celui d'une société organisée. Ils signèrent tous un
pacte : les douze hommes qui savaient se servir d'une
hache travailleraient à plein temps comme charpentiers
à la construction du nouveau navire, les autres se parta-
geraient en deux équipes de chasseurs, pour assurer le
ravitaillement en viande fraîche. Animés par le même
objectif, qui était de quitter cette île, ils travaillèrent
activement au fur et à mesure de la fonte des neiges.
Leurs corps amaigris bénéficièrent de pêches tellement
abondantes qu'une seule prise de leurs vieux filets leur
assurait de quoi manger pendant huit jours. Grâce aux
connaissances botaniques de Steller, ils dégustèrent
ainsi l'hiérochloé du Kamtchatka, les bulbes de lis

Sarana, les racines de céleri sauvage, le salsifis, les pousses de laurier Saint-Antoine, les salades d'herbe à scorbut, de pimprenelle et de cresson sauvage, toutes accompagnées d'infusions de pirole et d'airelles. Le lieutenant Waxell rapporta qu'il ne retrouva toutes ses forces que lorsque le printemps ramena ces végétaux. À la mi-juillet, ils avaient achevé la nouvelle coque. Le mois suivant, ils montèrent les gréements, les espars, le mât, ajustèrent les garnitures, firent du biscuit de mer avec la farine qui restait à bord et préparèrent des salaisons de vache marine. Le 13 août, les naufragés montèrent sur leur *hooker* doté d'un mât de douze mètres et demi de long, également appelé *St. Peter*. De l'équipage originel de soixante-dix-huit hommes, il ne restait que quarante-six, mais ils parvinrent à grand-peine à s'entasser sous le pont, entre les provisions et les quelque neuf cents peaux de loutres qu'ils avaient chassées sur l'île. Un bon vent sous un ciel clair les poussa vers le sud de l'île de Bering, comme ils l'appelèrent. Ils regardèrent pour la dernière fois ces montagnes et ces vallées qui leur étaient devenues familières. « La grâce et la miséricorde divines devinrent d'autant plus évidentes à tous, écrivit Steller, quand nous considérâmes notre détresse à notre arrivée, le 6 novembre, la façon miraculeuse dont nous avions pu nous sustenter sur cette île désolée et comment, au prix d'efforts étonnants, nous nous étions rétablis et nous avions forci. Et plus nous regardions cette île lors de nos adieux, plus la merveilleuse et affectueuse inspiration de Dieu nous apparaissait, aussi clairement que dans un miroir. »

Pieds nus dans son salon, débraillé, Phil prenait par terre les conserves qui lui paraissaient le plus nourrissantes et en déchiffrait les étiquettes à la lumière de la lampe de laiton. Une boîte de chili : zéro pour cent de vitamine C. Il la rejeta par terre et saisit la boîte de haricots cuisinés : zéro pour cent. Il la rejeta également. La pâte dentifrice, évidemment rien, puis le sucre et le café, *laisse tomber*. Une boîte de pâtes au fromage, un sac de beignets au sucre, un paquet de spaghettis. Zéro pour cent pour le tout.

Il mit par mégarde le pied sur un paquet de pommes-chips, qui craqua. Il ne prit même pas la peine de le ramasser. Pourtant, si la grande disette de la pomme de terre avait déclenché une mémorable épidémie de scorbut, cela signifiait que les pommes de terre devaient contenir une petite quantité de vitamine C. Il se pencha et tint le sac argenté devant la lampe. Il n'en crut pas ses yeux : une seule portion, environ quinze chips, contenait dix pour cent des soixante milligrammes selon les recommandations américaines, c'est-à-dire près de six milligrammes. Et si les objecteurs de conscience de la Seconde Guerre mondiale s'étaient remis de leur scorbut expérimental avec dix milligrammes par jour seulement, cela signifiait que deux grandes poignées de chips par jour suffiraient à tenir le scorbut en échec ou tout au moins à s'en remettre. Phil se dit que, si l'expédition de Behring avait emporté assez de pommes-chips, ses membres auraient très bien survécu.

Il ouvrit le sac et enfourna dans sa bouche une poignée des chips salées et épicées et les mâcha tout en continuant de bousculer du pied les autres paquets et boîtes. Il avait le menton couvert de miettes de chips. Il heurta du pied un pot de *salsa*. C'était ce qui, dans les provisions du *Myrna Lay*, s'apparentait le plus à un produit végétal frais. Il déchiffra l'étiquette. Une autre bonne surprise ! Deux cuillerées à café de cette sauce contenaient huit pour cent de la dose recommandée. Sans doute était-ce en raison des poivrons riches en vitamines. Phil dévissa le couvercle, fourra des chips dans le pot et les dévora. La salsa dégoulina sur son menton et dégoutta par terre.

Il baissa les yeux. Un paquet de Kool-Aid gisait à ses pieds. Il le ramassa et lut l'étiquette. Chaque portion contenait dix pour cent de la dose recommandée de vitamine C. Il attrapa dans le placard une carafe en plastique, se confectionna un litre de Kool-Aid et but une grande goulée à même la carafe. C'était délicieux. Il sentait presque la vitamine C couler dans ses membres comme la sève qui monte dans les arbres au soleil de printemps. Il réglerait leur compte à ces hémorragies folliculaires ou éruptions, quoi que ce fût.

Ce fut alors qu'il avisa sur la petite étagère de la kitchenette le paquet enveloppé de papier brun que Myrna avait déposé à bord avec le journal de Steller. Comme il était en colère contre elle, il avait remisé le paquet dans un coin avant même de lever l'ancre. Maintenant, il lui venait à l'esprit que le paquet contenait peut-être des vivres et des fruits frais.

Il s'empara du paquet et l'ouvrit, puis découvrit une petite boîte en carton, qu'il ouvrit à son tour. Elle contenait du papier de rembourrage, sous lequel il perçut un bruit de crécelle. Dessous, il trouva une petite bouteille de plastique qu'il examina à la lumière de la lampe. Le plastique était de couleur sombre parce qu'une forte lumière pouvait en altérer le contenu. L'étiquette était ainsi libellée : « Vitamine C – 500 mg. »

Un billet était collé au flacon : *Pour ta sécurité. Affections, Myrna.*

Phil dévissa le couvercle en souriant, se lança deux capsules sur la langue et les avala avec une lampée de Kool-Aid.

6.

Le coup de chaleur
ou
la peau en feu

Qu'elle atteigne le sommet du col et elle aura gagné. Tout le reste ne sera qu'une descente rapide, le vent sifflant sur son casque et dans les rayons de ses roues. Elles ne la rejoindront jamais. Qu'elle atteigne le sommet du col et la récompense est à elle. À elle et à sa famille, sa mère, son père, sa jeune sœur et son frère, à sa grand-mère aussi, cette femme échevelée qui continue de crier des imprécations à des envahisseurs nazis imaginaires, cinquante ans plus tard. À sa famille donc, qui habite un immeuble délabré dans une ville d'Europe orientale. Qu'elle atteigne le sommet du col et elle échappera à cette chaleur brutale. Elle redescendra alors dans une brise fraîche et dans un sillage de dollars américains tout verts.

Elle ne doit pas en être loin. Depuis le départ au petit matin de la chambre de commerce, qui patronne la course dans l'espoir de stimuler le développement économique de la région, la course a fait défiler les concurrents le long d'une artère bordée de fast-foods et de parkings, et puis tout le long de l'étroite route qui mène aux Appalaches. Elle avait réussi sa percée à la première grande colline. Son entraîneur le lui avait toujours dit : « Attaque sur les montées, défends-toi dans les descentes. C'est sur les montées qu'on gagne les courses. »

Elle jette un coup d'œil par-dessus son épaule. Personne en vue.

Elle a toujours été une bonne grimpeuse, mais elle n'a jamais réussi une percée de loin aussi audacieuse que celle-ci. À l'arrière, quelque part, il y a le reste du peloton et, dans celui-ci, trois des meilleures grimpeuses du monde, une Italienne, une Française et une Colombienne, cyclistes émérites. Pour elles, elle n'est rien, personne. Elle le sait et elle sait qu'elles le savent, mais c'est justement le handicap qu'elle entend tourner à son avantage. Elles l'ont laissée se détacher du peloton pour le moment, projetant de la rattraper sans peine une fois qu'elle se serait épuisée. Mais elle les surprendra. Sa stratégie est d'aller si haut sur la montée qu'elles ne la rattraperont jamais.

Elle se demande combien de pentes encore lui réserve la route. Ça ne peut plus être loin. Il fait si chaud. Ses cuisses lui font mal et, dans l'effort de la montée, son cou, ses bras, ses épaules et son dos s'associent à la douleur, tous les groupes de muscles travaillant en tandem pour pousser son corps comme un piston à chaque tour de pédales. Serait-elle partie trop vite ? Mais si elle avait différé son échappée, elles ne l'auraient pas laissée se détacher. Il fait si chaud. Des inspirations rapides l'épuisent plutôt qu'elles ne la raniment, parce que c'est comme si elle inhalait de la vapeur. *Respire lentement*, se recommande-t-elle. Il fait si chaud que la voiture d'escorte a calé à la première montée raide et que le peloton l'a laissée sur le bord de la route cracher une colonne de vapeur. C'est alors qu'elle s'est dressée sur ses pédales et qu'elle a accéléré, laissant en arrière le peloton qui avançait à son allure solennelle, et puis elle s'est retrouvée seule sur la route qui montait vers les frondaisons de la forêt.

Pousse, pousse, pousse, se dit-elle.

Il fait si chaud. La sueur ruisselle sur son cou, son dos, ses bras, ses jambes. Ils avaient annoncé au départ 35 °C et il fait si chaud qu'une brume humide bleuâtre sature l'air. Les bouleaux sur le bord de la route évoquent une peinture impressionniste, car leurs contours flous se détachent sur les touches grasses de la forêt en arrière-fond. Son entraîneur l'avait mise en garde contre l'humidité des Appalaches : ça ne ressemblait à rien de ce qu'elle avait connu en Europe. Elle aurait dû suivre son conseil et venir deux semaines plus tôt pour s'accoutumer à ce climat, au lieu de rester avec sa famille et de s'entraîner le long des rives fraîches de la Baltique. Oui, elle aurait dû l'écouter plus attentivement. Et maintenant, il n'est pas là, et il ne reste plus assez d'argent pour le faire venir ici. Pour cette course, elle suivra donc sa propre stratégie. Elle a décidé que c'est le moment de mettre le paquet.

Ah, s'allonger dans l'ombre de ce paysage impressionniste ! Mais d'abord, l'argent du prix. Juste au sommet du col, l'argent est à elle. Le reste sera une descente facile. *Concentre-toi !* s'encourage-t-elle. Elle se concentre donc sur le mouvement régulier et circulaire des pédales et sur le rythme de sa respiration, elle ignore la brûlure dans ses cuisses... Juste le sommet du col, c'est tout ce qu'il lui faut, et puis la brise fraîche et l'argent seront à elle.

Mais il fait si chaud.

Jésus a été une victime du coup de chaleur. La crucifixion, supplice favori des anciens rois de Perse et des pays de la Méditerranée, exploitait les rayons du soleil pour mener à la mort. La victime, souvent un brigand ou un agitateur politique, étant clouée à la croix et exposée à la pleine chaleur du soleil, les veines des jambes et des bras se dilataient pour rafraîchir l'organisme.

Si les jambes étaient immobilisées assez longtemps et qu'aucune contraction musculaire ne pompait le sang vers le cœur, de grandes quantités de sang s'amassaient dans les membres inférieurs enflés et le sang ne parvenait au cerveau qu'insuffisamment. C'est pour cette raison que les militaires qui montent la garde au soleil ont pour instruction de contracter et de détendre leurs orteils, pour maintenir les muscles des jambes en action. Sinon, ils peuvent s'effondrer d'un coup, ne retrouvant leurs esprits qu'une fois qu'ils se sont étalés par terre et que le sang peut de nouveau irriguer le cerveau.

Immobilisée pendant des heures sur la croix, la victime de la crucifixion sombrait progressivement dans l'inconscience, son visage pâlissait, ses rythmes cardiaque et respiratoire s'affaiblissaient et elle finissait par mourir, quand toutefois on ne hâtait pas sa fin en lui brisant les tibias, ce qui rompait très probablement les veines et les artères et entraînait une hémorragie. Une curiosité médicale de ce supplice est qu'il provoque une hypotension orthostatique et que la victime peut sembler morte alors qu'elle ne l'est pas. Mise au repos dans un endroit frais, elle peut reprendre ses esprits entièrement. Un incroyant pourrait arguer que ce fut le cas de Jésus, qui aurait ainsi pu « ressusciter d'entre les morts » après avoir été déposé au tombeau.

Dans le Nouveau Testament, une aura mystique entoure l'idée de mort par la chaleur, dont témoigne le concept de l'enfer. Le judaïsme, le christianisme et l'islam sont nés tous trois dans les sables brûlants des déserts. La chaleur insoutenable et la soif qu'on y subissait apparurent donc comme le châtiment mérité des pécheurs, alors que, pour les Vikings, pareilles températures eussent été idéales puisqu'ils imaginaient l'enfer comme un lieu froid et glacé. Plusieurs épisodes bibliques font référence au coup de chaleur, tel celui de Manassé qui mourut après avoir récolté de l'orge dans des champs surchauffés. Les Arabes appellent le coup de chaleur *siriasis*, d'après Sirius, l'étoile du Grand

Chien, qui court tout l'été derrière le Soleil. Les légions romaines, qui avancèrent en Arabie en 24 avant notre ère, furent défaites par un ennemi bien plus puissant que des armées, le coup de chaleur qui, selon les historiens anciens, « attaquait la tête et la desséchait, n'épargnant guère de victime ».

Les premiers explorateurs européens revinrent des tropiques emplis d'appréhension de la lumière même du soleil, croyant qu'elle contenait des « rayons actiniques » mortels capables de traverser le crâne. Jusqu'en 1940, l'armée britannique équipait ses unités tropicales de tampons dorsaux et de coiffures pour réfléchir les rayons fatals, créant ainsi ce symbole de la puissance coloniale britannique et de la vulnérabilité physique face à la chaleur et aux maladies tropicales qu'était le casque de liège.

Deux cents personnes en moyenne meurent chaque année aux États-Unis de causes liées à la chaleur, mais le nombre réel est sans doute plus élevé, car les vagues de chaleur peuvent porter ce chiffre à mille et même plus si l'on considère la chaleur comme un facteur déclenchant de maladie. On estime que la vague de chaleur qui sévit à Chicago en 1995 fit sept cents victimes en une semaine seulement. Durant la panne de courant et la vague de chaleur qui survinrent à New York en 1977, le nombre de morts passa de cent quatre-vingt-dix-sept, la moyenne, à deux cent trente-sept, puis deux cent quatre-vingt-dix-huit quand la température atteignit 40 °C.

Le coup de chaleur peut frapper n'importe qui. Toutefois, ses victimes d'élection sont les personnes âgées, les obèses, ceux qui sont atteints de maladies chroniques telles que les affections cardiovasculaires ou qui suivent certains traitements, et ceux qui ont bu trop d'alcool. Les gens qui vivent seuls, qui ont peu de parents ou d'amis pour s'occuper d'eux, ainsi que les habitants des étages élevés, où la chaleur s'accumule, qui n'ont pas de climatisation sont aussi des victimes potentielles du coup de chaleur. Un ventilateur offre un certain secours, mais guère au-delà de 30 °C.

Le coup de chaleur « classique » est la cause principale du décès des personnes sédentaires qui se trouvent dans un milieu surchauffé. L'autre type de coup de chaleur, celui qui est causé par l'effort physique, affecte les gens jeunes et en bonne santé, tels que les fantassins, les travailleurs des champs, les mineurs, les coureurs de marathon et les coureurs cyclistes, les lutteurs et joueurs de football ; sous la pression d'entraîneurs réels ou imaginaires, ces derniers infligent, en effet, à leurs organismes des efforts disproportionnés dans des conditions d'humidité ou de chaleur excessives ; ils sont particulièrement vulnérables s'ils n'ont pas bu assez d'eau ou ne se sont pas acclimatés, ce dernier processus exigeant en moyenne deux semaines. Le coup de chaleur figure à la troisième place parmi les causes de mortalité chez les sportifs universitaires américains. « Il n'est probablement pas d'épreuve plus grande que l'effort physique soutenu dans la chaleur », estime l'un des spécialistes du sujet.

Paradoxalement, l'organisme peut supporter des chutes considérables de sa température interne, c'est-à-dire l'hypothermie, où son métabolisme s'abaisse à des seuils extrêmes, mais il ne supporte que des élévations minimales de son métabolisme, c'est-à-dire l'hyperthermie. Les femmes résistent mieux au froid que les hommes, en raison des couches adipeuses qui les protègent, mais moins bien que les hommes à la chaleur. Les conséquences du coup de chaleur sont complexes et s'enchaînent ; dans le coup de chaleur modéré, les jambes et les pieds enflent à cause de la dilatation des veines et des artères, surtout après une longue station assise ou debout. Ensuite peuvent survenir la syncope de chaleur, caractérisée par une perte de connaissance ou des vertiges, et les crampes de chaleur qui affectent les jambes, les bras et l'abdomen et que le manque de sel ou un traitement diurétique peuvent aggraver. L'épuisement, parfois confondu avec le coup de chaleur proprement dit, mais moins grave, résulte d'une sudation excessive et se traduit par une température corporelle oscillant entre 37,7 °C et 40,5 °C, des céphalées, des vertiges, de la nausée, des vomissements, des frissons, de la faiblesse, une accélération du rythme cardiaque et une chute de la pression artérielle.

Sauf traitement par le refroidissement, le repos et la réhydratation, l'épuisement par la chaleur peut mener au stade très dangereux du coup de chaleur, où la température corporelle monte à 40 °C, voire plus. La survie dépend de la durée de l'hyperthermie et exige un refroidissement immédiat. Certaines victimes ont ainsi pu survivre à des températures très élevées ; ce fut le cas de Willie Jones, qu'on retrouva en 1980 inanimé dans son appartement d'Atlanta, avec une température de 48,8 °C et qu'on surnomma pour cette raison « la torche humaine » ; les médecins purent le ranimer par l'application de compresses glacées. Une autre victime, un jeune homme, survécut à une température de 45 °C ; ayant eu un accident mineur avec une voiture de police, il s'était empressé d'avaler un cachet de métamphétamine qu'il portait sur lui et prit la fuite ; au cours de la poursuite qui s'ensuivit, sa température monta à des degrés catastrophiques ; mais là aussi, les soins hospitaliers urgents abaissèrent sa température à 38 °C en quatre-vingt-dix minutes. Il sortit du coma au bout de vingt-six heures et quitta l'hôpital en bonne santé cinq jours plus tard. En raison de la multiplicité des facteurs physiologiques, tous les organes étant virtuellement vulnérables, la mortalité causée par le coup de chaleur est hautement variable ; elle oscille entre 10 et 80 pour cent, mais en tout état de cause les médecins conviennent unanimement qu'elle représente « l'une des véritables urgences médicales ».

Il existe des équations compliquées pour décrire l'accroissement de la chaleur corporelle, mais elles se résument à une seule vérité physiologique : si votre corps produit plus de chaleur qu'il n'en perd, il deviendra plus chaud[1]. Et si l'on n'arrête pas de produire de

---

1. $S = M - E \pm (R + C) - (\pm W)$. S représentant la quantité de chaleur emmagasinée dans le corps ; M, le taux du métabolisme basal ; E, le taux d'évaporation de la chaleur. (R + C) représente la perte de chaleur par dissipation et convection, enfin W représente le taux de dépense physique, pré-

la chaleur, par exemple en se mettant à l'ombre, en s'allongeant ou en suspendant ses contractions musculaires, on finira par imposer une épreuve excessive à son thermostat interne. La température interne se déréglera et le métabolisme cellulaire s'emballera, produisant de la sorte encore plus de chaleur. On peut alors prédire assez bien ce qui s'ensuivra : la perte de conscience, des convulsions et la mort, le corps ayant en quelque sorte fait cuire ses tissus de l'intérieur.

Pousse, pousse, pousse... Elle accélère donc autant qu'elle peut, au-delà des limites de ses concurrentes, et jusqu'à ce que la distance entre elle et les autres s'allonge comme une bande élastique, de plus en plus tendue, de plus en plus longue, jusqu'à ce que cette bande claque et que ses poursuivantes ne parviennent plus à la rattraper.

Ses cuisses musclées fonctionnent comme des bielles dans un mouvement circulaire soutenu, sa respiration se maintient à un demi-temps du cycle de ses jambes et le clic précis de la transmission qui accroche le pignon de la roue arrière lui sert de métronome. Plus de puissance, mais moins de vitesse. La côte se raidit et monte à travers les hêtres, les érables et les chênes. Le luxuriant paysage des Appalaches ne lui procure qu'une sensation passagère de lumières et d'ombres, de fraîcheur et de chaleur, comme un animal percevrait la forêt s'il galopait à travers.

Elle ne pense qu'au rythme de ses jambes, à la synchronisation subtile des pignons, à la profondeur de ses inspirations. Clic, sa jambe se détend et pousse la pédale, le mouvement des bielles se poursuit, mais la

cédé du signe +, l'énergie physique investie dans un système externe, et du signe –, l'énergie physique absorbée par le corps. Les valeurs de W sont généralement minimales en comparaison avec M (d'après *Sports Medicine and Physiology*, R.H. Strauss, éd., p. 137).

bicyclette avance plus lentement et tout le corps de la cycliste se tend dans la conquête de la côte. La sueur s'accumule en ruisselets. Toutes les neuf secondes, chacune des deux millions de glandes sudoripares de la cycliste, de petits tubes tortillés qui mesureraient chacun un mètre vingt si on les étirait, se contracte brusquement et exsude par les pores quelques gouttes de liquide puis se recharge ; chaque heure, ces glandes libèrent quelque deux litres de sueur composée à 99,5 pour cent d'eau, le reste étant constitué de sels dissous. Elle boit périodiquement à la bouteille accrochée au cadre de sa bicyclette, mais le corps ne peut absorber plus d'un litre par heure de l'eau contenue dans l'estomac, quelle que soit la quantité qu'on y déverse. Même en buvant abondamment, la cycliste se déshydrate donc lentement.

Par un temps plus frais, la chaleur supplémentaire du corps se dissiperait dans l'air circulant sur la peau, c'est-à-dire par convection, mais avec une température supérieure à 35 °C, la transpiration constitue pour l'organisme le seul moyen d'abaisser sa température. Si notre cycliste était tout simplement assise au repos, elle s'échaufferait de quelque deux degrés par heure, du fait de son propre métabolisme, si elle n'avait pas de quoi se rafraîchir. Pendant le sommeil ou l'éveil, qu'il soit en activité ou non, le cerveau seul produit autant de chaleur qu'une lampe de 15 à 20 watts. En pédalant, notre cycliste atteindrait en dix à douze minutes le point où elle risquerait le coup de chaleur, si la sueur sur sa peau ne s'évaporait pas, dissipant en grande partie sa chaleur corporelle. Cela à supposer, évidemment, que la sueur s'évapore facilement, ce qui n'est pas assuré par une pareille journée.

Elle pédale donc. Sa température interne se situe dans les limites de la « fièvre d'effort », c'est-à-dire celle que le corps peut atteindre sans risques au cours d'un effort ardu et prolongé. Chez un athlète entraîné, cette zone se situe entre 37,7 °C et 40 °C ; ces températures furent enregistrées chez des athlètes au terme du mara-

thon de Boston, en 1903. La frontière est cependant
ténue entre la fièvre d'effort et le coup de chaleur.

À chaque coup de pédale, la température de la
cycliste augmente d'une fraction de degré et sa physiologie s'adapte pour l'abaisser. Son corps entier fonctionne comme un radiateur d'auto. Elle éprouve une
compression au poignet, à l'endroit où son bracelet-
montre lui serre la peau. Sous celle-ci, les vaisseaux
sanguins se sont dilatés pour véhiculer le sang chaud
qui vient des muscles au travail et des organes surchauffés, afin de le refroidir à la surface de la peau
rafraîchie par la sueur. L'afflux sanguin à l'extrémité de
ses doigts est cent fois supérieur à ce qu'il serait en
hiver. Les capillaires de la surface entière de sa peau
sont capables de se dilater au point que, pour les remplir, il faudrait y déverser jusqu'à huit litres de sang par
minute. Pendant ce temps, son cœur pompe furieusement le sang pour les remplir.

La route vire à gauche, puis à droite, et la côte
devient de plus en plus raide. Les pignons cliquettent et
elle passe le dérailleur en vitesse inférieure. Ce n'est pas
encore assez bas. Ses cuisses brûlent. Son rythme passe
de quatre-vingts à soixante, puis à cinquante révolu-
tions par minute. *Tiens bon*, se dit-elle sans cesse, *tiens
bon*. Elle se met debout sur les pédales pour faire pression de tout son corps. Une buée de chaleur ondoie et
miroite par flaques sur la chaussée tandis que sa bicyclette rampe à l'assaut de la côte. Elle voudrait entendre
ses pneus déchirer ces flaques d'eau et sentir les goutte-
lettes lui rejaillir au visage, mais en vain.

C'est la sueur qui ruisselle sur son corps et tombe
en taches étoilées sur l'asphalte noir. Quand l'humidité
relative de l'atmosphère dépasse les 75 pour cent et
atteint la zone des 90 pour cent, seule une très petite
quantité de sueur peut s'évaporer, surtout en l'absence
d'une brise qui ferait circuler beaucoup d'air sur la
peau. Ce défaut d'évaporation a provoqué la mort de
trois lutteurs de collège et d'université américains au
cours de trois accidents distincts à l'automne de 1997.

Ils s'étaient vêtus de combinaisons imperméables pour pratiquer des exercices intensifs, afin de perdre rapidement du poids et pouvoir s'inscrire dans des catégories inférieures. De la même façon, quand elle est en vitesse inférieure et qu'elle progresse à peine sur la côte, notre cycliste ne bénéficie plus de la brise qu'engendrerait son avance sur une pente plus douce. Ses glandes sudoripares fonctionnent frénétiquement, mais son système de refroidissement a perdu presque toute son efficacité en raison de la forte humidité de l'air, de la chaleur et du manque de brise.

Elle se sent écrasée par la chaleur de l'intérieur et de l'extérieur. Même les tronçons de route à l'ombre sont brûlants. Si elle avait suivi l'avis de son entraîneur et qu'elle était venue deux semaines auparavant pour s'acclimater aux torrides Appalaches, son corps aurait appris à déclencher la sudation à des températures inférieures, au lieu de le faire à un degré déjà trop élevé. Après plusieurs semaines dans un climat chaud, le corps s'accoutume, en effet, à la température et produit deux fois et demie plus de sueur qu'auparavant.

Elle traverse une agglomération de quatre ou cinq maisons délabrées, aux murs de planches vermoulues et aux tuiles goudronnées disjointes, avec des épaves d'autos dans la cour. Des familles en T-shirts et jeans graisseux, installées sous les porches, la regardent passer dans son short de Lycra bleu marine et noir et son maillot de jersey moulant, filant sur son engin en alliage de titane. Ils la fixent du regard, comme ces lézards qui ne cillent pas et se protègent de la chaleur de midi à l'ombre d'un rocher.

Elle dépasse un panneau routier à la tôle criblée de trous de balles rouillés, qui annonce « 25 milles à l'heure », puis une roulotte abandonnée sur le bord de la route, dont les portes pendent sur des gonds cassés. Sa température a dépassé la limite de la fièvre d'effort et atteint 40,5 °C. Là, elle entre dans la zone crépusculaire où l'attention défaille, où les émotions sont volatiles et où l'irritabilité s'instaure. Cette roulotte abandonnée, dont le vernis métallique passé scintille au soleil, l'exaspère. *Quel gaspillage dans ce pays d'abondance*, songe-t-elle, ce n'est pas comme chez elle, où tout est utilisé et réutilisé et puis encore réutilisé.

Ayant dépassé la roulotte, elle se dit qu'elle arrachera l'argent à ce pays, oui, et puis elle s'en ira. La lumière filtre à travers les frondaisons, comme si les arbres de la forêt se clairsemaient. Le peintre impressionniste a enrichi sa palette de touches plus vives de jaune et de vert. Elle sent que le terrain ondule, monte et descend comme le dos d'un dauphin qui fait surface et puis replonge dans l'eau fraîche. Un tournant, puis un autre, elle ne peut plus être loin. Tout son corps lui fait mal. Elle est en hyperventilation, et les grandes goulées d'air qu'elle aspire ne semblent lui fournir aucun oxygène. La route s'engage dans un défilé, puis un autre virage. Elle sort de la forêt impressionniste, mais elle n'est pas encore au sommet, il doit se trouver à un kilomètre de là, peut-être deux. Il semble qu'un gigantesque couteau de peintre ait raclé les riches pigments verts : elle aborde une vaste côte de terre rougeâtre sur laquelle des troncs d'arbre bruns se dressent jusqu'à la crête dénudée. Des vagues de chaleur déferlent du haut de cette terre rouge. Le ruban d'asphalte noir rampe en une courbe sinueuse jusqu'en haut. Une eau rougeâtre déferle dans le fossé le long de la route, comme une rigole de sang de la terre. Pourquoi ont-ils fait cela ? Comment ont-ils pu lui faire cela *à elle* ? Elle est arrivée jusqu'ici, elle avait presque fini et maintenant ils ont jeté devant elle cette étendue de chaleur crue, d'effort et de douleur. Elle a envie de se laisser tomber de la bicyclette et de se rouler en boule, comme si elle avait deux ans.

Concentre-toi ! se dit-elle. *Continue ! Tu peux y arriver !* Elle se représente sa grand-mère échevelée courant de chambre en chambre dans leur petit appartement. Elle jette un coup d'œil par-dessus son épaule et vers le bas de la montagne. À deux virages plus bas, elle repère un éclat de soleil sur une surface de métal poli. Quatre

coureuses avancent en ligne droite. Elle les reconnaît
à leurs maillots, ce sont l'Italienne, la Française et la
Colombienne plus une Allemande qui peine à les suivre.
Même d'ici, elle voit bien qu'elles vont vite, elle voit la
force avec laquelle elles appuient sur leurs pédales et la
détermination acharnée de leur contre-attaque.

Pousse... Pousse... Pousse... Juste au sommet. Elle
entend son entraîneur. « Arrive là-haut et la course est
à toi, sinon les autres te doubleront et, toi, tu ne les
rattraperas jamais. Tu n'auras *rien*. »

Elle presse sur ses pédales et la bicyclette oscille
sous son corps tandis que la route entame l'étendue
aride de terre rouge. La chaleur humide manque l'étouf-
fer. Elle passe péniblement devant une enseigne vantant
les produits de la corporation de l'industrie du bois qui
a déboisé ce sommet : « Nous faisons le meilleur usage
des forêts de votre pays. » Des douzaines de trous de
balles en ponctuent le métal épais comme si celui-ci
avait été mitraillé dans une rage irrépressible.

Elle n'est pas sûre qu'elle va y arriver. Elle se sent
toute faible. Des nœuds douloureux se sont formés dans
ses biceps, ses cuisses et son abdomen. Ce sont des
crampes de chaleur, dues sans doute à ce qu'elle a
perdu trop du sel de ses cellules. Son cœur bat par
grandes et puissantes contractions d'athlète, mais il ne
pompe toutefois pas assez de sang pour remplir les
artères et les veines dilatées et fournir assez d'oxygène
à ses muscles. C'est comme si ses artères étaient des
ballons attachés à une seule canalisation et que la pression dans celle-ci n'était pas suffisante pour les remplir
toutes à la fois. Le flux sanguin vers le haut du corps et
la tête est en train de baisser. Sa vision s'obscurcit et
devient floue à la périphérie ; des mouches lumineuses
envahissent son champ de vision. Un frisson lui parcourt le corps, les poils se hérissent sur ses avant-bras
couverts de chair de poule. Sa bicyclette commence à
osciller de façon chaotique sur la chaussée, tandis que,
penchée sur le guidon, elle continue maladroitement à

pédaler, de façon saccadée. Sa tête va éclater et la nausée la saisit, signes de l'épuisement de chaleur.

Elle ne peut pas se mettre en roue libre, ses plateaux sont bloqués au maximum, et elle essaie donc de vaguer de droite à gauche sur la route pour rendre l'ascension un peu moins pénible, comme le font les enfants quand ils gravissent une côte, mais elle ne tient pas sa bécane et, une fois de plus, elle oscille comme si elle était ivre et ne parvient pas à garder son équilibre. Elle n'ose pas regarder en arrière, elle n'a même plus la force de le faire. Dans la chaleur, la souffrance et la transpiration mélangées, elle atteint le sommet tandis que ses poumons hyperventilés exhalent des gémissements pareils à ceux d'un animal. La route culmine. La douleur dans les cuisses, les bras, le dos et le cou disparaissent comme par enchantement. Des bouquets d'arbres ombreux s'échelonnent sur la descente, comme une cascade de fraîcheur. La route plonge dans les détours au travers de ces espaces ombragés. Elle sait qu'elle devrait rétrograder pour la descente, mais elle ne se rappelle pas comment actionner le dérailleur. Sa grand-mère, toujours échevelée, se tient plus loin sur la route, lui indiquant ces nappes d'ombre, vers le finish, vers ce flot d'argent américain, juste au bas de cette colline. Elle se dirige exactement vers le point que lui a indiqué sa grand-mère. Bizarrement, il n'y a personne au finish, alors qu'elle sait qu'elle a franchi la ligne. La victoire et l'argent sont à elle, oui, à elle, mais la route elle-même a bifurqué et voilà que sa bicyclette bute dans un talus. Et c'est le noir.

Ç'aurait été différent si elle était tombée à l'ombre. Alors que, là, étalée près d'un buisson de rhododendrons, la bicyclette sur elle, le soleil chauffe ses bras et ses jambes, et sa chaleur est captée par son short, son maillot bleu marine et noir et son soutien-gorge de sport noir.

Les contractions musculaires génératrices de chaleur ont pris fin, mais son corps continue de chauffer, de l'intérieur et de l'extérieur. Le soleil sur la peau d'un humain à demi nu peut ajouter une chaleur équivalente à l'effort de la marche, soit quelque deux cent cinquante calories par heure. Rien que d'être assis suffit à produire cent calories. Cela signifie que, si une personne de soixante-quinze kilos à demi nue est assise au soleil, que ce soit sur une plage ou sur les Appalaches, elle n'a d'autre recours pour dissiper sa chaleur que la transpiration, une brise fraîche, une plongée dans la mer ou tout autre élément de cet ordre, sans quoi sa température montera d'un degré toutes les dix minutes et elle atteindra dans l'heure le point de déclenchement du coup de chaleur, soit plus de 40 °C.

Mais la fournaise de la cycliste est beaucoup plus intense que si elle était simplement assise. Son métabolisme cellulaire s'accélère de telle sorte que, à 40 °C, la transformation de ses réserves en énergie est de moitié plus élevée qu'à la température normale de 37 °C. Et cette activité ajoute à la chaleur qui s'amasse dans son corps.

Bien que la sueur luise sur sa peau, la forte humidité en empêche l'évaporation qui la rafraîchirait. Allongée dans le coma sous le soleil chaud, sa température monte au-delà du point d'épuisement par la chaleur et atteint le seuil du coup de chaleur. Les défaillances de ses systèmes organiques sont si profondes et si diverses qu'elles deviennent impossibles à suivre.

40 °C... 41,1 °C... Des convulsions agitent les muscles de ses membres et son torse.

41,6 °C... 42,2 °C... 42,7 °C... Elle vomit à plusieurs reprises et ses sphincters se relâchent.

43,3 °C... 43,8 °C... La chaleur commence à détruire ses cellules. Les protéines fondent et les mitochondries, qui sont la centrale d'énergie des cellules, se détériorent, de même que ses tissus musculaires. La chaleur déchire également les fins tubules de ses reins et tue les cellules du foie. Elle enfle les dendrites de son cervelet, la partie du cerveau qui contrôle les contractions musculaires et annihile les cellules de Purkinje, qui sont le siège de la pensée. Elle déclenche une hémorragie dans tout le corps, y compris dans le cœur et les poumons, et elle endommage le revêtement intérieur des artères. Son système circulatoire réagit comme si ses artères avaient été sectionnées et déclenche les mécanismes de coagulation. Son sang commence donc à se figer dans ses artères et ses veines. Elle vomit de nouveau et, cette fois, ses vomissements sont sanglants. Ses parois intestinales se perforent et les toxines des bactéries digestives mortes se répandent dans le sang, ce qui peut déclencher un choc septique chez certaines victimes du coup de chaleur. D'autres meurent de défaillance cardiaque, sans doute à cause des dommages infligés par la chaleur au muscle cardiaque. La série des lésions organiques causées par le coup de chaleur se poursuit. Les autopsies des victimes révèlent des dommages dans presque tous les organes. Déjà comateuse, vomissant du sang, secouée de convulsions, ses épaules se couvrent de taches hémorragiques. Ce qui se produit dans son corps est comparable à la fusion d'un cœur de centrale nucléaire. Mais il existe un mécanisme de protection que la nature lui a accordé sous cette attaque massive de la chaleur : elle est inconsciente et ne se rend pas compte de ce qui lui arrive. Et si on la ranimait, elle ne se souviendrait de rien.

À peine plus de trois minutes après sa chute, les coureuses italienne, française et colombienne passent en ligne, bien disciplinées, débarrassées de la concurrente allemande. Elles se demandent toutes trois où l'autre cycliste est passée, chacune d'elles redoublant d'efforts pour la rattraper. Toutefois, dans cette poussée, c'est chacune pour soi.
Les dérailleurs cliquettent en succession précise

quand les trois coureuses parviennent au sommet et redescendent dans le bourdonnement des roues et le sifflement des roulements à bille, fonçant avec une telle ardeur dans la poursuite de l'Européenne de l'Est que les dérailleurs accrochent presque la chaussée. Leur passage ébouriffe les buissons le long de la route et la brise rafraîchissante court sur leurs corps en nage.

Elles ne la voient pas, allongée dans les buissons. Le seul espoir pour elle serait maintenant qu'elle soit soumise à un refroidissement immédiat et radical. D'habitude, cela se fait par l'application de sacs de glace ou l'immersion dans de l'eau froide ou, mieux encore, de la vaporisation d'eau sur la peau. Des militaires, victimes de coups de chaleur, ont été traités sur les lieux avec succès par la ventilation du rotor d'un hélicoptère au-dessus d'eux. Pourvu que l'hospitalisation et le traitement soient rapides, beaucoup de victimes du coup de chaleur ont désormais des chances de survivre, mais, là aussi, les statistiques varient considérablement quant au nombre des rescapés et, parmi ceux-ci, à l'étendue et la permanence des lésions organiques ou cérébrales. Une étude peu encourageante sur cinquante-huit victimes d'un coup de chaleur classique, hospitalisées à Chicago en 1995, montre que la moitié d'entre elles ont souffert d'insuffisance rénale, que 21 pour cent sont mortes à l'hôpital, que 33 pour cent ont révélé à leur sortie d'hôpital des « infirmités modérées ou sévères » et que, un an plus tard, 28 pour cent des rescapés étaient morts ; l'état des survivants ne s'était pas amélioré.

Dix-huit minutes après avoir atteint le sommet du col, la coureuse italienne gagne la course au finish. Elle file sous une bannière flappie et des applaudissements épars et s'arrête enfin dans un village lové au fond de l'étroite vallée. Elle ne se rend d'abord pas compte qu'elle a gagné la course, croyant que, par un effort surhumain, c'est l'Européenne de l'Est qui a franchi la première la ligne d'arrivée.

Personne ne s'avise de l'absence de cette dernière

lors de la cérémonie de remise du prix, qui a lieu une heure après l'arrivée des dernières coureuses et toutes se demandent : « N'était-elle pas en tête ? Où est-elle passée ? » Le directeur de la chambre de commerce régionale tend le prix à la gagnante. Quelques hommes politiques locaux prononcent une brève allocution, mais les habitants du coin se sont alors repliés sous leurs porches ou dans leurs roulottes climatisées et les hommes politiques ne trouvent guère grande audience. Le bénéfice économique pour la région a été quasiment nul, si l'on excepte l'argent dépensé dans quelques motels et restaurants au siège du comté. Quant à l'Italienne, elle se propose d'investir l'argent du prix dans l'achat d'une nouvelle voiture de sport.

À la fin de l'après-midi, le shérif convoque quelques habitants propriétaires de chiens dressés à traquer les ratons laveurs et il les conduit en pick-up sur la route, là où l'on a vu pour la dernière fois la coureuse disparue. Les chiens se dispersent, flairant la chaussée. Au soir, la température est tombée à quelque 30 °C, ce qui est relativement frais. Le disque orange du soleil sombre derrière les crêtes pourpres quand la cycliste est enfin retrouvée près du buisson de rhododendrons. Les fournaises nucléaires du soleil disparaissent de l'autre côté de la terre, l'adjoint du shérif prend le bras de la cycliste pour tâter son pouls et lui trouve le corps toujours chaud au toucher.

7.

La chute
ou
le royaume du vertical

Ses membres déployés cherchent des points d'appui sur la face rocheuse et le font ressembler à une araignée géante : les doigts de la main gauche sont tendus et agrippent un moignon de roche, la jambe gauche fait un grand écart pour accrocher de sa chaussure d'escalade un angle rocheux ou un petit rebord, le pied droit est fourré dans une fissure verticale. Ce sont là des points d'appui sûrs. Le problème, c'est sa main droite. Elle essaie d'attraper un relief pareil à un chapeau de champignon, à une soixantaine de centimètres de sa tête. S'il réussit ce mouvement, qui est le point névralgique de l'escalade, il y est. Le sommet, pas de problème.

Il n'a pas de corde. En plus de son paquetage et d'un petit sac de craie accroché à sa hanche, dans lequel il plonge ses doigts pour sécher la sueur, il ne porte qu'un T-shirt jaune, et un ample pantalon noir extensible de coton Lycra qui s'arrête au mollet, comme le pantalon de vagabond de Tom Sawyer. Ses pieds sont chaussés de l'élément essentiel de son équipement : des chaussons d'escalade aussi délicats et ajustés que les escarpins de Cendrillon, et dont la semelle est recouverte d'un caoutchouc collant spécial pour adhérer à la roche.

Tenant fermement ses trois points de contact, les deux pieds et la main gauche, il étend la main droite vers le chapeau de champignon. Tendus au maximum, ses doigts manquent la cible d'une douzaine, peut-être d'une quinzaine de centimètres. Il a besoin d'un peu plus d'extension. S'il ramène son pied gauche vers lui, son corps prendra une posture plus verticale et cela suffira à lui fournir les quelques centimètres de portée en plus pour sa main droite.

Il dégage donc prudemment son pied gauche du rebord et le ramène sous lui, le laissant pendre dans le vide. Il inspire profondément et étend de nouveau sa main droite. Toujours pas assez loin. Il ne s'était pas attendu à ce que la manœuvre fût si difficile ; sans doute s'est-il écarté du circuit habituel des grimpeurs sur cette face-là. Il se ressaisit, la jambe gauche pendant toujours au-dessous de lui. Les doigts de sa main gauche commencent à se fatiguer. Son pied droit, avec le bout de la chaussure d'escalade coincé dans la fissure, supporte la plus grande partie de son corps. Ça commence à brûler. Il va falloir qu'il fasse quelque chose. Rapidement.

Il évalue ses options. Ce qu'il a vraiment besoin de faire est un mouvement dynamique, ce qu'en varappe on appelle un « dyno », c'est-à-dire un mouvement qui exige un total engagement. Là, le grimpeur lâche tous ses points d'appui et, sans rien pour le supporter, il fait un bond contrôlé, comme un écureuil qui change de branche. Le dyno n'est pas énorme et l'appui est grand, simple à attraper lors du bond. Il sait qu'il peut y arriver aisément. Ou du moins il le pourrait sur le mur de varappe artificiel de la salle d'entraînement de son gymnase, où il ne risquerait qu'une chute d'un mètre ou deux. Ou bien s'il avait une protection, c'est-à-dire s'il était attaché à un autre grimpeur bien ancré sur le roc et capable d'arrêter immédiatement une chute en resserrant la corde de sécurité dans cette manœuvre qu'on appelle un « assurage ». Mais il n'est pas dans la salle d'entraînement, et il n'y a ici personne pour faire un assurage. Il regarde en bas les alpages de la vallée, les buissons et les taches de fleurs sauvages jaunes et bleues. Rien que deux rebords étroits et cinquante mètres entre le sol et le point où il se trouve. Il n'est vraiment pas haut. Mais il est quand même très haut s'il fait un faux mouvement.

Il va probablement y arriver. Il estime qu'il a 60 pour cent de chances. En affaires, il suit la règle des 60 pour cent : s'il estime qu'il dispose de ce pourcentage de succès, il fonce et tant pis pour les conséquences. Il travaille dans le secteur des acquisitions et il est grassement payé par des investisseurs qui veulent mettre la main sur de gros paquets d'actions pour s'emparer d'une société vulnérable, la restructurer, licencier des employés, « redimensionner » l'affaire et la vendre « par appartements » pour en tirer un maximum d'argent. Dans son domaine, les 60 pour cent sont risqués ; c'est de la flibuste, mais c'est néanmoins raisonnable. Après tout, ce ne sont ni son argent ni son poste qu'il perd dans la tentative.

Là, c'est différent ; il s'agit de sa vie.

Il regarde de nouveau le chapeau de champignon. Un dyno à cinquante mètres du sol, sans protection. C'est une tentative de *loser*, il le sent bien dans ses tripes. Il existe dans le monde deux types d'humains, les gagnants comme lui et les *losers*, qui constituent 95 pour cent de la population. Les gagnants savent quand il faut aller de l'avant et quand il faut rester sur ses gardes, car, pour rester un gagnant, il faut parfois savoir rester aussi sur ses gardes. Il le dit tout le temps à ses clients. Quant aux perdants, ils n'ont que ce qu'ils méritent, parce qu'ils ont fait de fausses manœuvres. Des manœuvres comme celle-ci.

Renoncer. C'est ce qu'il faut faire. Descendre sur un rebord ou même le sol et essayer de reconnaître une autre voie. Ou bien laisser tomber la varappe ce week-end. Lundi, au bureau, il racontera aux collègues sa tentative ratée avec la paroi. Ils savent combien il est costaud, physiquement, mentalement, de toutes les façons qui comptent. Ils ont bien vu comment il a fait le siège de l'équipe de direction d'une compagnie qu'il fallait acheter alors que personne d'autre n'avait eu le cran de le faire. Ils savent fichtrement bien qu'il ne renoncerait pas sans de bonnes raisons. C'est une escalade libre du niveau 5.9 qu'il est en train de faire. Il leur fera bien comprendre que l'escalade libre en solo est la plus risquée de toutes.

Il n'existe pas de filets de sécurité en escalade libre en solo. Dans l'escalade assistée, celle qui impose les équipements les plus lourds, on rive divers types de crochets dans les fissures de la roche, ou bien on les fixe par plusieurs sortes de boulons, de cames, de pitons, d'écrous, et on y attache des cordes et des nœuds coulants qui servent de supports aux mains et aux pieds, afin de former une sorte d'échelle sur la face rocheuse.

En escalade libre, on s'accroche aux aspérités naturelles de la roche ; on peut facilement glisser, mais l'on dispose alors d'un système de sécurité constitué d'ancrages et d'assurages. Une seule personne à la fois entreprend l'escalade, de telle sorte que chacun puisse retenir l'autre en cas de chute.

Dans l'escalade libre en solo, on ne dispose d'aucun de ces systèmes de sécurité, pas de cordes, ni d'ancrages, ni d'assurages ; on est seul en face de la paroi rocheuse avec son adresse et sa capacité d'estimation. C'est de loin le type d'escalade le plus risqué ; c'est aussi le plus rare et ceux qui la pratiquent représentent un groupe à part.

Oui, il leur fera bien comprendre tout ça au bureau et il leur expliquera, avec ses connaissances et son expérience, le système de classement des escalades, afin qu'ils saisissent la gageure qu'il relevait. Un parcours plat est classé 1.0. Un parcours 2.0 est celui qui comprend l'ascension d'une colline. Sur un parcours

3.0, le terrain est devenu assez escarpé pour qu'il soit nécessaire de se hisser çà et là à la force de ses bras. Avec un parcours 4.0, on entre dans le domaine de l'escalade proprement dite, et on recourt à des appuis pour les mains et pour les pieds, bien que la surface puisse être quasiment verticale. C'est avec les escalades de niveau 5.0 qu'on aborde véritablement le royaume du vertical, celui des araignées et des parois abruptes ; les escalades sont graduées selon leur difficulté de 5.0 à 5.10, la « cinq-dix ». Toutes les escalades du niveau 5.0 et au-dessus ressemblent à l'escalade pure et simple de la paroi d'une façade d'immeuble, la différence résidant dans la texture de cette façade, dans l'espacement des appuis des mains et des pieds, ainsi que dans l'effort d'extension, d'agilité, de force et d'innovation qu'elles exigent.

Depuis quelques années, l'escalade de compétition a donné naissance à des épreuves internationales et les talents des grimpeurs ont rendu l'ancienne classification désuète. On y a ajouté d'autres niveaux pour définir des escalades extrêmement difficiles où les amateurs s'accrochent par la seule force de leurs doigts et de leurs semelles collantes à de minuscules aspérités de la paroi rocheuse. Les grimpeurs évoquent souvent des singes quand on les voit pendre à des centaines de mètres au-dessus du sol. Il existe désormais des escalades de niveau 5.10 qui sont graduées de a à d, et ces lettres sont elles-mêmes nuancées de signes + et − selon les difficultés. Au-dessus, il existe des escalades de niveau 5.11, les « cinq-onze ». Le système et les talents requis atteignent actuellement le niveau 5.14 d, le plus difficile qui ait jamais été entrepris et « passé au rouge », c'est-à-dire réalisé sans tomber ni recourir à aucun équipement artificiel. Cela s'appelle « grimper net ».

Il effectue donc une escalade 5.9, qui n'est pas tellement difficile pour un amateur moyen dans la plupart des conditions. Mais il la fait en solo, et une escalade en solo de niveau 5.9, sans corde, sans protection, sans rien entre lui et le sol dur, sinon sa technique et la confiance de fer qu'il a en lui-même, ça, c'est corsé. Rien que le fait de l'avoir tentée ajoutera certainement à sa réputation légendaire d'avoir des *cojones*, qui l'a si bien servi professionnellement quand il fallait intimider des hommes d'affaires. Mais il y a d'autres raisons que le défi pour lesquelles il aime l'escalade. Il aime le sentiment de solidité de la roche sous ses mains et ses pieds et les différences de texture et de structure, les roches rugueuses et celles qui sont lisses, les rebords et les fissures et les systèmes élégants des failles verticales. Il aime résoudre les problèmes intellectuels complexes pour trouver un chemin jusqu'au sommet, il aime l'organisation mentale des appuis pour les extrémités, pareille à une chorégraphie, il aime la force animale et souple de ses bras et de ses jambes quand il attaque la façade avec sa force, sa grâce et son intelligence, quand il domine cet obstacle massif animé par une impulsion inexprimablement profonde, surgie des profondeurs mêmes de la terre. Dans ces moments-là, il est le maître de la roche.

Oui, lundi il racontera cette escalade à ses collègues et surtout à Antoni. Il la leur fera entrer dans la cervelle. Ce crétin d'Antoni avait promis de venir faire de la varappe avec lui ce week-end et, s'il l'avait eu avec lui, il n'en serait pas là, avec ses doigts qui s'engourdissent dans leur prise, il n'en serait pas à mijoter un bond vers le chapeau de champignon. Il aurait tout simplement bondi et, s'il avait échoué et dégringolé le long de la paroi, il aurait crié : « Je tombe ! » ; le harnais se serait soudain resserré autour de sa taille parce qu'Antoni aurait tendu la corde et l'aurait donc rattrapé après une chute d'un mètre ou deux seulement. À supposer qu'Antoni eût été vigilant. Il n'avait jamais vraiment fait confiance à ce type. Mais voilà, Antoni avait téléphoné le vendredi soir pour se décommander, parce qu'il voulait passer le week-end avec sa femme et sa fille. Qu'il aille se faire foutre. Antoni ne réussirait à rien. Rester en compagnie de sa femme et de sa fille, vraiment ! Antoni avait rejoint les rangs des *losers*.

Il entreprend sa descente, explorant la paroi du bout de son pied baladeur. *Renoncer*, oui, il n'en mourra pas. Il est aussi fort qu'il l'a toujours été. Il entend le bruit que fait sa semelle de caoutchouc frôlant la paroi de granit, comme un chien qui gratte une porte fermée. *Où est donc ce rebord gauche ?* Il penche la tête pour voir. Voilà, il est un peu plus haut et plus loin qu'il ne se le rappelait. Il tend la jambe gauche, et le pantalon noir s'étire aussi sur son quadriceps noueux. Il ne parvient pas à bien poser ses orteils sur l'appui. Dans tous ses mouvements, son orteil droit a, en effet, glissé de quelques centimètres en dehors de la fissure où il l'avait calé. Il se trouve donc légèrement plus bas sur la paroi et ne peut atteindre ce rebord à gauche. Il se rend soudain compte qu'il est bloqué. Il ne peut pas monter. Il ne peut pas descendre. Il ne tient que par deux points de contact, la main gauche et le pied droit, comme une porte de grange pendue sur deux gonds, et cela à cinquante mètres au-dessus du sol de la vallée. « Merde ! » murmure-t-il, tendant de nouveau la jambe pour atteindre le rebord.

Une première vague de panique l'envahit. Son rythme cardiaque bondit d'un coup à cent soixante battements par minute. Son genou droit, qui supporte la plus grande partie de son poids, commence à trembler, tressautant rapidement de haut en bas. Les grimpeurs appellent cela le « syndrome de la machine à coudre » ou « la patte d'Elvis ». Tendu par la peur, il prend appui sur les orteils droits avec plus de force qu'il ne faudrait et contracte fortement les muscles de sa cuisse droite. Quand il essaie de les détendre, toutefois, les muscles se mettent en extension et cela accroît leur tension, déclenchant ainsi le réflexe musculaire de contractions et détentes successives saccadées qu'on appelle le clonus. *Clac, clac, clac*, fait le genou droit, comme une vieille machine à coudre Singer engagée dans la couture d'un interminable ourlet ou comme Elvis Presley tressautant sur les pointes de ses pieds dans des bottes noires. Ses doigts s'ankylosent. Il sent que leurs extrémités perdent prise sur la petite aspérité rocheuse. À moins qu'il ne fasse rapidement quelque chose, il va tomber de la paroi. Pas de corde, pas de protection. Une seconde vague de panique le parcourt. Son rythme respiratoire, qui était de vingt-quatre cycles par minute quand il a commencé l'escalade, bondit à quarante et se change en halètements de peur. De sa jambe libre, il explore toujours la paroi à la recherche d'un rebord. Rien. Il faut qu'il fasse quelque chose *et vite*. Il pèse fortement sur son bras gauche, l'unique appui qu'il ait, afin de remonter son corps et de pouvoir atteindre l'appui pour son pied.

C'est alors qu'il réalise que ses doigts lâchent prise.

La plus longue chute à laquelle un humain ait survécu fut de 10 450 mètres, à peu près équivalente à la hauteur d'un immeuble de trois mille étages. Ce fut celle de l'hôtesse de l'air Vesna Vulovitch quand le DC-9 dans lequel elle se trouvait explosa le 26 janvier 1972 et que la section de queue de l'appareil, où elle était, tomba au-dessus de ce qui est actuellement la République tchèque. Vient ensuite, dans la série des chutes épiques, celle de Nicholas Stephen Alkemade, un canonnier de la Royal Air Force, qui s'élança sans parachute hors d'un bombardier anglais en flammes au-dessus de l'Allemagne, dans la nuit du 24 au 25 mai 1944. Il tomba de 6 000 mètres – *sans parachute*. Ce qu'il se rappela de cette longue chute dans une nuit étoilée et glaciale fut le sentiment de reposer confortablement sur des coussins et d'avoir échappé à l'enfer de l'appareil en flammes. Son seul regret était de n'avoir pu faire ses adieux à sa bien-aimée, Pearl, qui l'attendait à Loughborough. Le parcours aérien d'Alkemade s'acheva brutalement quand il traversa des branches de sapins à une vitesse estimée à deux cents kilomètres à l'heure, la vitesse maximale que peut atteindre un corps en chute libre, quelle que soit la hauteur dont il est tombé, en raison de la résistance accrue de l'air. Il chut dans un épais sous-bois enneigé. Trois heures plus tard, il reprit conscience ; il était brûlé, il avait très mal et il était incapable de marcher ; il tira donc une cigarette de son paquet aplati, l'alluma et souffla dans son sifflet de détresse, trop heureux d'être capturé comme prisonnier de guerre. Les Allemands retrouvèrent quelques jours plus tard son parachute dans l'épave de l'avion et vérifièrent l'incroyable récit d'Alkemade, ils lui serrèrent joyeusement la main et, avec forces claques dans le dos, lui souhaitèrent de pouvoir raconter son aventure à ses petits-enfants.

La conquête de la gravité est une métaphore universelle pour définir la réussite : nous parlons de l'émergence des civilisations, des maisons royales, des grands talents ; nous parlons du jaillissement de la joie ; et tout aussi universellement, nous parlons de la chute pour indiquer la déception et l'échec, qui procèdent souvent d'un orgueil excessif et d'une intervention présomptueuse dans les desseins des dieux. Satan est tombé du ciel, Adam et Ève de la grâce de Dieu, Icare a volé trop près du soleil, le royaume des dieux, ce qui fit fondre la cire qui tenait les plumes de ses ailes. « Il est coutumier que les dieux rabaissent toutes choses qui furent d'une grandeur inégalée », écrit Hérodote.

Notre perception du monde est si profondément imprégnée par la gravité et la perspective de la chute que cela procède sans doute de notre physiologie. Les humains apprennent dès leur âge le plus tendre à maintenir un équilibre précaire sur deux points d'appui, leurs pieds. Le danger d'une chute ne nous quitte jamais, de l'instant où nous sortons du ventre maternel jusqu'à celui où nous entrons dans celui de la terre. Nous pouvons tomber des toits, des arbres, des maisons, des échelles, des ponts, des montagnes, des escaliers, des bicyclettes, des voitures, des chevaux, des chariots, des avions ; nous pouvons glisser dans la baignoire, sur des sols mouillés, et nous pouvons retomber sur la terre, la pierre, le bois, le béton, l'eau et, pour

ceux qui ont de la chance, des filets, des matelas, de la
paille ou pendre au bout d'une corde d'alpiniste.

La gravité nous poursuit sur toute la terre, bien
qu'elle soit d'environ 5 pour cent plus forte aux pôles
qu'à l'équateur, où l'on se tient en quelque sorte sur le
bord externe d'un carrousel au lieu d'être au centre, et
où l'on subit une légère poussée centrifuge. Contrairement à la légende, Galilée n'a pas jeté des poids du haut
de la tour penchée de Pise, mais il a bien mesuré l'accélération d'un objet qui tombe vers la terre : 9,60 mètres/
seconde ; ce qui signifie que, à chaque seconde, un objet
tombe de 9,60 mètres – soit 36,30 kilomètres/heure –
plus vite qu'à la seconde précédente. Peu importait que
l'objet fût une boule de plomb ou de plumes, Galilée
l'avait bien compris. À supposer que l'air n'oppose pas
de résistance, ce qui est le cas dans le vide, tous les
corps arriveraient en bas au même moment.

Isaac Newton, qui vaguait dans le jardin de sa mère
dans le Lincolnshire après que la grande peste eut inter-
rompu ses études à Cambridge dans les années 1665-
1666, se demanda si la même force qui faisait tomber
une pomme sur la terre régnait dans l'espace aussi loin
que la lune. Étudiant les orbites de la lune et des planètes, il établit la formule classique qui définit la gravité
universelle : chaque particule de matière dans l'univers
exerce une force d'attraction sur chaque autre ; les
grandes masses en exercent une plus forte que les
petites et, à la différence de celle qui existe entre des
amants, l'attraction universelle faiblit au fur et à
mesure que la distance augmente entre les objets [1].

Galilée passa les huit dernières années de sa vie en
résidence forcée pour s'être mêlé de la gravité et des
corps célestes, comme pour prouver l'apophtegme d'Hérodote. Le brillant Newton ne s'en tira pas beaucoup
mieux : quand il n'était pas en proie à l'une de ses fré-

---

1. La formule de Newton est $F = G \, (m_1 m_2) / d^2$. F étant la force d'attraction, G la constante universelle de la gravitation, m_1 et m_2 les masses et d
la distance entre celles-ci.

quentes dépressions nerveuses, il était dévoré de rage et de jalousie paranoïaque devant les succès de ses rivaux.

Son père étant mort alors que Newton était encore enfant, sa mère s'était remariée avec un homme fortuné et était partie s'installer dans un village voisin, laissant le jeune Isaac aux soins de ses grands-parents jusqu'à ce qu'il eût atteint l'âge de onze ans. Par la suite, Newton menaça de brûler la maison de sa mère et de son parâtre, et eux avec.

Newton possédait à coup sûr une connaissance instinctive des dangers aussi bien que des avantages de l'attraction gravitationnelle entre des corps. Faute de celle-ci, nous serions tous projetés dans l'espace par la rotation de la terre ; mais il advient aussi, et trop souvent, que la gravité s'impose à nous jusqu'à mettre notre vie en péril. Les chutes sont si fréquentes et universelles qu'elles occupent une rubrique dans les statistiques de mortalité de l'Organisation mondiale de la santé ; en effet, elles causent chaque année quelque trois cent mille morts. Comme les maladies cardiaques, les chutes semblent être la plaie des pays riches, où elles tuent plus de gens (1 pour cent du total de la mortalité) que dans les pays pauvres (0,5 pour cent), peut-être parce que les pays riches ont plus d'immeubles, de lignes à haute tension et de ponts d'où les gens peuvent tomber, et aussi parce que l'espérance de vie plus longue permet à plus de gens de pratiquer l'escalade.

Les accidents d'alpinisme ne représentent qu'un très petit pourcentage de morts par chute : environ trente-cinq par an en moyenne aux États-Unis. Mais la modestie du chiffre ne reflète guère la richesse métaphorique de ces accidents. Comme Icare, les alpinistes se risquent dans le domaine auguste et raréfié des dieux. Votre réaction à ce fait dépendra de votre point de vue. Pour ceux qui restent au niveau de la mer, il est facile et peut-être trop facile d'interpréter une chute d'alpinisme comme la punition administrée par les dieux à l'alpiniste téméraire. Pour ce dernier, pourtant, le risque même de tomber fait peut-être

partie de la fascination inconsciente de l'ascension.
Ce n'est pas là une attirance pour la mort, bien au
contraire, mais une passion pour ce sentiment aigu
d'être en vie et pour cette concentration et cette vigilance totales qui se manifestent quand le danger
guette. L'escalade des rocs exige, en effet, une attention totale. Il n'y a dans l'escalade ni passé ni futur,
ni l'espoir diffus de ce qui pourrait être, ni le regret
de ce qui aurait pu être. Seuls existent le présent, le
moment vécu, l'ascension du roc. Celle-ci revêt parfois
de la grâce et de la beauté et parfois elle est gauche
et difficile, mais elle est toujours entièrement absorbante. Une chute, qu'elle soit arrêtée par un partenaire alerte à l'autre bout de la corde ou qu'elle soit
incontrôlable et fatale, est le prix à payer pour ce
sentiment d'être aussi intensément dans le présent et
vivant.

Si la chute est une métaphore pour le poète et,
pour le grimpeur, une sorte d'excitant ; pour le physicien, elle est toujours le résultat de l'attraction gravitationnelle d'une masse sur une autre. Pour un médecin,
une chute représente vraisemblablement une condition pathologique dont les paramètres sont variables,
mais que deux mots résument parfaitement : traumatisme brutal. Que ce soit quand un objet dur heurte
le corps ou que le corps le heurte, le traumatisme
brutal se distingue du traumatisme pénétrant, comme
celui provoqué par une arme blanche ou une balle.
Quand un tracteur roule sur son conducteur, que
quelqu'un est projeté d'une voiture à la suite d'un
tonneau ou encore, dans le cas qui nous intéresse,
qu'il tombe d'une paroi rocheuse, on a affaire à un
traumatisme brutal. Dans ce dernier cas, la terminologie médicale est plus précise : « blessures par décélération ». Ces termes comprennent toute la gamme des
lésions qui peuvent se produire quand le corps
humain est arrêté dans son mouvement. Arrêté brusquement.

Il n'a même pas eu le temps d'avoir peur quand il est tombé en arrière. En quelques centièmes de seconde, lorsqu'il s'est détaché du rocher, le réflexe de surprise s'est enclenché, réflexe que possèdent même les plus jeunes enfants si on les abaisse brusquement de quelques centimètres. Ses bras se sont écartés comme pour saisir quelque chose, ses yeux ont tournoyé pour chercher la source du danger, son torse s'est replié pour protéger ses organes. L'implacable poussée de la gravité a entre-temps accéléré son corps à la vitesse de 9,6 mètres/seconde. Il tombe donc à un peu plus de trente-six kilomètres à l'heure à la fin de la première seconde, à soixante-douze kilomètres et demi à la fin de la deuxième seconde et à près de cent neuf kilomètres à l'heure à la fin de la troisième seconde. Ce sont cependant là des vitesses théoriques, étant donné qu'au fur et à mesure de sa chute l'air augmentait sa résistance. Vers la neuvième seconde, il avait atteint cent quatre-vingt-un kilomètres et demi à l'heure, les bras et les jambes écartés, dans la position des parachutistes. S'il était tombé la tête la première, sa vitesse terminale aurait été de trois cent treize kilomètres et demi à l'heure.

Peu de grimpeurs atteignent la vitesse terminale, même dans une chute longue et fatale, parce qu'il faudrait alors qu'ils suivent une trajectoire rectiligne sur trois cents mètres et qu'ils aient pris la position jambes et bras écartés. Les chutes les plus fréquentes et auxquelles très peu de gens ont eu la chance de survivre, comportent d'épouvantables rebonds. Le grimpeur glisse ainsi sur une pente abrupte et glacée s'il est sans corde, ou bien rate sa descente en rappel au bout d'une corde, ou bien encore les crampons de la corde se décrochent au cours de ce qui devrait être une chute assurée. Les spectateurs au-dessous ont décrit la manière dont le corps de la victime commence à rebondir sur la pente ou la paroi rocheuse, empêtré dans sa corde, faisant des sauts de plus en plus grands cependant que le bonnet et le pic à glace s'en vont tournoyant autour de lui ; il tombe comme une poupée de son, comme on dit dans le métier, jusqu'à ce qu'il ne soit plus une personne, mais un objet qui dégringole de la montagne et va finir dans un abîme, ou parfois dans un autre pays, du Népal au Tibet par exemple. Il sera probablement mort de ses blessures massives bien avant d'arriver au sol. C'est une histoire très courte, dit-on aussi.

Mais la chute de notre grimpeur, qui escaladait seul une paroi rocheuse et pestait contre Antoni, est en fait assez prosaïque. Il est tombé de dix mètres en une seconde quatre dixièmes, soit la hauteur d'un immeuble de trois étages, et le temps de dire « Comment allez-vous ce matin ? » Il n'a pas eu le temps de s'aviser des circonstances de sa chute et encore moins de voir sa vie défiler devant ses yeux. Pendant un instant, il n'a vu que du roc et le ciel et n'a perçu que le silence. *Crac !* Sa jambe droite a heurté un rebord. Le choc l'a projeté en arrière, cul par-dessus tête. Il a entendu soudain le vent siffler à ses oreilles, puis des pierres tomber, et le ciel bleu et le roc gris ont tournoyé devant ses yeux, images mélangées, comme si on les battait dans un bol...

Soudain, tout est très calme et il n'est nulle part. Il flotte indéfiniment, suspendu dans l'obscurité. Après ce qui semble être une éternité, il perçoit des sons qui s'organisent, pareils à ceux d'un cavalier et d'un cheval galopant sur des pavés et venant à sa rencontre. De petits coups piquent son corps. Un choc sur son front. C'était là quelque chose de réel, des pierres qui tombaient. Il n'est donc pas mort, après tout. Il essaie de respirer. Rien ne se passe ; il lui semble que tout l'air a été expulsé de son corps, comme d'un ballon dégonflé, et il lui faudrait plus d'efforts et de pression qu'il n'en est capable pour le regonfler. Cela d'ailleurs en vaut-il la peine ? Il est tellement plus facile de ne pas respirer. Mais s'il ne respire pas, c'est la fin. Il mourra. Il comprime de nouveau sa poitrine et son diaphragme, obtient un spasme de respiration, puis un autre et encore un autre. Il ressent une douleur intense dans le dos, entre ses omoplates, comme si une main arrachait la chair le long de sa colonne vertébrale. Et tout à coup la douleur s'arrête. Il ouvre les yeux, haletant. Il est couché sur le côté. La vue qui s'ouvre devant lui est celle de la face rocheuse de l'autre côté de la vallée. Bien au-dessous de lui s'étend la vallée alpine.

Une nausée intense monte de ses tripes. Il se penche sur le bord de la paroi et crache un jet de céréales au sirop d'érable et de café Kona à dix-huit dollars la livre. Le grand arc de sa vomissure finit dans le vide. Il halète trois fois, puis de nouveau vomit par-dessus le bord. Après un choc aussi brutal, son corps se vide instinctivement de son contenu abdominal, se préparant ainsi à fuir ou à combattre. Le corps humain ne veut pas s'occuper de digérer quand une bataille est imminente.

Il se reprend, toujours haletant, mais se sent un peu mieux. Il reconstitue lentement ce qui a dû se passer. Après avoir décroché de la paroi, il est tombé d'une dizaine de mètres et il a atterri sur ce rebord, une terrasse rocheuse. La surface est à peu près égale à celle du balcon de son appartement, elle ne mesure que trois mètres sur sept ; quelques touffes d'herbe poussent au bout ; il a chu sur du granit. Il a de la chance, il est tombé sur son paquetage qui a amorti sa chute. C'est une loi physique : plus courte est la distance de la décélération, plus grand est l'impact. Le paquetage lui a assuré un amortisseur d'une trentaine de centimètres de long ; comme notre grimpeur pèse quatre-vingt-cinq kilos et qu'il est tombé de sept mètres, il a heurté le rebord de granit avec une force de quelque mille sept cents kilos. S'il était tombé sur un sac de couchage plat, n'offrant qu'un dixième de cette capacité d'amortissage, et si son corps ne s'était pas comprimé lors de l'impact, il aurait heurté le rebord de granit avec une force d'environ dix-sept tonnes.

Après avoir vomi, retrouvé son souffle et s'être un peu ressaisi, il bouge lentement et s'écarte du bord. Quelque chose de bizarre est arrivé à sa jambe droite.

On dirait qu'un gros bâton s'est fiché dans son pantalon de varappe. Est-ce qu'il aurait heurté une branche d'arbre durant sa chute ? Il examine sa jambe plus attentivement et s'avise que ce n'est pas un morceau de bois, mais son fémur droit qui pointe sous le tissu noir élastique. Il déchire le tissu et regarde à l'intérieur du grand trou qu'il vient de faire : l'extrémité de l'os fracturé sort d'une affreuse plaie rouge, recouverte de sang à travers laquelle on aperçoit les muscles déchirés.

Curieusement, cela ne fait pas très mal, du moins pour le moment. Qu'est-ce qui aurait encore pu se casser dans cette chute ? Une douleur sourde lui cause des élancements au bas des côtes gauches. Il passe mentalement son corps en revue : tête, bras, dos, tout le reste semble indemne, il n'y a que les côtes et le fémur de cassé. La douleur n'est même pas tellement intense. Il s'en sortira. Il pourrait même reprendre l'escalade dans deux mois. Il estime qu'il a 80 pour cent de chances, peut-être plus, de guérir comme si rien n'était advenu. Il a vraiment fait le bon choix : ouais, il est tombé, mais il est encore en vie, non ? C'est beaucoup mieux que d'être mort, non ?

Il penche la tête par-dessus le rebord. Des piliers de granit descendent jusqu'au sol de la vallée. Cela fait au moins trente mètres de descente en 5.9, comme s'il s'échappait d'un immeuble de dix étages. Aucun foutu moyen d'y arriver. Ce serait déjà assez difficile avec deux bonnes jambes, en se servant des crevasses comme il l'a fait pour monter, insérant ses pieds et ses mains dans les fissures. Si seulement il avait une corde, il pourrait l'ancrer sur ce rebord, l'attacher à son torse et se laisser glisser le long de la paroi. Il se retrouverait dans les fleurs sauvages en dix minutes. Mais il n'a pas pris la peine d'emporter une corde dans son paquetage. À quoi peut servir une corde si l'on n'a pas un partenaire d'escalade qui peut l'attacher à l'autre bout pour vous assurer ?

Le téléphone portable ! Oui ! Il l'avait oublié ! Après avoir fait son sac avec agacement vendredi soir, quand il avait fini de parler à Antoni, il avait jeté son portable de secours dans son paquetage à la place de la corde.

Gramme pour gramme, il s'était dit que, dans l'éventualité peu probable où il aurait besoin de secours, un téléphone portable de deux cent vingt-cinq grammes serait plus efficace qu'une corde de quatre kilos. Oui ! C'est ce genre d'intuition qui lui est tellement précieux dans le monde des affaires. Il se défait donc de son paquetage, s'appuie contre la paroi avec les pieds par-dessus le vide et fouille dans le sac, cherchant l'étui en veau du petit appareil. Ses chances de réussite viennent de monter à 90 pour cent.

Les médecins des urgences savent aussi calculer les chances. Ils se réfèrent fréquemment à quelque chose qu'ils appellent l'Heure d'or. À moins que les blessures causées par un traumatisme soient catastrophiques, un corps humain peut pendant une heure environ conserver le contrôle de ses fonctions, ainsi qu'une pression artérielle stable, en dépit de la lésion d'un organe interne. Une fois cette heure passée, les chances de survie commencent à baisser de façon rapide. Une heure représente un laps de temps important si l'on a été victime d'un accident du trafic dans une grande ville, qu'une ambulance peut assurer le transfert à l'hôpital une demi-heure après l'accident et confier la victime aux soins du chirurgien. Mais une heure dans la nature représente à peine le commencement d'un délai d'évacuation, surtout si l'intervention des hélicoptères est freinée par le mauvais temps ou par un terrain exceptionnellement accidenté ; il faut alors des heures pour que la victime, si elle est toujours en vie, soit évacuée vers un centre rural.

Tandis qu'il fouille dans son sac, parmi ses bouteilles d'eau, sa trousse de secours, son parka de pluie, notre grimpeur enregistre une douleur sourde au bas de sa cage thoracique. Il la met sur le compte des côtes fêlées. Il ne sait pas que la chute a non seulement fêlé ses côtes gauches, de la neuvième à la douzième, mais aussi, et juste au-dessous, écrasé sa rate, cet organe de la taille d'un poing qui, logé sur le côté gauche de l'abdomen, filtre le sang. Quand cette masse molle et pleine de sang a heurté le rebord de la paroi rocheuse, elle s'est ouverte comme un melon mûr tombé sur le trottoir ; la fissure n'est pas énorme, juste assez grande pour que le sang s'échappe hors du système circulatoire et se déverse dans la cavité abdominale. La rate n'est que faiblement innervée et le grimpeur ne ressent pas de douleur aiguë. Il ne se rend pas compte qu'une hémorragie interne est en cours.

Il trouve enfin le téléphone portable au fond du sac, le sort de son élégant étui, déplie le microphone, appuie sur la touche « Alimentation », compose le numéro des urgences, 911, et expédie l'appel. Il entend un déclic et un rapide *bip bip bip*. Il n'a pas de connexion avec un relais, il doit être trop isolé dans la vallée. *Merde !* Il appuie de nouveau sur la touche pour la déconnecter, la reconnecte et essaie de nouveau le 911. *Bip, bip, bip.* Il appuie de plus en plus vite sur les touches. 0 pour l'opérateur. Le numéro de son bureau. Son vieux numéro de domicile, puis le numéro de son ex-femme. Il n'obtient que le *bip, bip, bip* d'une transmission non établie, comme si tout l'espace électronique était rempli par des appareils plus puissants et qu'il n'y restait plus de place pour ce faible appel lancé depuis un rebord rocheux.

Il revoit le visage boutonneux de l'employé douceureux qui lui a vendu le téléphone. Cette petite merde l'avait assuré que c'était le modèle le plus puissant et le lui avait garanti à vie. La seule raison pour laquelle il l'avait acheté était qu'il avait réalisé un gros paquet de bénéfices avec des actions de la compagnie qui fabriquait ce téléphone. Il savait que la moitié des produits de cette firme étaient de la camelote, mais ce qu'il pensait individuellement était sans importance, ce qui comptait était ce que pensaient les andouilles qui en achetaient les actions sur le marché et on ne pouvait pas se tromper en pariant sur le comportement de lemmings des andouilles. Évidemment, les actions étaient montées, comme il fallait s'y attendre. Il avait estimé ses chances à 75 pour cent et il avait gagné une fois de plus. Une fois de plus.

Maintenant il a envie de jeter le téléphone dans le vide et d'entendre ses composants de silicone se fracasser sur les rochers au-dessous. Non... il va persévérer et essayer de lancer un nouvel appel plus tard. Les signaux radio peuvent devenir plus intenses la nuit et, dans ce cas, il établira une connexion. Et le premier numéro qu'il appellera sera le 911 et le suivant sera celui d'Antoni, pour lui dire qu'il a vraiment été un salaud de le mettre dans une pareille situation.

Il regarde à nouveau par-dessus le rebord. Pas de corde. Pas de téléphone. Une patte salement endommagée... Mais il s'en sortira une fois de plus. Il en est sûr. S'il devait parier, il parierait certainement, *certainement* qu'il s'en sortirait. C'est ce qu'il dirait honnêtement à son client. Il faut être idiot pour parier contre lui. Voilà ce qui va se passer, dirait-il au client. Lundi matin, c'est-à-dire après-demain, dans quarante-huit heures, ils vont s'apercevoir de son absence au bureau. Antoni sait qu'il est parti faire de l'escalade pendant le week-end et il donnera l'alarme. Quelques heures plus tard, un grimpeur de l'équipe de secours *Search and Rescue*, la SAR, descendra sur cette terrasse rocheuse, fera également descendre une litière et fera évacuer le blessé par hélicoptère. Voilà le scénario. Il en est sûr. Et lundi soir, il sera confortablement allongé dans un lit d'hôpital, entre des draps frais, avec la jambe plâtrée dans une gouttière, et une séduisante jeune infirmière sera en train de masser son corps meurtri de vainqueur tout en admirant ses pectoraux finement sculptés.

Il tiendra jusqu'à lundi, pas de problème. Il ne souffre que d'une jambe brisée et de quelques côtes fêlées. Il a dans son sac un litre d'eau, plus le fromage, la pomme, le pain, les barres de chocolat. Et il ne fera pas si froid cette nuit. Ouais, il a *au moins* 98 pour cent de chances. Plus probablement 99 pour cent. Il vaudrait mieux qu'Antoni soit présent lundi matin au bureau, c'est la seule chose incertaine... Il ferait mieux de ne pas se faire porter pâle, comme il s'est esquivé de cette expédition vendredi. Est-ce qu'il a dit qu'il prenait un long week-end avec sa famille, qu'il s'accordait quelques jours de plus ? Notre grimpeur ne se le rappelle pas. Il était à ce moment-là trop agacé pour écouter. Il avait appuyé le pouce sur le bouton qui mettait fin à la communication pendant qu'Antoni continuait à l'assommer de ses discours sur ses devoirs familiaux. Antoni ferait bien d'arriver *tôt* au travail et de s'aviser que le bureau serait vide, de l'absence d'une forte personnalité dans les lieux, du vide laissé par cette personnalité de gagneur et de dur à cuire qui a tant contribué au succès de la société. Il ferait mieux de s'en apercevoir. Antoni est le personnage clef de cette situation. *Merde, Antoni, regarde autour de toi. Ouvre donc les mirettes pour une fois.*

L'Heure d'or passe ainsi à évaluer les chances de survie dans ce monologue mental, bouclier statistique destiné à tenir la peur en échec. Bientôt notre grimpeur pensera à tout autre chose qu'à ses chances. Une fois que l'Heure d'or s'est écoulée, la véritable douleur commence. Le cerveau du grimpeur était tellement absorbé par les conséquences immédiates de la chute, le maintien des fonctions vitales, le contrôle de la situation physique et celui de la volonté de survie, qu'il a bloqué les signaux de douleur qui tentaient de se frayer un chemin depuis les nerfs de la jambe brisée jusqu'à la conscience. Il les a bloqués grâce aux analgésiques naturels de l'organisme, les endorphines, c'est-à-dire « la morphine de l'intérieur », dont les plus puissants sont les enképhalines. De même que la morphine de pavot, dont la structure chimique est très voisine, ces molécules s'attachent aux récepteurs nerveux qui captent les signaux de douleur envoyés par la jambe brisée. Elles empêchent ainsi les nerfs de produire la substance P, le neurotransmetteur qui va convoyer le signal de douleur au circuit nerveux suivant qui le relaiera ensuite jusqu'au cerveau.

Une fois passée l'Heure d'or, le cerveau lève le siège parce qu'il veut que notre grimpeur sache exactement la gravité de ses blessures et pour l'informer de l'urgence d'une intervention. Déplaçant son dos pour mieux s'appuyer à la paroi rocheuse, il bouge accidentellement la jambe cassée et les deux sections de l'os cassé frottent l'une contre l'autre. Les signaux de douleur déferlent le long des circuits nerveux, désormais dégagés de l'inhibition des endorphines, et c'est à la vitesse de quatre cent soixante kilomètres à l'heure, deux fois la vitesse d'un jet au décollage, qu'ils atteignent le cerveau.

« Merde ! » murmure-t-il.

Ses poings se serrent. Il se contrôle, le corps tendu. Quand la vague de douleur reflue, il sort de son sac sa trousse d'urgence ; c'est une petite boîte de plastique qui contient des allumettes, une boussole, des pansements, de la gaze et un sifflet. Il ouvre le tube d'Ibuprofène, avale trois cachets et boit une gorgée d'eau. Ce produit bloquera la production de prostaglandines par les tissus déchirés ; celles-ci sont un produit chimique qui contribue à la coagulation, mais qui rend aussi les terminaisons nerveuses plus sensibles à la douleur. Pour une fracture franche du fémur, les trois comprimés d'Ibuprofène seront à peu près aussi efficaces que de l'eau de mélisse.

La douleur déferle par ondes, comme les vagues de l'océan avant une tempête. De l'autre côté de la vallée, la lumière du crépuscule gagne lentement le flanc opposé, peignant d'ocre chaud les ombres grises du granit. Un air frais souffle du haut de la falaise. Le roc sous le corps du grimpeur devient froid ; il paraît aussi plus dur et notre blessé cherche quelque chose de plus confortable ; il a son sac et son parka et il remarque les touffes d'herbe qui jaillissent d'une crevasse au bout de la terrasse. Se traînant sur les coudes, il parvient donc jusque-là. Son sac lui sert d'oreiller, son parka de couverture et les herbes lui offrent un mince matelas organique qui l'isole du froid de la roche. Mais les signaux de douleur affluent de la cuisse. Le visage du blessé se crispe de douleur, il enfonce les doigts dans l'herbe et gratte le granit jusqu'à s'ensanglanter les ongles. Il subit la vague de douleur jusqu'à ce qu'elle reflue, jusqu'à la suivante.

Il ne tiendra pas comme cela. Pas quarante-huit heures. Il sait que le fémur cassé devrait être réduit, c'est-à-dire que l'os devrait être remis dans son alignement, mais comment ? Il a bien vu ces vieux films où le héros blessé grimace de douleur et transpire pendant que son copain réduit la fracture. Mais le faire tout seul ? La seule idée de manipuler sa cuisse cassée, à supposer qu'il puisse le faire, lui donne envie de vomir. Néanmoins, il faut qu'il fasse quelque chose.

Dans l'intervalle qui sépare deux vagues de douleur, il remarque un crâne de lapin logé dans une crevasse de la roche. Peut-être est-ce un aigle qui l'a déposé là, ou peut-être est-il tombé d'en haut. Le crâne le regarde de ses yeux vides.

« Cesse de me regarder ! » lui lance le blessé.

Mais le crâne le regarde toujours.

Le blessé tend le bras vers la crevasse, saisit le crâne et le lance dans le vide.

« Fous le camp, petit con ! »

L'effort lui a coûté un autre afflux de douleur, à défaillir. Mais il lui a également fait entrevoir une possibilité. Il pivote lentement sur son dos jusqu'à ce que son pied gauche se trouve près de la crevasse où était le crâne du lapin. Il agrandit la déchirure de son pantalon et évalue l'angle de l'os qui sort de la blessure. La section inférieure du fémur chevauche de près de cinq centimètres la section supérieure. Pendant ce temps, les muscles puissants de sa cuisse tressautent sous l'effet d'un spasme et le blessé remarque que les deux segments fracturés frottent l'un contre l'autre, déclenchant une autre vague de douleur.

Serrant les dents, il soulève sa jambe et loge la semelle de caoutchouc dans la crevasse.

Bloquant donc de la sorte le pied de la jambe blessée, il s'allonge sur les coudes, inspire profondément trois fois et, comme s'il donnait un coup de pied de colère, il pousse énergiquement le roc de son pied sain.

Uuuuunnngggghhh... fait-il, exhalant un grognement guttural, tout en consonnes.

Il sent les muscles de sa cuisse qui s'étirent.

Uunngghh... Un grattement, un déclic : la section du fémur qui abouchait à la blessure disparaît soudain dans l'ouverture sanglante de celle-ci. Il a ajusté les deux fragments du fémur. La douleur se dissipe soudain, comme si une mer calme succédait aux vagues furieuses. Le blessé s'allonge, épuisé par l'effort, le pied toujours logé dans la crevasse ; il le trouve bien mieux là et décide de l'y laisser. Il tire un gros caillou qui se trouve près de lui, sur le bord de la terrasse, et le loge soigneusement sous son genou pour maintenir sa jambe dans une position fléchie, en extension. Sans le savoir, il a mis sa jambe en traction, ce qui est le traitement approprié pour une fracture du fémur. La poussée constante de la traction détend les muscles contractés et crispés de la cuisse et leur rend leur longueur normale ; les veines et les artères compressées cessent alors de saigner. Soulagé, soucieux de ne plus bouger sa jambe, le blessé cherche alors dans son sac quelque chose qui pourrait lui servir de gouttière. En fin de compte, il découpe avec son couteau de poche une partie du rembourrage de mousse du sac même, en entoure soigneusement sa cuisse et l'attache avec les lanières du même sac.

Une fois de plus, il s'allonge, content de lui. Maintenant, il n'aura pas de problème jusqu'à lundi. Il est revenu dans la zone des 97, 98 et même 99 pour cent de chances. « Reste simplement calme, rationne l'eau et les vivres, dors un peu et avant que tu t'en rendes compte, un jeune gars de la *Search and Rescue*, qui sait, ce sera peut-être une fille, descendra au bout d'une

corde et atterrira sur ta terrasse et te demandera gaiement : "Ça va ?"

Il se montrera alors désinvolte, comme si ç'avait été
une simple péripétie que de passer deux nuits sur ce
rebord rocheux avec une jambe cassée.

« J'ai été lâché par mon partenaire d'escalade, dira-
t-il. Alors je regarde le paysage. »

Ça devrait les impressionner. Ouais, les choses
semblent se présenter bien. La jambe va beaucoup
mieux. Il ne reste plus que les côtes et cette douleur
bizarre ; en fait, on dirait une pression de l'intérieur,
juste au-dessous des côtes. Probablement des contu-
sions, se dit-il. Ça va toujours. Toujours dans la zone
des 90 pour cent. Toujours un gagnant.

Il s'étend de nouveau sur son lit d'herbe, très
fatigué, toujours un peu haletant ; il entend les battements de son cœur. Près de trois heures se sont écoulées
depuis sa chute. Le sang qui fuit lentement de sa rate a
formé une flaque si grande, presque aussi grande qu'un
pamplemousse, qu'elle comprime son péritoine, la
membrane qui entoure les organes internes ; c'est la
cause de cette pression interne qu'il ressent. Il a perdu
près de deux litres de sang sur les cinq qui constituent
le total. Son cœur doit donc battre plus vite pour pomper dans les artères et les veines ce qui reste de sang
et son rythme est donc plus du double de ce qu'il est
normalement au repos pour un cœur de sportif : il est
passé de cinquante-cinq battements par minute à cent
trente ; mais c'est là une bataille perdue, car le cœur ne
peut pas fournir indéfiniment un volume suffisant de
sang aux vaisseaux. Sa pression artérielle tombe d'une
moyenne de 12/8 à 8/5, le premier chiffre correspondant
à la pression systolique, c'est-à-dire la quantité de sang
que le cœur pompe dans les artères quand il se
contracte, et le second, la pression diastolique, qui
mesure la pression artérielle durant la phase de détente
du cœur. Comme la pression barométrique, celle-ci est
calculée en millimètres de mercure que cette pression
ferait monter dans un tube à vide.

Le blessé glisse dans un état de choc, pas celui qu'on désigne généralement sous ces termes, c'est-à-dire le brouillard psychologique qui suit un traumatisme, mais l'état de choc dans son acception médicale : c'est le choc hypovolémique, celui d'une pression artérielle basse. Chez un vieillard ou quelqu'un qui souffre du cœur, cette chute brutale de la pression artérielle peut provoquer une crise cardiaque ou une attaque cérébrale, mais notre grimpeur est relativement jeune et il est bonne santé et cette chute à elle seule n'est pas une menace immédiate. Privés d'une pression sanguine adéquate, toutefois, ses muscles et ses organes se trouvent également privés de leur ration d'oxygène. Le blessé commence alors à hyperventiler comme le cowboy blessé dans les scènes classiques de films sur le Far West. Du fait qu'ils manquent d'oxygène, ses muscles lui font mal partout. Il a besoin d'eau, ses senseurs de la soif l'alertent sur le besoin de remplacer le fluide perdu dans l'hémorragie interne. Le cerveau étant lui aussi privé d'oxygène, la pensée du blessé dérive dans un espace intemporel, s'attardant sur la ligne rougeâtre de la lumière à l'horizon et les étoiles qui montent dans le ciel pourpre. Un sentiment d'anxiété dépressive, réaction physiologique à sa très basse pression artérielle, l'envahit.

Il pourrait mourir ici. Il s'agit là d'une pensée abstraite. Il essaie de calculer ses chances, mais n'arrive qu'à de doubles zéros, toutes ses estimations étant annihilées par la simple pensée qu'il pourrait mourir ici, sur cette terrasse rocheuse au-dessus d'un alpage verdoyant. Qu'est-ce que ça signifie ? Il ne sait pas. Pourquoi mourir de cette manière, sur cette terrasse ? Ça n'a pas vraiment d'importance. Sa vie a-t-elle été satisfaisante ? Il tente maladroitement de considérer la somme de ses actions, mais il ne semble pas y parvenir. Il possède toujours la capacité de se poser cette question abrupte, mais non l'agilité mentale qu'il faudrait pour y répondre. Il glisse dans le chaos, comme si sa réserve d'autojustifications s'était épuisée, sans repères dans le monde qu'il connaissait, sans une corde, sans un assurage qui surnageraient à la surface de sa vie. Sa tête tournoie, prise de vertige. Il ne peut pas se représenter ce qu'il aurait fait différemment ou n'aurait pas fait. Il ne peut plus penser du tout.

À la cinquième heure, sa rate éclatée a cessé de saigner. Il s'est accumulé assez de sang dans les tissus environnants pour que leur masse fasse pression sur la blessure et, en quelque sorte, la colmate. Sa faible pression artérielle y a contribué : c'est la ligne de défense ultime de l'organisme contre une plaie majeure ; tout se passe comme si l'organisme ralentissait tous ses systèmes pour se réparer ou tout simplement gagner du temps. La condition du blessé commence donc à se stabiliser, bien que ce soit à un niveau très bas. Ses rythmes cardiaque et respiratoire demeurent élevés, mais sa conscience redevient claire, surtout quand il reste calme et consomme peu d'oxygène. Il s'assoit un moment, pris de vertiges, la tête vague, assoiffé. Il se force à consommer une de ses barres de chocolat, la mastiquant comme si c'était une bouchée de feuilles sèches et boit quelques gorgées de son précieux litre d'eau. Puis il s'allonge de nouveau face au ciel noir.

Il ne se réveille qu'une seule fois au cours de la nuit, respirant de façon un peu accélérée, le cœur battant toujours fort, puis se rallonge, la tête un peu plus claire, et il contemple les étoiles brillantes et glacées. S'il meurt sur ce rebord rocheux, seules les étoiles le verront s'en aller. À qui manquera-t-il ? Ses parents sont morts, il est divorcé de sa femme et il n'a pas d'enfants. Est-ce qu'il y aura des funérailles ? Ils organiseront sans doute une cérémonie au bureau. Avec tout l'argent qu'il leur a fait gagner ! Ou bien essaieront-ils d'évacuer son souvenir, comme s'il était un atout qu'ils avaient acquis et dont ils n'avaient plus besoin ?

Des larmes chaudes s'amassent aux coins de ses

yeux et coulent sur ses tempes. Les étoiles de la constellation d'Orion, dont l'épée pend à la ceinture, tournent lentement au-dessus de lui, puis il sombre de nouveau dans le sommeil.

Il se réveille à l'aube. Le ciel est rose. Lentement et méthodiquement, il se redresse sur ses coudes et procède au constat de son état. Il a le sentiment qu'il pourrait boire d'un coup un gallon d'eau, mais, à part cela, il va mieux. Il remue sa jambe saine. Il examine l'autre. La blessure ne saigne pas. Il prend son pouls et le trouve plus lent. De plus, il respire mieux, comme si le repos de la nuit avait permis de fournir de l'oxygène à son organisme. Cette pression interne sous les côtes est toujours présente, mais elle semble plus stable.

Tout bien considéré, il se sent assez bien. Il remonte dans la zone des 95 pour cent et peut-être même plus haut. Encore une nuit et il sera rentré chez lui. La nuit ne s'est pas mal passée, sauf quand la soif l'a réveillé et qu'il s'est remis à trop penser. *Merde !* Il est en train de s'apitoyer sur lui-même. La survie des plus forts, c'est la loi du monde et ça a toujours été, et il est l'un des plus forts. Il l'a vérifié. Il en est fichtrement sûr.

Le soleil se lève au-dessus de la falaise sur le versant opposé, c'est un disque blanc et brillant dont les rayons de vie s'étendent jusqu'au bord de la terrasse rocheuse du blessé. Oui, il y est arrivé. Nous parlons d'une certitude de 99,9 pour cent. Au moins. Oui, il est toujours gagnant.

« Je suis toujours là, fils de putes ! crie-t-il dans le vide. Je suis toujours là et je suis vivant ! »

Il aurait beaucoup mieux valu qu'il restât tranquille. Quinze heures plus tôt, après sa chute sur le flanc, sur cette terrasse, son torse a été arrêté lors de l'impact, mais son cœur, lui, a continué de tomber sur une petite distance à l'intérieur de la cage thoracique. Le cœur a suivi sa propre trajectoire, à l'exception de la crosse aortique, cette grosse artère qui part du cœur pour irriguer le haut du corps ; elle est attachée à la fois au cœur et à la colonne vertébrale. Si le cœur se déplace trop et trop vite à l'intérieur de la cavité thoracique, l'aorte peut se déchirer ou se détacher de la colonne vertébrale ; c'est une des « lésions de décélération » qui affectent les conducteurs dans les violents accidents de voiture, quand ils sont brutalement projetés contre le volant ; ils meurent alors, presque instantanément. Or, c'était la cause de la douleur qu'il avait ressentie dans son dos lors de l'impact. Le traumatisme de la chute n'avait pas entièrement détaché l'aorte, mais il avait déchiré par le milieu les trois couches internes de celle-ci, comme un choc peut désintégrer les trois couches d'une planche de contreplaqué ; c'est ce qu'on appelle en langage médical la « dissection de l'aorte ». Pendant les quinze heures écoulées, le sang avait continué de circuler par un faux canal, c'est-à-dire entre les couches de l'aorte ; entre-temps, le sang avait formé une poche, ce qu'on appelle un anévrysme. Au fur et à mesure que l'anévrysme avait grossi, comme il tend à le faire avec le temps, les parois s'étaient affaiblies. La nuit avait ménagé cet anévrysme, mais ce n'était certainement pas le cas de ces cris de victoire qu'il poussait dans le vide ; ils étaient très mauvais pour l'anévrysme.

L'adrénaline se diffuse dans sa circulation. Son rythme cardiaque, qui se maintenait à quelque quatre-vingt-dix battements par minute, bondit à cent vingt. Pis, sa pression artérielle passe de 10/6 à 14/10.

« Réveille-toi, Antoni, nom de nom ! crie-t-il, et ses imprécations sont répercutées par les parois rocheuses. Je suis là ! »

Quand il crie, il dilate excessivement ses poumons et son diaphragme engendre la pression nécessaire pour le cri ; de ce fait, il accroît la pression sur les gros vaisseaux sanguins de son thorax, ce qui fait affluer le sang dans ses veines. Il s'ensuit que sa veine jugulaire se gonfle fortement sur son cou, comme cela arrive aux patrons en colère. Malheureusement pour le blessé, cela accroît encore sa pression artérielle.

C'est alors que l'anévrysme se rompt. Le blessé ressent un coup inattendu entre les omoplates. L'aorte se fend. Un flux de sang se répand dans sa cavité thoracique à chaque puissante contraction du cœur, privant ainsi de ce sang le haut du corps et le cerveau. Il n'a pas le temps de pousser un autre cri à l'adresse des fils de putes là-bas. Il perd conscience en dix secondes. Il s'écroule sur son lit d'herbe. Son cœur bat encore, pour une dernière centaine de fois, et répand tout son sang dans la cavité thoracique. Puis il s'arrête.

Au fond, c'était heureux pour le blessé. Antoni n'était pas retourné au travail ce lundi-là ; il avait pris quelques jours de vacances avec sa famille. Quand les recherches avaient finalement été lancées, la société avait appelé sa sœur, à un millier de kilomètres de là, et Antoni, retrouvé, avait indiqué à la police et à *Search and Rescue* le site où ils avaient eu l'intention de faire de l'escalade. Les chercheurs avaient rapidement trouvé le nouveau 4 × 4 du blessé à l'entrée du site, mais la piste se perdait ensuite. Le disparu ne se trouvait sur aucun des parcours d'escalade dont il avait discuté avec Antoni, ni sur aucun des sites voisins, et il n'avait informé personne du lieu où il allait. On se demanda s'il n'avait pas été assassiné ou bien s'il ne s'était pas suicidé ; on évoqua la possibilité d'une escroquerie, mais la firme vérifia ses comptes par deux fois ; il ne manquait pas de fonds.

Il fut finalement découvert par un chasseur qui examinait la falaise d'en haut, aux jumelles, à la recherche de chèvres de montagne, et qui avait aperçu quelque chose d'étrange. Le blessé fut retrouvé exactement dans la position dans laquelle il s'était écroulé après son dernier cri, la jambe toujours logée dans la fissure rocheuse. Mais c'était six ans plus tard. Tout ce qui restait de l'homme était un squelette nettoyé par les oiseaux et quelques haillons répugnants de Lycra et de coton, plus un téléphone cellulaire dont le plastique noir était devenu gris sous le soleil, la pluie et la neige, gisant près des ossements d'une main tendue.

8.

Les prédateurs
ou
les cruelles brûlures du paradis

« Sens ça ! s'écria Mary, poussant la fleur sous le nez de Gil. J'aurais bien voulu avoir les mêmes au mariage. »

Il huma distraitement la fleur et détourna le visage.

« Cherchons une plage, dit-il.

— Pourquoi ne restons-nous pas ici un moment ? répliqua Mary. Nous trouverons des plages partout. Mais ça – et elle leva la fleur vers la voûte de frondaisons de la jungle, pareille à une cathédrale, garnie de grosses lianes et d'orchidées jaillissant des troncs d'arbres, bouillonnante de vie – ça, c'est un endroit extraordinaire ! C'est le monde à son origine !

— Je retourne à la voiture, répondit Gil, secouant ses sandales sur le sol de la forêt, car des fourmis commençaient à se faufiler entre ses orteils.

— Comment peux-tu apprécier la beauté d'un endroit si tu refuses d'y rester quelque temps ?

— Je ne trouve pas de beauté à cet endroit, rétorqua Gil. Je le trouve menaçant. Et par-dessus le marché, il y a des fourmis. Allons-nous-en. »

Elle laissa retomber sur son short kaki la main qui tenait toujours la fleur, évitant de peu de toucher un *gimpi-gimpi* ou plante brûlante, dont les poils creux injectent dans la peau un poison qui peut provoquer des brûlures jusqu'à six mois après le contact. À quelques dizaines de mètres, un taïpan, l'une des vipères les plus venimeuses du monde, venait de se lover sur elle-même pour dormir.

« Tu veux toujours être ailleurs, Gil, reprit Mary, pourquoi n'es-tu jamais content là où tu es ?

— Comme si tu n'étais pas toi-même toujours pressée. Il me semble que tu étais bien impatiente de te marier.

— Et toi, tu n'as certainement pas traîné à te séparer de ton ex. »

Mais il avait déjà repris le chemin de la voiture, secouant ses pieds avec énervement pour se débarrasser des fourmis.

Ils conduisirent sans mot dire vers la côte nord. Des nuages sombres déboulaient sur les grèves à leur gauche et la pluie commença à crépiter sur le pare-brise de leur Jeep de location. À droite, à travers des trouées dans la forêt basse qui longeait la plage, ils aperçurent la mer, calme et devenue verte et grise sous la pluie. La saison des pluies, la « saison mouillée » comme ils l'appelaient ici, en Australie du Nord, touchait presque à sa fin. Ils savaient que l'averse ne durerait que quelques minutes et que le soleil brillerait promptement. Ils avaient organisé leur lune de miel pour qu'elle coïncidât exactement avec ce mois-ci, avril, à la charnière de la saison des pluies et de la saison sèche. Ils avaient franchi presque la moitié du globe en avion pour passer deux semaines dans la flore et la faune exotiques de la péninsule du cap York, dans le Queensland. Cette péninsule était un splendide et luxuriant bras de terre qui s'avançait au large de la côte septentrionale de l'Australie, jusque dans les eaux tropicales de la Grande Barrière de Corail ; elle ressemblait à une pointe près de piquer le ventre de la grande île de Nouvelle-Guinée, elle-même pareille à un oiseau.

Gil maintint le volant fermement quand le véhicule fonça dans une vaste flaque et que l'eau rejaillit sous le plancher. Ils ne prirent pas garde au crocodile de mer qui sommeillait dans une mare près de la route.

« Quand veux-tu aller à la Barrière ? » demanda Gil. C'était sa façon de faire le premier pas.

« Pourquoi pas demain ? Nous pourrions aller à la plage aujourd'hui et demain à la Barrière. Nous pouvons demander à l'hôtel d'organiser une traversée en bateau. »

Et c'était sa manière à elle d'accepter ses avances. Ils savaient tous les deux qu'à la fin de la journée, dans la chambre de leur grand hôtel avec vue sur la mer, ils feraient l'amour avec une ardeur particulière.

La lune de miel avait cependant été mouvementée. Ils se querellaient quasiment chaque jour, puis sombraient dans de longues bouderies. Ce n'avait pas été le cas aux États-Unis. Ils s'étaient rencontrés dans un groupe d'observateurs d'oiseaux de Nouvelle-Angleterre au moment où elle mettait un terme à son premier mariage et où celui de Gil touchait également à sa fin, victime de son surmenage d'avocat. Ils s'étaient l'un et l'autre installés sur les dunes pour observer les oiseaux planant sur l'océan, spectacle propre à restaurer un peu d'équilibre et d'harmonie dans leurs propres vies. Alors que le groupe se dispersait, ils avaient organisé leur premier rendez-vous : ce serait une expédition de quatre jours aux Bahamas pour faire du snorkel. À la fin de leur séjour, au crépuscule sur la plage, il l'avait demandée en mariage ; dans l'excitation du moment, il était prévisible que le site qu'ils choisiraient pour leur lune de miel serait l'un des plus beaux du monde, la péninsule du cap York, donc.

« Et ici ? demanda Gil, ralentissant la voiture devant une piste sablonneuse qui menait de la route à la plage.

— Ça me paraît très bien. »

Gil engagea la Jeep sur la route inégale et ils avancèrent de quelques centaines de mètres jusqu'au point où le véhicule risquait de s'enliser, dans une forêt de palmiers et d'eucalyptus. Ils sortirent de la voiture leurs caméras, leurs filtres solaires, leurs bouteilles d'eau et leurs serviettes et allèrent vers la plage, faisant bien attention où ils mettaient le pied. On les avait, en effet, prévenus que les vipères se chauffant au soleil ou sous le sable pouvaient passer pour des brindilles de bois.

« Oh Gil, c'est spectaculaire ! » s'écria Mary quand ils parvinrent à la plage.

Le soleil venait de percer à travers les nuages qui s'accrochaient encore au continent, foisonnant de végétation tropicale, à l'extrémité de la plage. L'arc de sable jaune scintillait au soleil et la mer semblait une grande aigue-marine fondue. Ils n'aperçurent pas un seul signe de vie sur les cinq kilomètres de la plage. Gil entoura de son bras les épaules de Mary et la serra contre lui.

« Je suis si contente d'être ici avec toi », murmura-t-elle, le nez dans le T-shirt bleu pâle de son époux. Mais elle n'en était pas très sûre.

« Et moi, d'être avec toi », répondit-il, le nez dans les cheveux couleur de miel et odorants de Mary.

Ils avaient fini par s'habituer l'un à l'autre, se dit-il. Cela finirait par marcher.

Ils laissèrent tomber leurs fardeaux, déplièrent leurs serviettes et les étalèrent sur le sable chaud. Ils se défirent de leurs shorts et les laissèrent glisser sur leurs jambes bronzées. Il portait un maillot de bain bleu pâle convenablement délavé et aussi convenablement bouffant, et elle portait un petit Bikini noir. Elle était fière de son corps et, comme elle abordait l'âge mûr, elle en prenait un soin diligent.

« L'eau a l'air exquise, dit-elle, allons nager.

— Je ne sais pas si on peut nager ici, répliqua Gil, s'asseyant incontinent sur sa serviette. Il n'y a pas de filets de sécurité. »

Sur les plages populaires de la station balnéaire où ils s'étaient installés, il avait vu les baigneurs se tenir à l'intérieur de ce que les gens du cru appelaient des « barrières à piqueurs » ; c'étaient de grands filets à mailles fines, destinés à tenir les méduses au large. Et, en se promenant sur la plage, il avait aussi vu les écriteaux plantés devant ces barrières : *Attention, les méduses sont dangereuses d'octobre à mai*. Ces écriteaux détaillaient aussi les soins d'urgence pour les victimes de fortes piqûres de méduses-boîtes[1].

« J'ai vu des gens nager hors des filets, objecta Mary. Ils disent que le pire de la saison des méduses est passé.

— Je ne pense quand même pas que ce soit une bonne idée.

— Gil, comment peux-tu voir cette eau incroyablement bleue sans y plonger ? Nous sommes ici au paradis et tu parles comme un avocat.

— J'essaie seulement d'être prudent dans des parages que je ne connais pas. »

Elle ôta son T-shirt blanc, ne gardant que le haut de son Bikini, et s'avança vers l'eau, poussée autant par sa rébellion contre la prudence obsessionnelle de Gil, voire de Gil tout entier, que par la tentation de l'eau bleue.

« Tu es imprudente, Mary.

— Quoi que je sois, lui lança-t-elle par-dessus l'épaule, ça vaut mieux que d'être ce que tu es. »

L'*Homo sapiens* est de loin le plus meurtrier des prédateurs sur la terre. Au lieu de crocs, de griffes acérées ou de venin, l'espèce est dotée de cerveaux puissants et de doigts agiles avec lesquels ses représentants ont appris à fabriquer des massues, des lances, des couteaux, des haches, des trappes, des sarbacanes, des fusils M-16, des mines de terre, du napalm, des gaz neurotoxiques, des avions à réaction supersoniques, des

---

1. Ainsi nommées parce qu'elles sont à peu près cubiques (*N.d.T.*).

missiles Cruise et des bombes à neutrons. L'*Homo sapiens* chasse et tue chaque année un million d'êtres humains, près de 940 000 dans les guerres et près de 200 000 par les crimes violents [1]. L'animal le plus dangereux après lui, le serpent, tue en comparaison 65 000 humains par an, moins de 6 pour cent des victimes de l'homme. Le troisième animal le plus dangereux, le crocodile, ne tue que 960 humains par an et le quatrième, le tigre, 740. Le requin tellement redouté est un poids léger comparé à l'autruche, qui peut, lorsqu'elle est traquée, donner des coups violents avec ses pattes en marteaux et ses ergots aigus, et elle tue près de 14 personnes par an. Quant au féroce ours brun, il se classe derrière les mustélidés, rats, belettes, blaireaux, mouffettes, furets, etc., qui tuent environ 4 humains par an, et, d'ailleurs, ce sont le plus souvent des furets apprivoisés qui tuent des bébés non surveillés.

Qui penserait qu'aux États-Unis et au Canada on a plus à craindre de l'élan – cette créature apparemment pacifique, immortalisée par des personnages affables de dessins animés – que de tout autre animal ? L'élan tue, en effet, près de 6 humains par an, en comparaison des 5 que tuent les serpents. Mais aussi, quand le mâle, qui pèse près d'une tonne, est obsédé par l'amour, il aime bien régler la question avec ses rivaux et il peut vous prendre donc pour l'un d'eux et se servir de ses bois comme armes. Même le chevreuil, modèle de l'attendrissant Bambi, tue environ une personne par an aux États-Unis et au Canada. Mais voici quelques statistiques plus rassurantes : l'endroit des États-Unis où l'on risque le plus d'être attaqué par un alligator (trois morts entre 1992 et 1998) n'est pas dans les profondeurs d'un marécage, mais sur un terrain de golf. Les risques d'être attaqué par un requin le long des côtes d'Amérique du

---

1. *Human Death from Animal Attack*, données recueillies par le Remote Care Management, S.A. Baily, S.A. Ishiakara, M.V. Callahan. Les statistiques de l'Organisation mondiale de la santé pour 1998 donnent cependant les chiffres de 736 000 morts par homicide et violence et 588 000 par la guerre.

Nord sont environ d'un sur cinq millions, bien qu'il existe au large de la Californie du Nord une région qu'on appelle le « triangle rouge », où les grands requins blancs confondent parfois les surfeurs en combinaisons humides sur leurs planches avec des éléphants de mer, l'un de leurs mets préférés.

Il y a très peu d'animaux qui chassent les humains comme proies et ceux qui le font, comme les infâmes tigres mangeurs d'hommes de l'Inde ou les lions d'Afrique, sont le plus souvent des individus qui, pour une raison ou pour une autre, ont perdu la peur de l'homme et acquis un goût pour sa chair. La plupart des animaux attaquent l'homme quand ils sont surpris et qu'ils se sentent menacés, quand leur territoire est envahi et quand ils défendent leurs petits. Les serpents tuent beaucoup plus d'humains au monde que n'importe quel autre animal, mais comme le déclare avec force l'une des autorités en la matière, « il n'a jamais été démontré que les serpents attaquent sans provocation, en dépit d'une abondance historique d'arguments tendant à prouver le contraire ». La plupart des morsures se produisent quand des villageois dérangent un serpent par inadvertance, le plus souvent en mettant le pied dessus pendant la nuit. Aux États-Unis, en revanche, beaucoup de gens savent que le serpent est venimeux et, sans doute sous l'influence de l'alcool ou de drogues, décident d'aller « l'embêter » selon les termes d'un expert. Les chercheurs en Alabama ont relevé une baisse significative des morsures d'hommes adultes par des serpents venimeux quand les matchs de football de l'université de l'Alabama ou de l'université Auburn sont retransmis à la télévision dans la région[1], sans doute parce que, au lieu d'aller « embêter » des serpents sauvages ou pensionnaires de viviers, les victimes poten-

---

1. Observations non publiées de M.V. Callahan et R.M. Pitts, citées dans *Field Recognition and Management of Exotic Snake Envenomation*, conférence de Michael V. Callahan à la Wilderness Medicine Conference à Keystone, Colorado, en juillet 2000.

tielles sont en sécurité sur leurs canapés avec une cannette de bière fraîche à la main.

Les humains sont depuis longtemps fascinés par des créatures plus puissantes qu'eux, mais cela fait aussi longtemps qu'ils hésitent entre l'envie de déifier ces animaux et celle de les détruire, comme si l'idée qu'il y ait sur la terre des animaux plus puissants que nous offensait notre ego et dépassait notre capacité de compréhension. Les Égyptiens adoraient un dieu crocodile, Sebek, qui chaque nuit avalait le soleil ; les indigènes des forêts du nord de l'Amérique honoraient l'ours et présentaient à ses parents des excuses élaborées avant de le tuer. Les tribus d'Amazonie avaient élevé le serpent au rang d'animal mythique. Dans la mythologie, les bêtes puissantes peuvent créer le monde ou le détruire. Comme les dieux eux-mêmes, les animaux possèdent le pouvoir sacré d'insuffler la vie dans les humains et de la reprendre. Incarnant le chaos et les ténèbres qui gisent aux frontières du monde connu, ils peuvent, sous la forme du Grendel[1] de *Beowulf*, surgir la nuit d'un marécage pour attaquer la grande Salle de l'hydromel du roi Hrothgar. Ils peuvent aussi incarner le péché, comme le serpent dans le jardin d'Éden. Ils peuvent encore représenter une barrière cruciale que l'adolescent doit franchir pour atteindre la maturité, comme le premier lion tué pour les Masaï ou le premier ours polaire pour les Inuit. Ce qu'ils ne représentent presque jamais dans l'imagination humaine est ce qu'ils sont presque toujours : des créatures qui ne nous cherchent pas querelle, mais qui essaient, comme tout le monde, de survivre ici-bas.

Il n'existe pas de statistiques qui indiqueraient qu'une région du monde serait plus dangereuse qu'une autre en ce qui concerne les attaques d'animaux. Il est cependant permis d'émettre des hypothèses. Il semblerait ainsi que certaines régions d'Afrique, où abondent les animaux de safaris, panthères, lions, éléphants

---

1. Grendel incarnait la peste qui sortait des marécages (*N.d.T.*).

– herbivores imprévisibles capables, on l'a vérifié, de prendre des humains en chasse –, hippopotames et buffles du Cap, devraient figurer sur cette liste, aussi bien que le bassin de l'Amazone, infesté de serpents, et certaines parties de l'Asie du Sud-Est, telles le delta du Mékong où les chercheurs ont établi que dans une région de rizières à peine plus grande que le Rhode Island, les cobras, vipères de Russell et autres serpents tuent chaque année deux mille sept cents adultes et enfants.

Il faudrait sur cette liste inscrire également la côte septentrionale de l'Australie et la région qui se trouve autour de la péninsule du cap York. Outre son assortiment de serpents venimeux tels que la grosse vipère de mort (*Acantophis*) et le taipan, de ses plantes féroces, de ses poissons venimeux et de ses requins, c'est également la patrie du crocodile de mer, localement connu sous le sobriquet de *Saltie*, « Salé », pour le différencier du crocodile d'eau douce, *Freshie*. Les crocodiles de mer et leurs cousins d'Asie tropicale sont responsables de plus de morts chaque année que tous les crocodiles africains, qui ont acquis la notoriété dans les films de Tarzan. Atteignant une longueur de quelque huit mètres, capables de poursuivre un canot automobile dans l'eau et un cheval sur terre, les crocodiles de mer ont des mâchoires assez puissantes pour arracher l'hélice d'un hors-bord. Tapis sur les rivages, ils attaquent leurs victimes – kangourou, vache, humain – d'un coup de leur queue puissante, en attrapent un membre dans leurs mâchoires et effectuent ce qu'on appelle un « battage à mort », projetant plusieurs fois de suite la victime sous l'eau et la secouant jusqu'à ce qu'elle meure d'hémorragie ou plus simplement de noyade. On trouva dans un crocodile de mer, lorsqu'il fut éventré, les restes d'un aborigène et un caisson de quatre gallons contenant lui-même deux couvertures.

Mais, de tous les crocodiles, serpents et autres animaux dangereux de l'Australie du Nord, il est une créature qui, en dépit de sa petite taille, est encore plus redoutable. C'est une méduse gracieuse, guère plus grande qu'un pamplemousse, qui répond au nom scientifique de *Chironex fleckeri* et qu'on appelle plus communément méduse-boîte ou guêpe de mer. Les toxicologues la considèrent comme la créature la plus venimeuse de la surface du globe. Son venin lui-même, qui conserve beaucoup de son mystère pour les chercheurs, pourrait être la substance la plus toxique qu'on connaisse. Les registres tenus depuis 1900 indiquent que soixante-trois personnes au moins sont mortes au large de la côte de l'Australie du Nord de piqûres de *Chironex* ou d'animaux apparentés. Le *Chironex fleckeri* ou, encore une fois, des créatures apparentées seraient responsables d'un nombre inconnu de morts en Asie du Sud-Est et notamment aux Philippines. Comparé à la physalie de l'Atlantique, dont la piqûre est certes douloureuse, mais rarement mortelle, le *Chironex* constitue une classe à part. Selon certaines estimations, celui-ci tue un humain en moins d'une minute.

Voici quelques années, personne ne savait quelle présence invisible au large de ces côtes faisait que ses victimes se mettaient soudain à crier et à s'agiter dans l'eau sous l'effet d'une piqûre intolérable et qu'elles en mouraient parfois. L'espèce elle-même n'avait pas été identifiée jusqu'à ce qu'un garçon en mourût en 1955. Un radiologue et naturaliste amateur du Queensland, le Dr Hugo Flecker, pressa alors la police de draguer les côtes afin de trouver l'agresseur qui, à la fin, fut nommé d'après lui. Pendant quelque temps, cette méduse fut désignée sous le nom de « guêpe de mer », mais des touristes venus d'autres régions de l'Australie commencèrent à porter sur les plages du Queensland des chapeaux et des ombrelles destinés à tenir en échec ce qu'ils prenaient littéralement pour des insectes, et le surnom de « guêpes » fut donc abandonné. Actuellement, durant la saison des pluies, où les *Chironex fleckeri* s'amassent près des côtes, les baigneurs des plages les plus courues se tiennent donc à l'intérieur d'enclos marins protégés par des filets de protection. Les chercheurs ont également mis au point des maillots de Lycra qui protègent les nageurs contre les piqûres de ces pestes, mais ils ont surtout fabriqué un sérum spécifique en injectant à des moutons des doses non létales de venin de *Chironex* et en recueillant les produits sanguins. S'il est promptement administré, ce sérum permet d'améliorer considérablement l'état des victimes. La réanimation cardiopulmonaire est également efficace. Les piqûres de *Chironex* sont devenues relativement rares comparées à celles d'autres méduses moins toxiques, mais elles n'ont pas pour autant disparu. Le respect des mesures de précaution et l'éducation du public permettent évidemment de réduire les risques.

« Viens donc, cria Mary, qui était dans l'eau jusqu'aux genoux, faisant des signes à Gil. Regarde, il n'y a rien d'inquiétant.

— Je ne suis pas inquiet, répondit-il, je suis prudent. »

Appuyé sur les coudes, il la regardait à travers ses lunettes d'écaille.

« Tu vas laisser ta nouvelle épouse nager toute seule ? cria-t-elle.

— J'admire ma nouvelle épouse de loin. »

Mary tourna le dos et s'avança dans l'eau. Le fond sableux ridulé massait agréablement la plante de ses pieds et l'eau tiède des Tropiques lui calmait la peau comme un bain minéral. Elle était dans l'eau jusqu'à mi-cuisses. La mer calme et bleu-vert s'étendait comme un lagon serein vers la Grande Barrière de Corail, à une cinquantaine de kilomètres au-delà. Mary mourait d'envie d'aller en admirer les magnifiques coraux et les poissons exotiques. Il était déjà difficile de convaincre Gil de prendre un bain ; quels efforts faudrait-il donc déployer pour l'emmener jusque-là ? Il était devenu si hostile à l'aventure depuis leur lune de miel, comme si cette profusion de vie, la jungle tropicale, les splendides papillons, les oiseaux exotiques, les fleurs sauvages, les récifs de coraux et la faune de la mer, bref comme si tout ce qui l'exaltait le refroidissait ; il se réfugiait dans la chambre d'hôtel climatisée, équipée de la télévision par satellite et d'un minibar, ou sur le terrain de golf à dix-huit trous.

Elle avança plus loin. L'eau lui arriva aux hanches. Elle savait qu'elle n'était pas prudente, mais l'eau semblait accueillante et la prudence obstinée et assommante de Gil lui donnait envie de nager plus avant, afin de s'éloigner de lui. Leur vie commune serait-elle pareille ? se demanda-t-elle. Elle était avide d'explorations et de rencontrer des gens nouveaux et, lui, il traînait derrière, répugnant à se détacher de ce qui lui paraissait sûr et familier. Ce mariage était-il donc une erreur ? Déjà, ses querelles avec Gil ressemblaient à ces fastidieuses discussions qu'elle avait eues avec Tom, son ex-mari. Celui-ci aussi aurait aimé la station balnéaire, et il n'aurait guère trouvé de raisons pour s'éloigner des domaines protégés où l'on tenait en respect la jungle et ses créatures. En tant qu'agent immobilier, Tom aurait été sensible à la beauté et aux risques considérables encourus pour créer un lieu de villégiature dans ce coin perdu de l'Australie. Mais pour elle, et quels que fussent les agréments du confort, c'était une profanation du paysage primal.

Si Gil devenait comme Tom, prudent et peu enclin à la fantaisie, intéressé seulement par l'argent, elle le quitterait. Peut-être aurait-elle d'abord l'enfant qu'elle voulait et puis elle le quitterait.

« Est-ce là tout ce que je peux espérer de mon nouveau mari, être admirée de loin ? » cria-t-elle en se tournant à demi vers lui.

Il lui fit un signe.

« Je suis parfaitement bien ici », répondit-il.

Mais il n'était pas parfaitement bien. Comment l'aurait-il été avec quelqu'un qui le houspillait tout le temps ? C'était incessant : *pousse, pousse, pousse.* N'étaient-ils pas supposés prendre des vacances ? Il travaillait déjà assez dur. Il mettait chaque jour sa réputation en jeu. Ce n'était certes pas un travail de prestige, puisqu'il établissait les taxes de sociétés, tâche absorbante, extrêmement ardue et ne tolérant aucune erreur, car les contrôleurs du gouvernement savaient déceler la plus infime trace de tricherie, de même que le requin détecte un soupçon de sang dans la mer ; et la moindre défaillance, susceptible de révéler de plus graves irrégularités, déclenchait en eux une fureur carnassière. Oui, il travaillait dans un monde hostile et il n'avait pas besoin de quelqu'un pour le houspiller sans cesse sous prétexte de détente. Mary commençait à lui rappeler son ex-femme, Betsy, qui, pendant cinq années, l'avait harcelé pour qu'il travaillât moins, prît davantage de vacances, trouvât le temps de faire des excursions, des pique-nique, des visites de galeries et d'inviter du monde à dîner. Il lui avait alors répondu qu'il n'y était pas opposé, mais qu'il devait se concentrer sur son travail et en particulier sur sa carrière. Mais elle était obstinée et, en fin de compte, il l'avait quittée. Puis, paradoxalement, il s'était lancé dans ces activités qu'il lui avait si longtemps refusées, comme pour lui prouver qu'il n'était pas le butor qu'elle pensait. Ç'avait été pour lui un grand soulagement de rencontrer Mary dans ce groupe d'observateurs d'oiseaux ; elle avait été si patiente et compréhensive quand il lui avait raconté l'échec de son mariage ! Maintenant, toutefois, il lui semblait revivre ces cinq déplorables années. Ne pouvait-elle donc pas le laisser tranquille ? Ne pouvait-elle pas suivre un rythme un peu plus nonchalant, au lieu de courir de la jungle à la Barrière et de la Barrière à l'outback, le grand désert australien ? Il répugnait à imaginer ce que serait leur vie commune au retour. L'erreur était déjà faite. Une erreur stupide, comparable à celles qu'il avait comme principe d'éviter dans son travail. Combien de temps faudrait-il pour divorcer ? Et, ce qui était plus important, combien cela lui coûterait-il ?

Son regard se porta vers l'eau bleue et verte qui

montait aux hanches de Mary. Il détailla l'image, le Bikini noir, bas sur les hanches et le croissant de seins qui se dégageait quand elle levait les bras. Il dut s'avouer qu'elle avait un corps superbe.

« Dernière chance ! lui cria-t-elle, tournant à demi la tête en direction de la plage.

— Dépêche-toi donc de nager si tu veux nager, répliqua-t-il, de plus en plus irrité. Sinon, nous rentrons à l'hôtel. »

Elle leva les bras en cerceau au-dessus de sa tête et se dressa sur le fond sableux. Puis, dans un élan souple et les clapotements, elle plongea sous l'eau et prit sa décision : *Ce coup-ci, j'en ai assez de lui.*

Près d'un an plus tôt, deux *Chironex fleckeri* avaient lâché du sperme et des œufs dans un estuaire non loin de la plage isolée de Gil et Mary. La fécondation dans ces eaux tièdes produisit rapidement une grappe de cellules qu'à ce stade on appelle planules ; elles descendirent au fond de l'estuaire et s'attachèrent sous un rocher. Là, pendant la saison sèche, les planules développèrent les ébauches d'une couronne de tentacules et se transformèrent en un petit polype, forme élémentaire de la méduse, qui, à la fin de la saison sèche devint une petite méduse. Juste avant la saison des pluies, le *Chironex fleckeri* quitta l'estuaire et s'élança dans la mer de Corail.

Pendant les mois suivants, elle longea les eaux calmes de la côte, croissant et se nourrissant, évitant aussi les courants et les vagues de la haute mer qui pouvaient endommager ses tissus délicats. Son corps translucide et laiteux, composé à 95 pour cent d'eau, prit une forme gracieuse de cloche aux bords inférieurs carrés, d'où le nom de « méduse-boîte », qui s'applique également à une cinquantaine d'espèces apparentées de l'ordre des cuboméduses. En remplissant sa cloche d'eau qu'elle peut expulser par contractions, à la façon d'une ombrelle qui se fermerait pour se rouvrir, cette méduse peut atteindre une vitesse de quelque six kilomètres à l'heure. Un appendice en patte de poulet, le *pedalium*, se forma à chaque coin de la cloche et des tentacules poussèrent dessous, une quinzaine par *pedalium*. D'un demi-centimètre de diamètre, ces tentacules peuvent atteindre trois mètres de long sur une grande méduse adulte, quand elles sont entièrement déroulées ; elles forment des segments annelés, évoquant des fils électriques, fortement chargés en l'occurrence.

Dotée d'yeux primitifs, la méduse peut éviter de heurter de gros objets ; elle peut également suivre les bancs de crevettes qui se forment au large des plages sablonneuses. Sensible à la forte lumière, elle préfère les fonds pendant le jour et monte vers la surface en fin d'après-midi, traînant ses tentacules en quête de proie. À la marée montante, elle gagne les eaux peu profondes près des plages. Une crevette, déployant sa queue et nageant à reculons, meurt presque instantanément quand elle frôle une tentacule de *Chironex*. Comme un cow-boy marin qui ramènerait un veau au lasso, celui-ci saisit la crevette, l'enroule dans ses tentacules et ramène le régal vers ses grosses lèvres préhensiles.

La mer était calme, la marée montait et le soleil déclinait quand Mary joignit les mains au-dessus de sa tête pour faire son plongeon. Pratiquement invisible, la méduse nageait à près de quatre mètres d'elle au large, par deux mètres de profondeur, traînant ses tentacules à la recherche de crevettes.

Mary ne la vit donc pas.

Nageant sous la surface étale, elle glissa sous l'eau, savourant le murmure de l'eau et la caresse de la mer des Tropiques sur sa peau nue. Elle fendit l'eau, battant des pieds, béate, soulagée d'avoir pris la décision de quitter Gil. Puis quelque chose lui caressa le bras. Elle sursauta. Était-ce une algue ? Puis cela lui caressa les épaules, les reins, le dos.

Instinctivement, les tentacules de la méduse se contractèrent, formant des boucles sur la peau de la nageuse afin d'appliquer le maximum de surface, et donc le maximum de venin, sur la peau de sa victime. Chaque tentacule était équipée de millions de vésicules de venin, les nématocystes, jusqu'à quatre milliards par méduse. Le contact avec la peau de Mary, qui pour la méduse n'était pas différent de celui d'une crevette ou d'un poisson, déclencha au sommet de chaque vésicule l'éjection d'une pointe, le cnidocile. Le sommet des vésicules s'ouvrit comme une boîte à surprise ; mais, au lieu d'un diablotin, ce fut une sorte de seringue qui jaillit de chaque nématocyste : un petit tube en vrille muni à son extrémité d'une pointe aiguë. Chacun de ces milliers de tubes se déploya sur un dixième de millimètre et s'enfonça dans la peau de Mary, injectant du venin dans le derme et les capillaires sous-cutanés. Entre-temps, de petits crochets saisirent la peau à la façon de boucles de fins fils barbelés pour bien fixer les tentacules sur la peau de la victime.

Mary haleta sous l'eau. Un chapelet de bulles s'échappa de sa bouche. Les piqûres se changèrent en un incroyable flux de douleur, ses bras, ses épaules, son dos, son torse la brûlèrent. *Non*, se dit-elle, *ce n'était pas une algue*. Un millier de guêpes avaient enfoncé leurs dards, par longues rangées ondulantes, dans sa peau.

Elle se débattit et s'élança vers la surface, arrachant ces bandes piquantes qui adhéraient à sa peau. Elle retint un cri de douleur tandis que les bulles s'échappaient de sa bouche et de son nez. *Sors d'abord la tête de l'eau*, pensa-t-elle, *sors la tête de l'eau*.

Toujours allongé, appuyé sur ses coudes et la regardant avec irritation à travers ses lunettes en écaille, Gil avait observé son gracieux plongeon et ce long moment suspendu de sa coulée sous l'eau. Puis la surface bouillonna dans une éruption d'écume. Il vit d'abord la tête de Mary, ses cheveux mouillés striés de blond, puis ses bras qui battaient désespérément l'eau, arrachant de sa poitrine, de ses épaules et de son dos quelque chose qu'il ne pouvait pas voir. Les cris et les râles de douleur de Mary lui parvenaient par-dessus l'eau calme, d'abord gutturaux et saccadés, alors qu'elle s'arrachait la peau, puis soutenus et aigus tandis qu'elle tentait de gagner le rivage pour qu'il la secourût.

Il comprit immédiatement ce qui s'était passé. *Pourquoi ne l'avait-elle pas écouté ?*

« J'arrive ! » cria-t-il, se dressant d'un bond.

Il serait le mari héroïque, vengé parce qu'elle s'était moquée de sa prudence. Il courut au bord de la mer de Corail, qui clapotait doucement sur le sable, se défit de ses lunettes de soleil à trois cent soixante-quinze dollars et les jeta sur le sable. Puis il s'élança dans l'eau peu profonde qui rejaillissait sous ses pieds de façon héroïque. Il s'arrêta soudain, l'eau aux genoux.

Est-ce qu'il risquait d'être piqué lui aussi ?

Elle était à une quinzaine de mètres de lui, dans une profondeur d'eau sans doute à hauteur d'homme. Il voyait qu'elle se débattait pour reprendre pied. Il examina la mer alentour et ne vit rien de particulier. Quelle était donc la longueur des tentacules ? Il n'en avait aucune idée. Et où était la méduse ? Elle pouvait être n'importe où. Mary le regardait avec ces grands yeux pleins de panique, pareils à ceux d'un animal blessé et piégé qui sait que le temps presse. *Pourquoi ne vient-il pas à mon secours ?* Elle tentait de l'appeler, mais ses mots étaient brouillés par l'eau qui emplissait sa bouche tandis qu'elle tirait les tentacules invisibles dans l'eau autour d'elle.

« Où est-ce ? cria-t-il. Où est-ce ? »

Il sembla que Gil, dans l'eau jusqu'aux genoux, fût lui aussi paralysé par le puissant venin de la méduse. Il chercha du regard quelque chose sur la plage qui pût être utile, une personne, un bâton, une planche, une corde. Rien. Ils avaient justement choisi cette plage parce qu'elle était déserte. Et dans la voiture ? Rien d'utile. Son regard revint vers Mary, qui se débattait toujours dans l'eau.

« Peux-tu nager ? cria-t-il. Nage vers moi ! »

Elle leva un bras en signe d'impuissance et il aperçut les marques rouges en spirale, comme des traces de coups de fouet. Elle suffoquait dans l'eau.

Il s'avisa qu'elle mourrait s'il n'intervenait pas. Mais que faire ? Il pouvait courir à la voiture pour aller chercher du secours en ville. Mais combien de temps tiendrait-elle ? Cinq minutes ? Il lui faudrait au moins une heure pour aller en ville et revenir. Il s'imaginait courant sur la plage et elle serait là, rejetée par les flots, morte. Et qu'est-ce qui se passerait ensuite ? Y aurait-il une enquête du coroner ou de l'équivalent australien ? Serait-il tenu pour responsable de sa mort ?

Personne ne sait exactement ce qui rend le venin de *Chironex fleckeri* si puissant. La recherche sur ce point a été compliquée par le fait que ce venin est thermolabile, c'est-à-dire qu'il devient instable quand il est chauffé à 55 °C ou plus ; il est donc difficile de l'analyser sans l'altérer. Les spécialistes supposent que, composé de substances pareilles à des protéines, il contient trois composants principaux : une toxine qui provoque la nécrose de la peau, une autre qui agit sur le sang et une troisième qui affecte le cœur et qui peut être mortelle. L'intolérable douleur cutanée serait en partie causée, selon certains, par un composé appelé 5-hydroxytryptamine, commun à plusieurs autres méduses. Ce composé, qu'on retrouve dans le venin d'abeille et dans les orties, déclenche la production d'histamine dans le corps de la victime. Il est utile au système immunitaire, parce qu'il dilate les vaisseaux sanguins, d'où l'inflammation autour d'une piqûre, accélérant ainsi l'arrivée des agents de défense immunitaire sur le site.

Mais la douleur due à l'inflammation histaminique est relativement modérée en comparaison de celle que cause la piqûre de *Chironex fleckeri*. Il existe donc une autre substance qui la potentialise. On ignore de quelle façon le venin modifie le sang, mais on comprend mieux, en revanche, comment il affecte le cœur.

Ce venin, estime-t-on, entre dans le système circulatoire de la victime environ vingt secondes après la piqûre, par le relais des capillaires. À la différence de ce qui se produit avec le venin de serpent, dont les crocs déposent plusieurs gouttes dans les tissus, qui est lentement absorbé par le corps et n'agit pleinement qu'au bout de quelques heures. Dans les deux cas, toutefois, la réaction-réflexe « fuir ou combattre », utile lorsqu'on est attaqué par un crocodile de mer et qu'on a besoin de tous ses moyens pour tirer sa jambe de la gueule de l'animal – une victime parvint à le faire –, est contreproductive dans le cas des victimes de piqûre de méduse ou de morsures de serpent.

En effet, chez Mary, cette réaction-réflexe avait déclenché la production d'adrénaline dans son corps, élevant son rythme cardiaque de quatre-vingts à cent soixante-dix battements par minute. Sa lutte avait contracté ses muscles, qui demandaient de l'oxygène ; ce qui, à son tour, déclencha un afflux de sang de son cœur et de ses poumons. Le résultat fut ce que les physiologistes appellent la « pompe musculaire ». Les besoins de ses muscles en oxygène, induits par la panique, contribuaient à accélérer la diffusion du venin depuis les capillaires jusqu'au cœur.

Le venin se concentra rapidement dans son cœur. Une cardiotoxine de ce venin commença à dérégler son système électrique. Au repos, en effet, chaque cellule du muscle cardiaque possède une charge négative, parce qu'elle contient des ions négatifs. Quand un message électrique passe d'une cellule à l'autre, des canaux s'ouvrent dans les membranes cellulaires pour permettre aux ions négatifs de sortir de la cellule et aux positifs d'y pénétrer. Pendant un instant, la charge à l'intérieur de la cellule devient donc positive. Son impulsion est transmise à la cellule suivante, puis à la suivante, et ainsi de suite, comme une onde qui traverserait la fibre musculaire, déclenchant une contraction. Une fois l'onde passée, les ions positifs sortent de la cellule et celle-ci revient à sa charge négative originelle.

Mais des expériences menées sur les tissus de cœurs de rats montrent que le venin du *Chironex* déclenche apparemment une forte augmentation des ions de calcium, à charge positive, qui pénètrent dans la cellule cardiaque. Or, on sait qu'un excès de ces ions provoque des spasmes dans les contractions bien rythmées du muscle cardiaque, un peu comme si l'on jetait de l'eau sur les circuits bien ajustés d'un moteur électrique.

Le cœur de Mary perdit soudain son rythme et devint le siège de contractions irrégulières, pareilles à des spasmes. Les ventricules, les deux principales chambres du cœur, commencent normalement leurs contractions à un niveau inférieur et se propagent harmonieusement dans le puissant muscle cardiaque vers le haut des chambres ; c'est alors que la contraction expulse le sang dans le système artériel. Mais les contractions chaotiques du venin du *Chironex* s'enclenchèrent vers le milieu du muscle et atteignirent le rythme extrêmement rapide de deux cent quarante battements à la minute. Au lieu d'une poussée coordonnée expulsant à chaque battement quelque cent grammes de sang, le cœur n'expulsa plus qu'un vingtième de cette quantité. La pression sanguine de Mary chuta donc vertigineusement et le flux sanguin vers le cerveau se réduisit à presque rien. Pour elle, le cercle de soleil et de mer étincelant et la douleur brutale ne furent plus qu'une tache floue de lumière pâlissante. Un message lui parvint des profondeurs de cet état crépusculaire : *Tiens la tête en haut, tiens tes bras en mouvement.*

Il sembla à Gil qu'elle perdait conscience. Elle tomba dans l'eau la face en avant, releva la tête, retomba.

Elle ne criait plus. Elle flottait la face en bas, mais l'arrière de sa tête surnageait. Ses bras ulcérés bougeaient encore confusément pour la maintenir à la surface.

« Mary ! Mary », cria-t-il, avançant encore d'un pas ou deux sur le fond sableux.

Elle ne parut pas l'avoir entendu.

Gil n'avait jamais vu personne mourir, mais il était évident que Mary était déjà presque morte. Il savait qu'il reverrait ces instants tout le reste de sa vie et qu'il n'oublierait jamais ces images, sa femme flottant la face dans l'eau, les bras remuant vaguement, les cheveux épars sur la surface, tandis qu'il était là, paralysé, de l'eau jusqu'aux genoux, les pieds collés au fond, en train de l'observer. Ce n'était pas l'assaut d'un lion qu'il affrontait, d'un ours, voire d'un crocodile de mer affamé, mais celui d'une vulgaire méduse ! Une méduse qui passait par là ! Les gens se moqueraient de lui, l'homme qui avait regardé sa femme mourir parce qu'il n'avait pas osé affronter une méduse. Il haleta, son cœur battit la chamade. Dans son état de panique, partagé entre la nécessité d'attaquer la méduse et l'envie de la fuir, son rythme cardiaque monta quasiment à son maximum de cent cinquante battements par minute. Il n'en pouvait plus : allait-il vivre le reste de sa vie avec l'image de lui-même comme celle d'un avocat d'affaires timoré et pusillanime qui avait laissé sa femme mourir parce qu'il avait eu peur d'aller à son aide ? Parce qu'il avait été tellement prudent, qu'il avait tellement eu peur de la mort, il avait aussi eu peur de la vie. Et maintenant sa femme aussi risquait de mourir à cause de sa prudence.

Il avança encore un pied. Puis l'autre. Encore un pas. Et soudain il s'élança à l'eau vers elle, ne se souciant plus de ce qui pouvait lui arriver pourvu qu'il agît. Il alla donc, agitant les bras pour garder son équilibre. L'eau lui arriva aux cuisses. Puis à la taille. À la poitrine. Mary flottait à trois mètres de lui. Deux mètres. Il s'arrêta. Fit deux pas précautionneux. Il tendit le bras droit par-dessus l'eau, au-delà de la portée des tentacules. Il toucha la main gauche de Mary et sentit la mollesse gluante des tentacules enroulées autour. Il retira la main. Bizarrement, il n'éprouvait pas de brûlures. La méduse s'était-elle donc vidée ?

Non, elle ne s'était pas vidée et s'il n'avait pas senti de brûlures, c'était parce que les petits tubes tortillés remplis de venin projetés par les nématocystes n'étaient pas assez puissants pour pénétrer la peau épaisse de sa paume. Et les poils sur le dos de sa main avaient également servi de protection contre leurs injections. Les femmes et les enfants, dont la peau est plus lisse et plus tendre que celle des hommes, et dont les corps sont plus petits, sont pour cette raison plus vulnérables aux piqûres de *Chironex*. Même une combinaison peut repousser les piqûres de méduse, comme l'ont découvert les surfeurs et les maîtres nageurs australiens, qui portent des combinaisons sur leurs jambes et leurs torses, et même sur la tête quand il leur faut nager dans des eaux infestées de méduses. Les tortues de mer, elles, possèdent un œsophage qui vaut quasiment de l'acier, et grâce auquel elles peuvent chasser et gober avec délices de vastes quantités de ces méduses.

Gil tendit de nouveau la main et saisit le poignet gauche de Mary, entre les tentacules. Inondé d'adrénaline, il tira les soixante kilos de sa femme jusqu'à la plage et au sable sec.

Il s'agenouilla près d'elle. Il ne pensait qu'à la ranimer, avec une concentration mentale comme il n'en avait jamais connue, une sorte de clarté cristalline qui ne laissait place à aucun souci de prudence. Elle gisait sur le ventre. Des boucles et des S de tentacules arrachés au corps délicat de la méduse adhéraient encore à son torse, dessinant des taches d'un brun pourpre. Si elle survivait, ces tissus pouvaient mourir mais elle en garderait toute la vie des cicatrices sinueuses, comme si elle avait été tatouée à coups de fouet.

Gil se rappela l'écriteau qu'il avait lu sur la plage près de la ville : *Baignez les brûlures de vinaigre*, c'était le premier conseil pour traiter les fortes brûlures de la méduse-boîte. Et il avait remarqué les distributeurs de vinaigre disposés à intervalles réguliers le long de cette plage. Le vinaigre, en effet, empêche les nématocystes de continuer à injecter leur venin. Gil n'avait pas de vinaigre. Mais il courut prendre la serviette de plage de leur hôtel, garnie de grandes lettres bleues à l'enseigne de la station balnéaire et, s'en entourant la main à la façon d'un gant chirurgical, il arracha les fragments de tentacules et les jeta au loin.

Il y en avait pour près de quatre mètres. La gravité d'une attaque de *Chironex* dépend surtout de la surface de tentacules qui a été en contact avec la victime. On considère que deux mètres représentent la dose mortelle minimale pour un humain adulte. Selon certaines estimations, un *Chironex* mature contient assez de venin pour tuer de dix à vingt adultes humains.

Gil retourna Mary sur le dos et arracha vivement un fragment de tentacule de son ventre. À titre de précaution, il avait pris quelques années plus tôt des cours de réanimation cardio-pulmonaire et un cours de rappel avant le voyage dans les Caraïbes, car il s'inquiétait de l'équipement médical dans les îles. Il lui glissa une main sous le cou et lui renversa la tête, afin de s'assurer que ses voies respiratoires étaient libres. Puis il observa l'abdomen et la poitrine couverts de sable, guettant des signes de respiration. Rien. Il se pencha vers la bouche et le nez de Mary pour détecter un souffle. Rien non plus.

L'écriteau enjoignait ceci : *Si la respiration s'est arrêtée, pratiquez la respiration artificielle. Si le cœur s'est arrêté, procédez à un massage cardiaque.*

Les mains de Gil tremblaient, il sentait son propre cœur battre violemment, il haletait. *Concentre-toi,* se dit-il. *Rappelle-toi la séquence de réanimation cardio-pulmonaire.*

Il se pencha vers Mary, lui ouvrit la bouche d'une main, lui pinça les narines de l'autre, plaça sa propre bouche sur la sienne, exhala, se détourna, inspira fortement et souffla de nouveau dans sa bouche. Il observa sa poitrine : elle s'était légèrement soulevée quand il avait insufflé l'air et cela signifiait que, même si elle avait besoin de respiration artificielle, ses voies respiratoires n'étaient pas bloquées. Mais son cœur ? Il plaça son index et son majeur sur son cou, puis les laissa glisser sur le côté, entre la trachée et les muscles du cou, pour détecter le pouls de l'artère carotide, celle qui alimente le cerveau. Il maintint aussi stables qu'il pût ses doigts tremblants et couverts de sable. Rien. Le cœur de Mary était encore le siège de spasmes sauvages et chaotiques, à quelque deux cents battements par minute. Il est impossible de prendre le pouls carotidien avec les doigts si la pression systolique de la victime, celle qui se produit lorsque le cœur se contracte, est inférieure à 8, alors qu'elle est normalement à 12. Et la pression systolique de Mary, dont le cœur était toujours agité de spasmes par le venin, était en fait à 4. Quant à sa pression diastolique, celle qui correspond à l'expansion du muscle cardiaque, elle était à zéro.

Gil devait être à la fois le cœur et les poumons de Mary, et assez longtemps pour que ses mécanismes physiologiques se remettent du choc causé par le venin et reprennent quelque équilibre. Et Gil savait que ce qu'il entreprenait n'était pas aisé pour une seule personne. Il lui fallait procéder très vite. La sueur lui coulait du front, des aisselles, des avant-bras. Agenouillé près de Mary, il plaça la main gauche sur le sternum, puis la main droite par-dessus, en prenant soin de ne pas presser sur l'extrémité inférieure du sternum ou xiphoïde, qui pouvait se casser sous la pression. Et il appuya fort, comprimant le sternum de quelque six centimètres. Puis il relâcha sa pression et recommença. Il s'efforça de garder un rythme rapide et constant de quatre-vingts pressions par minute, bien qu'il eût préféré un rythme de soixante pressions s'il avait eu un sauveteur à son côté pour ventiler périodiquement les poumons de Mary. Mais il n'y y avait personne et il devait donc s'arrêter périodiquement pour pratiquer la respiration artificielle. Avec son esprit mathématique, il se rappela la moyenne pour une réanimation cardio-pulmonaire pratiquée par une seule personne : 15/2. Après les quinze premières pressions, il s'interrompit pour pincer de nouveau les narines de Mary et effectuer deux insufflations, puis il entreprit une autre série de quinze compressions. *Un-et-deux-et-trois-et-quatre-et-cinq...*

Bien que l'air qu'il lui insufflait fût expiré par ses propres poumons, il contenait quand même beaucoup d'oxygène. À chaque poussée du sternum de Mary, Gil comprimait les deux grandes chambres de son cœur, les ventricules droit et gauche, l'un expédiant le sang dans les poumons, où il pouvait s'oxygéner, l'autre expédiant le sang oxygéné au travers du corps. Le rythme rapproché des compressions faisait monter le sang vers les carotides et dans le cerveau, mais à un tiers seulement de son flux normal, assez toutefois pour fournir un peu d'oxygène aux tissus cérébraux qui en étaient affamés.

Trente secondes s'écoulèrent. Gil poursuivait ses compressions sans oser lever les yeux ni parler à Mary, la supplier de revenir à la vie, sans même oser prier tant il était absorbé par le maintien du rythme rapide des compressions.

Une minute : il s'arrêta un instant pour reprendre son souffle et tâter de nouveau la carotide. Toujours rien. Et il recommença.

Le travail de pompe qu'il exerçait sur le cœur commençait à diluer le venin qui s'y était concentré, en provenance des capillaires, et à le disperser dans l'organisme. Les cellules cardiaques commencèrent à retrouver leur niveau normal d'ions calcium et les ouvertures des membranes cellulaires, qui avaient trop facilement permis à ces ions de passer dans les deux sens, commencèrent à se resserrer.

Encore quarante secondes. La sueur qui dégoulinait du front et des bras de Gil retombait sur le visage saupoudré de sable de Mary. Il n'était pas sûr de pouvoir tenir longtemps ce rythme.

Le venin se dispersant, le cœur reprit lentement son

rythme. À l'intérieur de l'oreillette droite, l'une des deux petites chambres au-dessus des ventricules, se trouve un régulateur cardiaque autonome, un paquet de fibres musculaires particulier qu'on appelle le nœud sino-atrial[1], qui, tel un métronome, engendre ses propres impulsions électriques. Il expédia donc des impulsions comme une onde, activant les tissus musculaires qu'il fallait dans l'ordre qu'il fallait.

Deuxième minute : Gil avait effectué huit séries de quinze compressions. Il s'arrêta encore pour tâter le pouls carotidien. Il sentit quelque chose. Mais quoi ? Était-ce son propre cœur qui lui faisait palpiter jusqu'au bout des doigts ? Or, ces doigts recouverts de sable étaient ankylosés des efforts qu'ils avaient fournis et Gil tremblait et haletait. La sueur l'aveuglait. Il l'essuya de l'avant-bras et tâta de nouveau la carotide. Était-ce vraiment le pouls de Mary ou bien rêvait-il ? Quoi que ce fût, il lui fallait agir vite. Il aurait eu besoin de quelqu'un pour l'aider, quelqu'un de calme, avec des doigts propres.

Il reprit les compressions et les insufflations. Quatre séries de quinze compressions, une minute de plus. Il était vraiment à bout de souffle. Il lui sembla qu'il y avait une éternité qu'il tentait de ranimer Mary. Était-ce peine perdue ? Était-il intervenu trop tard ? Était-il resté trop longtemps à l'observer, dans l'eau, pendant que la vie la quittait ? Il tâta encore la carotide, en essayant de se contrôler afin de savoir ce qu'il sentait au bout des doigts. Ce fut alors qu'il perçut un premier soupir. Il regarda la poitrine de Mary. Un autre soupir. La cage thoracique s'abaissa doucement.

Il retira ses doigts et colla son oreille à la poitrine couverte de sable. Il entendait quelque chose. Il pressa l'oreille contre la peau incrustée de sable. *Lab-dab...lab-dab...lab-dab...lab-dab...* C'était le bruit de ses valves cardiaques qui s'ouvraient et se refermaient comme il fallait, faisant vibrer les parois du cœur et des vaisseaux.

« Continue, Mary ! cria-t-il. Continue ! »

---

1. Également dit nœud de Keith et Flack (*N.d.T.*).

Il releva la tête. Elle respirait par petits à-coups réguliers, cette demi-respiration qu'on dit d'agonie.
« C'est ça, Mary ! Respire ! »
Il observa attentivement le thorax qui s'élevait et s'abaissait. Ça avait donc marché ? Il lui avait réinsufflé la vie ?
Elle commença à bouger les membres sur le sable, comme si elle se rappelait inconsciemment qu'elle devait continuer à nager. Elle tourna la tête à droite et à gauche. Gil essuya le sable sur son visage. Elle gardait les yeux fermés. Il devait rapidement établir un plan ; il décida que, dès qu'elle ouvrirait les yeux, il la prendrait dans ses bras, l'emmènerait vers la Jeep sous les palmiers, l'assoirait et foncerait par l'autoroute vers la ville. Le trajet prendrait vingt minutes ou un peu plus et à l'hôpital, en ville, ils disposeraient à coup sûr de réserves de sérum antivenimeux spécifique de la méduse-boîte. Ils mettraient Mary en réanimation si elle en avait encore besoin et ils lui administreraient des analgésiques contre la douleur, car celle-ci reviendrait certainement.
Et qu'adviendrait-il ensuite ? se demanda-t-il. Que se diraient-ils l'un à l'autre ? Changerait-elle, cesserait-elle de le harceler ? Et lui, serait-il aussi différent, moins timoré ? Est-ce qu'un frôlement de cette étrange créature errante, munie de tentacules et sans cerveau, sans aucun sens du bien ou du mal, pouvait ainsi changer une vie, deux vies, un mariage ?
Il se leva. Il courut vers les vêtements qu'ils avaient jetés sur la plage et saisit son sac de plage et les clefs de la voiture, puis s'agenouilla de nouveau près d'elle.
« Allons, Mary, allons ! »
Il s'autorisa alors à espérer. Elle pouvait faire une rechute, oui ; les victimes du *Chironex fleckeri* accusent parfois une légère amélioration et une élévation passagère de la pression artérielle avant de mourir soudainement. Mais Gil savait qu'il avait fait pour elle tout ce qu'il était humainement possible de faire. Les paupières de Mary s'ouvrirent et une vague de soulagement et de gratitude inonda Gil. Les larmes lui vinrent.

9.

L'ivresse des profondeurs

Légèrement hors d'haleine, parce qu'il avait couru dans les rues pavées pour arriver à l'heure, Robert, ou plutôt Roberto comme on l'appelait depuis neuf mois en Espagne, gravit le grand perron du 49 Calle San Jose, dans le vieux port de Cadix, et se trouva devant une porte noire et massive ; c'était celle d'une ancienne maison de marchands. Robert connaissait bien l'histoire de la ville. Cadix assurait qu'elle était la plus ancienne cité d'Europe occidentale qui eût été occupée sans interruption. Le port lourdement fortifié avait, en effet, été construit trente siècles auparavant par les marchands phéniciens sur une langue de roc et de sable, juste au-delà du détroit de Gibraltar. Cadix avait ensuite été la première escale de l'Ancien Monde pour beaucoup des galions qui revenaient du vaste empire colonial de l'Espagne dans les Amériques. Et c'était ce dernier point qui intéressait le plus Robert.

S'épongeant le front et les joues luisants, il se composa une expression amicale mais digne. Puis il appuya sur la sonnette encastrée dans le chambranle de pierre.

« *Qué ?* » cria une voix dans l'Interphone.

Il donna son nom et n'obtint pas de réponse, sinon le bourdonnement annonçant l'ouverture électronique de la porte. Il poussa le lourd vantail. Il avait déjà visité des maisons de marchands à Cadix, dont plusieurs avaient été converties en appartements, mais il n'en avait vu aucune qui fût si parfaitement conservée. Il avança sous la voûte d'entrée et déboucha dans un patio haut de cinq étages. Un palmier se dressait au centre. Le sol de marbre en damier noir et blanc avait été usé par endroits par le frottement de bottes qui se rendaient jadis aux bureaux de commerce de l'entresol et de l'étage noble.

« *Aqui !* cria une voix résonnant au travers du patio. *Venga !* »

Robert leva les yeux. Une jeune femme en jupe noire et chemisier blanc se tenait au balcon du troisième étage, dont les ferronneries ouvragées couraient tout autour comme à chaque étage, tout le long des balcons, des portes.

Il gravit l'escalier de marbre. Les paliers étaient meublés d'antiques coffres mudejar, incrustés d'ivoire par les artisans mauresques demeurés en Espagne après la reconquête des chrétiens au xie siècle, et de fauteuils du xvie siècle couverts de cuir damasquiné. Partout où Robert portait les yeux, il trouvait des vestiges du lointain et glorieux passé de l'Espagne. *J'ai visé juste*, se dit-il.

Parvenu à l'étage, la jeune femme le guida le long du balcon, puis dans un salon. Là, une vieille dame était assise dans un fauteuil droit, les mains sur les accoudoirs. Un châle andalou blanc, ajouré comme une toile d'araignée, ceignait ses épaules. Elle était vêtue de noir. Ses cheveux blancs étaient tellement tirés que son visage avait l'aspect d'un masque.

D'un geste, elle indiqua un autre fauteuil, aux pieds torsadés à la mauresque et tapissé de velours rouge. Robert s'assit. La chaise craqua. Il sentit la sueur lui couler de nouveau sur les joues.

« Vous n'êtes pas le premier, savez-vous ? dit la vieille dame de façon abrupte.

— Quelqu'un m'a précédé ?

— Pas de mon temps, répondit-elle lentement. Je ne sais que ce que ma grand-mère m'a dit quand j'étais une jeune fille. Elle l'avait entendu de sa mère. Quelqu'un est allé chercher le navire. Ils disent que personne n'y parviendra jamais parce que l'épave est *muy honda*. Très profonde.

— Mais c'était il y a bien des années, dit Robert. Maintenant, il est peut-être facile de le trouver avec les équipements de plongée modernes. On peut descendre très profondément.

— *Quiza*, fut la seule réponse de la vieille dame. Peut-être. »

Et tandis qu'ils étaient assis là et que Robert suait sur le fauteuil vermoulu, la jeune femme qui l'avait accueilli vint avec un plateau et une cafetière d'argent. Robert remarqua l'épaisseur de l'argent patiné et la décoration, une frise de grenouilles emmêlées, presque aztèque, une frise comme les artisans du Nouveau Monde en faisaient sous la domination espagnole. Ils la regardèrent verser de ses mains fines et blanches un jet de café noir dans deux tasses.

« C'est ma petite-fille », dit la vieille dame.

Pour la première fois, Robert, jusque-là fasciné par le décor de la maison, remarqua le visage de la jeune femme. Sa beauté discrète, son nez ciselé et la ligne ferme et douce de son visage, ses cheveux de jais noués en chignon, qui lui faisaient la peau plus blanche. Quand elle les leva vers le visiteur pour lui demander comment il aimait son café, il remarqua ses grands yeux sombres et profonds, et ses lèvres soigneusement maquillées.

« Un peu de sucre, s'il vous plaît, *gracias*. »

Il observa les doigts agiles aux ongles effilés emplir une cuillerée de sucre, puis une demi-cuillerée, et les mêler dans son café. Elle lui tendit la tasse, la tête légèrement penchée. Puis elle se redressa et quitta la pièce.

« Pourquoi pensez-vous que je peux vous aider ? demanda la vieille dame.

— Permettez, *Senora*. J'ai consulté les archives de Séville. Pendant des mois j'ai étudié les vieux manuscrits et les bordereaux des armateurs. Je suis au courant de la tempête de 1605 et des naufrages de la flotte cette année-là. Comme je vous l'ai expliqué dans ma lettre, je sais ce que vos ancêtres ont perdu. Je sais les navires et les fortunes qui n'ont pas été récupérées.

— Pourquoi voulez-vous allez chercher cet *oro y plata* ? L'or et l'argent ont fait couler assez de sang et suscité assez de malheurs dans le monde.

— Je suis collectionneur », répondit Robert, s'avisant à l'instant que ce n'était pas vraiment là une réponse.

Les anciens Scandinaves croyaient qu'un géant malveillant du nom d'Aegir vivait au fond des mers, marié à une femme cupide et lascive nommée Ran. Pour satisfaire ses passions, Ran suscitait des tempêtes, faisait chavirer les navires des Vikings et capturait les marins dans ses filets. Si les naufragés lui payaient un tribut d'or, elle les conviait pour l'éternité à une place dans ses banquets et dans son lit.

Ran n'était toutefois que l'une des nombreuses maîtresses éventuelles des marins noyés. Le mythe de la « femme de la mer » séduisante et traîtresse se retrouve dans les cultures maritimes du monde entier. En Méditerranée, les sirènes, nymphes séduisantes mais meurtrières, attiraient de leurs chants hypnotiques et doux les marins vers les récifs où leurs bateaux s'écrasaient. Pour les Irlandais et les Écossais, des Dames blanches vivaient sous les flots, et les Slaves croyaient que les mers étaient la demeure des jolies filles noyées, qu'ils appelaient des Roussalkas. Un mythe eskimo raconte l'histoire d'une femme belle, mais sans bras, qui vit au fond des mers et dont le nom est Nerrivik, littéralement

« Plat de poisson ». Afin qu'elle fût propice aux pêcheurs, il fallait que des chamans peignent sa longue chevelure pour libérer les poissons qui en étaient prisonniers.

Ces mythes féminins résument les deux aspects de la mer : d'une part le calme et la séduction, et de l'autre les tempêtes mortelles qui sont le lot des marins depuis des siècles. Les profondeurs marines ne sont certes pas tempétueuses ; leur paix, leur beauté de saphir et leur mystère silencieux sont aussi fascinants que son étincelante surface, mais ils sont peut-être encore plus mortels. Comme les pêcheurs d'hier et d'aujourd'hui, les plongeurs disposent de bien des mots, scientifiques ou non, pour définir les conséquences physiologiques de leur attrait. Les plus heureux sont sans doute ceux qu'ont imaginés des plongeurs français, dans une veine poétique, pour décrire ce qui advient aux humains qui respirent de l'air comprimé afin d'explorer la sérénité des grands fonds : ivresse des profondeurs.

Le corps humain est étonnamment adaptable aux profondeurs, du moins durant la descente. Tous les humains à leur façon dépendent de la pression : pas seulement celle du travail, de l'argent ou de l'amour, mais celle de kilos bien réels par centimètre carré. En tant qu'espèce, les humains se sont adaptés à la pression d'un kilo par centimètre carré au niveau de la mer. C'est le poids d'une colonne d'air d'un centimètre de section qui monterait jusqu'aux confins de l'atmosphère terrestre. Cette pression s'exerce de l'extérieur comme de l'intérieur, dans les poumons, la gorge et partout et c'est la raison pour laquelle nous ne la sentons pas.

L'eau est toutefois beaucoup plus lourde que l'air. Une colonne de dix mètres d'eau exerce la même pression qu'une colonne d'air de dix kilomètres. Cette différence a des conséquences considérables pour les humains qui quittent le relatif confort du niveau de la mer pour plonger au-dessous. À dix mètres de profondeur, la pression qui s'exerce sur le corps double tout simplement et l'on dit qu'elle équivaut alors à deux atmosphères de pression. À vingt mètres, elle monte à trois atmosphères et à trente mètres, à quatre. C'est la raison pour laquelle la profondeur maximale recommandée pour la plongée de loisirs, avec bouteilles d'oxygène, est de quarante mètres. Elle correspond alors à une pression de cent tonnes pour un être humain moyen.

Depuis des millénaires, les plongeurs ont affronté deux problèmes : le besoin de respirer et les pressions formidables des profondeurs. Du temps d'Aristote, les pêcheurs d'éponges grecs s'attachaient des cordes autour de la taille, se bouchaient les oreilles avec des éponges imprégnées d'huile, afin de compenser la pression qui s'exerçait sur leurs tympans, et, munis d'un couteau courbe et d'une lourde pierre, ils se laissaient couler vers les fonds marins, espérant que leurs collègues les ramèneraient à temps à la surface – ce qui n'était pas toujours le cas – avec leur butin. Les anciens pêcheurs de perles arabes se perçaient les tympans pour contourner le problème de la pression sur eux. De nos jours, les pêcheurs de perles en apnée des Touamotou, au nord-est de Tahiti, plongent plusieurs fois par jour à une trentaine de mètres ; le résultat en est qu'ils souffrent d'une maladie qu'ils appellent *taravana*, ce qui signifie « tomber follement », et dont les symptômes sont les vertiges, la nausée et, dans les cas aigus, la paralysie, voire la mort.

Le perfectionnement des combinaisons de plongée au cours du XIXᵉ siècle permit à coup sûr aux humains d'aller plus bas et de rester sous l'eau plus longtemps que ceux qui retenaient tout bonnement leur respiration, mais il aggrava les troubles causés par la pression. Dans les versions améliorées, on pompait de l'air comprimé depuis la surface vers le plongeur équipé d'un casque rigide, à l'aide d'un tuyau flexible. Le sens commun voudrait qu'il suffise au plongeur de respirer de l'air grâce à un tuyau abouché à la surface, mais les faits montrent que la pression de l'eau sur la poitrine du plongeur lui rendrait impossible d'aspirer cet air ;

cette méthode ne vaut que pour le snorkel en surface, à trente ou cinquante centimètres. En 1867, des pêcheurs d'éponges des îles Égée abandonnèrent les antiques méthodes décrites par Aristote et adoptèrent les nouvelles combinaisons de plongée ; ils tentèrent de développer leurs profits en restant sous l'eau pendant longtemps, puis en remontant rapidement. Ils furent vingt-quatre à le faire ; dix d'entre eux en moururent.

D'autres inventions, à l'ère de la révolution industrielle, permirent aux travailleurs sous-marins de respirer bien au-dessous de la surface. Des ingénieurs français mirent au point une nouvelle technique de construction de ponts en plaçant de grands caissons de métal dans le lit des fleuves et en les remplissant d'air comprimé, afin de permettre aux ouvriers de travailler sur les soubassements. D'étranges maladies apparurent alors. Durant la construction du pont de Brooklyn, à la fin du XIXe siècle, les ouvriers émergèrent de ces caissons affectés d'une démarche raide et voûtée, en raison d'une soudaine pathologie des hanches. Leurs collègues trouvèrent leur allure comparable à celle des élégantes New-Yorkaises corsetées, allure qu'on appelait alors, bizarrement, l'« inclinaison à la grecque » ; d'où le nom qui resta au symptôme, les *bends* ou inclinaisons. Durant la Seconde Guerre mondiale, l'ingénieur français Émile Gagnan et un plongeur qui acquerrait bientôt une notoriété mondiale, Jacques-Yves Cousteau, inventèrent l'« appareil autonome de respiration sous-marine » ; c'était le scuba. Il permettait aux plongeurs de se passer de l'encombrant scaphandre et de son tuyau ; la réserve d'air était logée dans des bouteilles portées sur le dos. Le clou de l'équipement Gagnan-Cousteau était un accessoire en forme de disque placé sur l'embout et qui, grâce à un diaphragme mesurant la pression de l'eau, permettait d'ajuster exactement la pression de l'air comprimé fourni par les bouteilles ; c'était le régulateur. Avec une pression interne égale à la pression externe, les plongeurs pouvaient désormais respirer sous l'eau sans effort. Mais il se révéla que les plongeurs utilisant cet appareil étaient sujets aux mêmes malaises que les ouvriers dans les caissons. Et le catalogue de ces symptômes s'enrichit de quelques autres, tous incontrôlables, démangeaisons, vertiges, nausées et autres malaises plus ou moins passagers.

Les chercheurs commencèrent par effectuer des autopsies sur les pêcheurs d'éponges grecs décédés, afin de comprendre les effets des grandes pressions sur l'organisme et notamment sur les plongeurs qui respiraient de l'air comprimé. Ils découvrirent ainsi que les pressions des profondeurs forcent l'azote de l'air comprimé dans le sang et les tissus. L'air que nous respirons est composé de quatre cinquièmes d'azote et d'un cinquième d'oxygène. À trente mètres, l'azote absorbé par les tissus cérébraux peut anesthésier le plongeur à l'instar du « gaz hilarant ». C'est l'« ivresse des profondeurs », également connue sous le nom de narcose azotique. Si le plongeur remonte lentement des profondeurs, l'azote quitte pendant ce laps de temps le sang et les tissus, et il est ensuite exhalé sans problème par les poumons. Mais s'il remonte trop vite, l'azote pressurisé forme des bulles dans les tissus et le sang, comme le gaz qui pétille dans une bouteille de soda qu'on vient d'ouvrir. Ce sont ces bulles qui causent les malaises. Les symptômes les plus courants sont des douleurs aux genoux, aux épaules et aux coudes. Mais les bulles peuvent s'infiltrer dans d'autres tissus tels que la peau et, ce qui est plus grave, dans la moelle épinière et le cerveau. Dans ce cas-là, ce sont la paralysie, voire la mort qui menacent.

Au début du XXᵉ siècle, le célèbre biologiste anglais J.S. Haldane, qui étudiait des plongeurs atteints de la pathologie des profondeurs aussi bien que des chèvres dépressurisées, en conclut que le corps humain pouvait tolérer une réduction de moitié de la pression atmosphérique sans souffrir de la décompression. Un plongeur peut donc passer de deux atmosphères à une seule, soit de dix mètres à la surface, ou encore de quatre atmosphères à deux, sans crainte d'en souffrir. Mais, du moins selon le modèle originel de Haldane, une remontée qui s'effectuerait en dehors de ces proportions et sans palier de décompression comporterait des dangers. Sur cette base, Haldane établit une table de mesures que des générations de plongeurs affinèrent par la suite et qui permet de programmer sans crainte les plongées et les remontées.

Si le plongeur souffre du mal des profondeurs, il doit être recompressé, c'est-à-dire que la bouteille de soda doit être rebouchée, en quelque sorte ; il doit retourner en profondeur, afin que les tissus réabsorbent l'azote, et puis remonter lentement. Ce processus est long et malaisé à observer sous l'eau ; mieux vaut placer le plongeur dans un caisson de recompression empli d'air comprimé, afin de reconstituer les conditions des profondeurs. Cela revient au même : il suffit ensuite de permettre à l'azote de s'éliminer en réduisant lentement la pression. Le problème toutefois est que les caissons de recompression sont souvent très loin des îles que les plongeurs affectionnent et que le trajet en avion pour y aller risque d'aggraver le problème dans l'atmosphère sous-pressurisée des cabines – à quelque mille mètres. Un avion de rapatriement devrait dans ce cas voler à moins de trois cents mètres.

Les symptômes des profondeurs ne constituent toutefois pas le plus grave des maux regroupés sous le nom de « dysbarisme ». La noyade demeure la cause de décès la plus fréquente chez les plongeurs. La deuxième cause est le manque de régularité du rythme respiratoire quand le plongeur remonte, dû le plus souvent à la hâte ou à la panique. L'air comprimé présent dans les poumons se détend au fur et à mesure que la pression de l'eau décroît, comme dans un ballon qui se gonfle. Si le plongeur retient sa respiration, les tissus pulmonaires risquent de se rompre ; l'air qu'ils contiennent passe alors directement dans le sang et celui-ci s'emplit de bulles qui parviennent au cœur et au cerveau. Le résultat en est catastrophique.

Pour les chercheurs et les médecins spécialisés, ce syndrome est connu sous le nom de surpression pulmonaire, SP, associée à l'embolisme gazeux artériel, EGA. Les plongeurs, qui possèdent leur propre terminologie, l'appellent de façon plus explicite « poumons éclatés ».

« Y a rien à voir de ce côté, m'sieu. Tous les jolis poissons sont par ici. »

La petite barque se balançait au-delà d'un récif des Caraïbes tandis que son moteur hors-bord pétaradait. Robert indiquait au pêcheur Félix le lieu exact où il voulait plonger, un chenal profond qui coupait les eaux claires au-dessus du récif d'une veine bleu sombre. Mais Félix indiquait l'autre direction, à un demi-mille ; là il y avait de jolis poissons de récifs. Robert n'en tint pas compte et consulta sa carte, puis les données digitales du GPS, global positioning system, qu'il tenait en main et qui, grâce aux signaux d'un satellite, lui donnait sa position exacte sur la surface du globe. Il pointa le doigt vers le chenal bleu sombre.

« C'est là.

— Y a que du sable, là.

— C'est l'endroit.

— Pourquoi veux-tu aller là ?

— Parce que c'est là que je veux aller, insista Robert, et que je te paie pour y aller.

— D'accord, m'sieu. Je t'y emmène si tu veux, mais je te dis pour sûr que tu verras que du sable là-bas au fond. »

Deux jours plus tôt, quittant Cadix, la vieille dame dans son fauteuil raide et sa jolie petite-fille aux beaux yeux sombres, Robert avait demandé un siège près d'un hublot sur un jet reliant Madrid à Mexico. La tête collée au hublot, qui lui transmettait les vibrations des moteurs, il embuait le plastique de son haleine. À onze mille mètres d'altitude, le bleu de l'Atlantique était si foncé qu'il en paraissait noir. Plissant les yeux, Robert n'en distinguait que les vagues crêpelées et les friselis blancs de l'écume. Il y avait une forte houle et Robert se demanda dans combien de temps il y serait, ou plutôt y plongerait. Ses oreilles bourdonnèrent sous l'effet de la dépressurisation, puis se dégagèrent.

Il avait toujours été féru de collections. Enfant, il fouillait dans les placards et les caves, dans la terre, à la recherche de billes ou de piécettes, de scarabées ou de vers, de vieilles bouteilles ou de clous carrés, puis organisait ses trésors en collections. Il collait ses objets sur des cartons bien propres, étiquetés, puis les conservait dans une boîte de contreplaqué dans sa chambre. Ces collections constituaient son univers secret et Robert les surveillait jalousement.

Il rêva à ce qui dormait sous la surface opaque de l'océan et se fit la réflexion que tous les humains avaient le sens génétique de la chasse. Ils cherchaient sans cesse du gros gibier ou de grosses racines ou encore des fruits plus sucrés. Par hasard ou par disposition, quelques-uns d'entre eux cultivaient et affinaient ce talent inné et le portaient à son summum. Et lui-même soumettrait bientôt son talent à l'épreuve la plus difficile qu'il eût jamais affrontée.

Deux jours plus tard, il s'apprêtait donc avec impatience à plonger. Félix, à l'arrière du bateau, mit le moteur en marche et tourna la manette de l'accélérateur. La lourde barque chevaucha les vagues en direction du chenal bleu sombre. Juste avant d'y arriver, alors qu'ils voguaient encore au-dessus du récif et des eaux claires couleur d'aigue-marine, Félix coupa le moteur et jeta l'ancre.

« Vas-y maintenant », dit-il.

On n'entendait que le clapotement des vagues sur la coque et les chocs des bouteilles d'air et Robert prépara son équipement. Il avait engagé Félix dans un village de pêcheurs d'une petite île au large de la côte et avait été surpris par l'empressement du pêcheur.

« Où tu veux, je t'emmène. »

Félix observait les préparatifs. Robert avait appris à plonger dans sa jeunesse, lorsqu'il fouillait les fonds des lacs à la recherche de bouteilles anciennes. Il attacha ses réservoirs à son gilet de flottaison, dans lequel il pouvait injecter ou chasser de l'air pour maintenir sa flottabilité. Il ouvrit toute grande la valve du réservoir, puis la referma d'un quart de tour. Le manomètre grimpa à deux cent cinquante kilos par centimètre carré, pression de l'air à l'intérieur de chacune des deux bouteilles de deux mille deux cent cinquante litres, réduites à une fraction de ce volume, qui lui permettraient de respirer sous l'eau. Il appuya sur le diaphragme du régulateur, pour vérifier son fonctionnement au sifflement de l'air qui s'en échappait, puis il le relâcha. Il inséra l'embout dans sa bouche et respira une fois, deux fois, trois fois. L'air affluait librement dans ses bronches. Il examina son régulateur de secours, la « pieuvre », fixé à un tuyau indépendant pour le cas où son régulateur principal tomberait en panne. Et surtout il consulta les tables de plongée. Il ne pourrait passer que vingt et une minutes à une profondeur de trente mètres, la profondeur du chenal selon les cartes marines. S'il allait plus bas ou restait plus longtemps, il lui faudrait observer des paliers lors de la remontée et rester plusieurs minutes à des profondeurs échelonnées, pour laisser l'azote sortir de ses tissus.

Robert ne faisait plus autant de plongées qu'autrefois, mais il connaissait par cœur les règles de sécurité et les observait toutes scrupuleusement, à l'exception d'une seule : ne jamais plonger seul.

« Bon, t'es prêt, m'sieur ? » demanda Félix quand Robert eut passé les lanières des réservoirs, attaché leurs ceintures, enfilé les gants, les palmes et ajusté son masque. Assis sur le rebord du canot, Robert ajusta l'embout, aspira sur le régulateur, maintenant d'une main le masque sur son visage. Il fit un signe de tête à Félix.

« O.K. Un, deux, trois, on y va. »

Aidé par une petite poussée de Félix, Robert passa par-dessus bord et fit un petit plongeon. Un mètre soixante-dix, 1,2 atmosphère de pression ou 17,6 psis. Un chapelet de bulles passa devant le masque et l'eau tiède des Tropiques lui baigna les oreilles et la combinaison. Le bateau cessa de danser et suivit le mouvement souple de la mer au-dessous de la houle. Le balancement évoquait le souvenir immémorial du ventre maternel. Le bruit du vent et des vagues céda la place aux grattements de poissons invisibles depuis le récif. Robert se redressa et flotta un moment en position horizontale pour s'orienter. Il tenait de la main gauche un boîtier connecté par un petit tuyau à ses réservoirs et comportant un cadran pour la pression d'air et un autre pour la profondeur, ainsi qu'une boussole. Il prit la direction nord-ouest, battit des palmes et commença sa descente. Grâce à la vieille dame et à sa petite-fille, il savait exactement où aller.

« Regardez cette pièce, lui avait dit la vieille dame, indiquant de son bras maigre le cabinet *varagueno* incrusté d'ivoire, la lourde table de noyer au piètement de fer forgé, les grands fauteuils dans lesquels ils étaient assis, les coffres aux motifs étoilés et même les grosses poutres du plafond, dont Robert savait qu'elles venaient des forêts de Cuba et qu'elles avaient été expédiées à Cadix des siècles auparavant. Qu'est-ce que je vais faire de tout ça ?

— C'est très beau, dit poliment Robert.

— Cela appartient à ma famille depuis des générations, à ceux qui ont perdu leurs précieux biens quand ils ont fait naufrage en 1605. »

Les bordereaux d'armateurs préservés dans les

archives de Séville avaient renseigné Robert sur la cargaison des ancêtres : des barres d'or de tailles et de poids différents fondus exprès pour rapatrier leur fortune, un crucifix d'or incrusté d'émeraudes et d'autres joyaux façonnés par les artisans experts du Nouveau Monde, plus des centaines de lingots d'argent utilisés comme ballast au fond de la coque.

« La perte a été très dure pour nos *negocios*, poursuivit la vieille dame. Ma mère et ma grand-mère me l'ont dit. Mais vous voyez, ajouta-t-elle, accompagnant ses mots d'un autre geste, ma famille a survécu à la perte. »

Robert remarqua qu'elle égrenait un rosaire de la main gauche ; les perles d'or et de corail alternées cliquetaient en s'entrechoquant. Son hôtesse parut perdue dans ses pensées, le regard fixé sur la fenêtre. Au-delà du balcon de fer forgé et des toits, se dressait le dôme de la cathédrale de Cadix, avec sa céramique jaune, il ressemblait à un dôme de mosquée ; et Robert savait qu'en effet la cathédrale s'élevait sur l'emplacement de la mosquée dont la construction avait commencé sous l'occupation mauresque en 711. Il savait aussi que la mosquée avait été bâtie sur l'emplacement d'un ancien temple romain, lequel avait probablement été construit lui-même sur les vestiges d'un temple phénicien ; c'était là que les marchands phéniciens sacrifiaient des enfants et des bêtes au dieu des tempêtes, Baal, à la déesse de la fertilité, Ishtar, et à d'autres. Depuis que Robert était à Cadix, des archéologues, fouillant dans le patio du palais de l'évêque, avaient trouvé un anneau d'or gravé à l'emblème du dauphin, symbole de la fertilité, et remontant à l'époque phénicienne. La vieille dame considérait toujours le dôme en silence et égrenait toujours son rosaire ; c'était sans doute pour elle le reposoir des souvenirs de sa famille autant que des anciens dieux.

Robert se pencha vers elle ; il voulait paraître intéressé, mais pas impatient. Une rigole de sueur courut sur son ventre.

« Vos ancêtres savaient-ils où le navire a sombré ?

— Il y a beaucoup de lettres décrivant le désastre. Mais comme je vous l'ai dit, c'est trop profond.

— Savez-vous ce qui est advenu à ces lettres ? Existent-elles encore ?

— *Claro*, répondit-elle, poussant une perle de son rosaire.

— Où sont elles ?

— Je les ai ici », dit-elle, s'emparant d'une clochette de bronze sur le guéridon près d'elle et l'agitant. Le tintement se répercuta jusque dans le patio. « Elles sont sous mon lit. Ma petite-fille va vous les montrer. »

Robert s'agita tant sur son fauteuil que celui-ci vacilla et menaça de s'effondrer.

Robert s'arrêta régulièrement durant sa descente pour vérifier ses instruments et dégager ses conduits auditifs ; en avançant la mâchoire et en ravalant sa salive, en effet, il dégageait les trois centimètres de ses trompes d'Eustache, ces conduits qui reliaient sa gorge à son oreille interne. Si, enflammés ou bouchés par un rhume, ils restaient fermés, la pression croissante de l'eau pourrait défoncer et faire éclater ses tympans ; mais en les ouvrant, il permettait à l'air comprimé circulant dans sa gorge d'établir dans l'oreille interne une pression équivalente à celle de l'eau. Le traumatisme de l'oreille interne est l'un des problèmes les plus courants de la plongée, mais même quand il entraîne une rupture du tympan, celui-ci se cicatrise généralement en une semaine ou deux.

Onze mètres, 2 atmosphères ou 29,4 psis. À un mètre ou deux sous ses pieds, Robert repéra l'ancre de Félix dans les coraux surgissant du sable. Un grand mérou passa à sa droite, là où le récif descendait en pente douce jusqu'au chenal. La pression sur le corps de Robert avait doublé. Un ballon plein d'air, douze litres par exemple, gonflé dans le bateau, n'aurait plus qu'un volume de six litres selon la loi de Boyle sur les gaz. De même, chaque bouffée d'air que le régulateur fournissait à Robert représentait le double en volume de ce qu'il eût été à la surface. Ce qui signifiait que sa réserve d'air durerait moitié moins longtemps à cette profondeur et encore moins plus bas. Dépassant l'ancre, Robert suivit, selon sa boussole, une direction de 340 degrés au nord-ouest au travers du récif, en direction du chenal. Parcours aisé, puisqu'il allait droit. Au bout de quelques minutes, le récif s'acheva sur une paroi à pic.

Dix-huit mètres, 2,7 atmosphères ou 39,7 psis. Des poissons aux couleurs vives filèrent près de labres blancs et noirs, de demoiselles bleues, de cichlidés indigo. Robert les ignora, il cherchait une tout autre proie. Il consulta son manomètre : il restait dans ses bouteilles deux cent treize kilos de pression d'air par centimètre carré. Il était descendu depuis sept minutes. Il se sentait bien. Sa pression était aisée, quoique rapide. Même dans sa combinaison, il ressentit une bouffée d'excitation. Le déroulement de sa chasse lui plaisait : d'abord, les petits indices qui déclenchaient l'excitation, la patiente reconnaissance du terrain, puis la fièvre de l'approche et finalement l'euphorie de la découverte. Il suivit le mur du récif, battant des palmes. Il n'était plus le professeur d'âge mûr, pansu et solitaire, mais une svelte créature sous-marine gainée de noir. Il était un requin qui se servait de son intellect au lieu de son flair pour localiser sa proie.

Vingt-quatre mètres, 3,2 atmosphères, 47 psis. Le mur du récif ressemblait à un jardin submergé de fleurs tropicales. Robert passa les coraux rouges et noirs et les petites éponges tubulaires jaunes qui se tendaient comme des doigts pour capter des animalcules marins. Son corps subissait à ce moment une pression de près de quatre kilos par centimètre carré. Mais il remarqua des changements physiologiques subtils : une pression sur les sinus, le besoin constant de dégager ses trompes d'Eustache et un effort plus grand pour respirer l'air, qui se faisait plus dense. Selon la loi de Pascal, la pression appliquée à un liquide en un point est également répartie dans tout ce liquide. Comme tous les humains, Robert était constitué aux trois quarts de liquide et, s'il ressentait cette pression, c'est que toutes ses cellules étaient également comprimées les unes contre les autres.

Vingt-six mètres, 3,4 atmosphères ou 50 psis. Robert consulta de nouveau le cadran indiquant sa profondeur puis continua à descendre. Il avait presque atteint la limite de son plan de plongée, trente mètres, mais le fond était bien plus bas qu'il ne l'avait pensé. L'un des préceptes sacrés du plongeur est : « Planifie ta plongée et plonge selon ton plan. » Il savait qu'il ne devrait pas descendre plus bas. Mais il touchait presque au but, il pouvait sentir la présence de l'épave, les métaux précieux, les barres d'or estampillées selon leur pureté, les lingots d'argent destinées aux marchands et au trésor royal, les chaînes d'or, les sceptres, les crucifix ornés d'émeraudes. Il savait qu'il était au bon endroit. Il n'était pas question de laisser toute cette collection, de gâcher la plongée, de gaspiller l'air dans ses bouteilles et d'observer les paliers pour laisser l'azote sortir de son système. Pas si près du but, non, c'était sa chance.

Il s'en tiendrait à son plan, mais il le modifierait un peu. Il descendrait à trente mètres, peut-être un peu plus bas, et il nagerait à cette profondeur, inventoriant le fond.

Trente-trois mètres, 4 atmosphères, 59 psis. Il voyait maintenant le fond clairement, bien qu'il fût encore bien au-dessus : plat, sablonneux, teinté de bleu, puisque seul le bleu et le vert du spectre solaire peuvent pénétrer aussi profondément dans l'eau. Robert établit sa stratégie : il ne resterait dans l'eau que quinze minutes au lieu des vingt et une que lui accordait sa table de plongée à trente mètres, et il observerait un bref palier de sécurité en remontant. À cette profondeur, la pression réduirait à un quart le volume d'un ballon gonflé à la surface, et la réserve d'oxygène de Robert ne durerait donc qu'un quart du temps ; il lui faudrait surveiller attentivement le niveau d'air restant.

Trente-six mètres et demi, 4,3 atmosphères ou 63,2 psis. Robert poursuivit sa trajectoire à 340 degrés, scrutant le fond et descendant toujours plus bas, comme s'il suivait une ligne de tension entre son plan de plongée et l'attraction de l'épave. Il était maintenant si bas qu'il transgressa une troisième loi physique, en plus de celles de Boyle et de Pascal ; certains plongeurs l'appellent « loi de Martini » ou encore « loi de l'apéro » : tous les quinze mètres de plus qui séparent un plongeur de la surface correspondent à la consommation d'un Martini à jeun.

L'azote est un de ces gaz inertes qui se dissolvent dans les graisses de l'organisme ; sous une forte pression, il devient un narcotique ; peut-être gêne-t-il la transmission des signaux nerveux. Les plongeurs avec bouteilles qui vont trop bas risquent d'avoir des hallucinations ; ils sont également exposés à l'euphorie causée par la narcose azotique, la fameuse ivresse des profondeurs. On en donne comme exemple l'histoire probablement fictive de plongeurs qui ont offert leur embout à un poisson de passage ; une autre histoire, elle, serait vraie, c'est celle d'un Français qui, à plus de cinquante mètres de profondeur, se tâta les poches à la recherche de ses cigarettes. Les premiers signes sont subtils et leur seuil d'apparition dépend des physiologies individuelles, mais c'est toujours aux environs de trente-trois mètres. À soixante mètres, les experts sont unanimes : « On ne doit pas faire confiance aux capacités humaines. » À cent mètres, il faut s'équiper de bouteilles d'un mélange spécial, hélium, oxygène, hydrogène et azote ; si l'on respirait de l'air comprimé ordinaire, on risquerait de perdre connaissance et, bien sûr, de se noyer.

Trente-huit mètres, 4,5 atmosphères ou 66,2 psis : Robert avait envie de rire ; cette folle poursuite, cette recherche des trésors perdus des Indes occidentales le rendait joyeux. C'était comme dans un rêve d'enfant, ce trésor était si proche... Il avait été vraiment futé d'aller chercher cette vieille famille de marchands en Espagne ! Et quand il avait retrouvé la vieille dame, tout était devenu si facile ! *Et sa petite-fille était si jolie !*

Cette dernière avait mené Robert le long du balcon intérieur. Les talons de ses bottines de daim claquaient sur les carreaux en damier ; sa jupe de soie noire flottait autour des bottines, mais elle était ajustée à la taille qui se balançait délicatement, comme pour garder le rythme avec les pendants de boucles d'oreilles en argent. Robert commençait à haleter d'impatience. Ils parvinrent à une grande chambre à coucher garnie de meubles anciens. Les murs étaient blancs, le soleil de l'après-midi filtrait à travers des voilages de mousseline bleu pâle, baignant la pièce d'une clarté sous-marine et fluide. Un édredon bleu sombre recouvrait un lit à colonnes.

La jeune fille se pencha pour tirer de sous le lit un petit coffre, d'où elle sortit un paquet à l'emballage fané, comme le ruban rose qui le ficelait. Elle se releva ensuite, comme incertaine de ce qu'elle devait faire.

« Je voudrais vous faire une proposition, dit-il pour rompre le silence. Si vous et votre grand-mère voulez bien partager avec moi le contenu de ces lettres, je partagerai avec vous tout ce que je trouverai. »

Elle tourna ses yeux bruns, comme par timidité, vers le balcon, le dôme de tuiles jaunes de la cathédrale sous lequel veillaient le Christ et tous les dieux de la terre, du ciel et surtout de la mer dans cet antique port de la Méditerranée. Puis son regard revint vers Robert ; il sentit ses paumes devenir moites et les essuya discrètement sur son pantalon de velours côtelé.

« Ma grand-mère, dit-elle enfin, est vieille et se soucie peu des trésors. Elle vous priera de donner sa part à la cathédrale. Si vous trouvez donc le trésor, vous pourrez en faire ce que vous voulez. Mais, si vous le trouvez, je vous demanderai de mettre de côté une petite part pour moi sans le dire à ma grand-mère, et de consacrer cette part à me sortir d'ici. »

Elle le regarda dans les yeux et lui tendit le paquet comme une offrande.

Ça ne pouvait plus être loin, maintenant, pensa Robert. Puis il le vit : un bâton pointu émergeant des sables, à trois ou quatre mètres sous lui. Il jeta un coup d'œil au niveau des bouteilles : encore huit cent cinquante kilos. Sans un instant d'hésitation, il fonça, palmes palpitantes, tel un prédateur qui atteint le glorieux moment de la conquête.

Quarante-cinq mètres, 5,1 atmosphères, 75 psis. Il tenta de secouer le bâton, solidement encastré dans le fond et dur comme du fer, incrusté de coraux et de petits coquillages. Peut-être était-ce la tige de l'ancre. Oui, ce devait être cela, seul le métal pouvait avoir survécu. Le bois du navire n'aurait pas résisté quatre siècles à l'action de tous les animalcules marins, à moins qu'il ne fût enfoui dans le sable. Les reliefs étaient distincts, mais leurs couleurs étaient fondues dans des bleus grisâtres, comme un vieux film en noir et blanc qui passerait sur un mauvais poste de télé. Robert distingua à une quinzaine de mètres un monticule sablonneux d'où émergeaient de longs tubes, évoquant un gigantesque porc-épic. Il s'en approcha et, de l'un de ses gants de Néoprène, frotta l'un des tubes ; les sédiments qui le recouvraient s'élevèrent comme des bouffées de poussière. Du métal. Du bronze. Un canon. Un vieux canon espagnol. Il avait atteint le but. Au-delà du monticule s'ouvrait une autre faille, profonde d'une dizaine de mètres. Dessous, Robert distingua un autre monticule. Un autre morceau de l'épave.

Cinquante-cinq mètres, 6 atmosphères, 88,2 psis. Il descendit vers la faille. Le fond irrégulier, parsemé de bosses, paraissait bizarre. Il plongea la main et elle s'enfonça sans peine dans les sédiments. Il poussa jusqu'au coude, sentit quelque chose de dur et l'agrippa. C'était lourd et rectangulaire. Un lingot d'argent ! Il le secoua, mais les accrétions de sable et de bivalves l'avaient cimenté au fond. Il tâta alentour : d'autres lingots ! Il les secoua encore plus fort, mais en vain. Il retira la main et balaya les couches de sable. Des nuages de sédiments s'élevèrent, traversés des bulles d'air que sa respiration accélérée lâchait.

En déblayant le terrain autour des lingots, Robert pensa aux Mayas, Aztèques et Incas dont le sang, la sueur et les dieux se distillaient là, dans ces tas de métal précieux. Les empires croissaient et s'effondraient et l'or changeait de mains, ou bien était-ce le changement de mains qui entraînait leur chute ? Inévitablement, en tout cas, l'or et la puissance étaient passés des Andes et du Yucatan à l'Espagne, puis à l'Europe du Nord et, finalement, à l'Amérique du Nord. Ce magot avait été arraché à ce flux de pouvoir et voici qu'il tombait entre les mains de Robert. Son instinct de chasseur l'avait mené jusqu'ici et ce trésor changerait sa vie. Il ne se comporterait pas en égoïste comme tant d'autres, il serait bienfaisant et partagerait sa fortune avec la jolie jeune fille qui lui avait demandé d'acheter sa liberté.

Il avait creusé un trou d'une cinquantaine de centimètres au-dessus des lingots. Les sédiments et le sable se déposèrent et il aperçut les rectangles noirs empilés et oxydés. Il en saisit un autre et le secoua, aspirant une grande goulée d'air. Mais il n'en eut pas assez. Soudain, l'embout ne fournissait plus d'air.

Il relâcha le lingot et consulta le boîtier qui pendait au tuyau. À cette profondeur-là, il avait utilisé six fois plus d'air qu'il l'aurait fait à la surface. L'aiguille était à zéro, au-delà de la zone d'alerte l'avertissant qu'il était tombé à moins de soixante-dix-sept kilos de pression. C'était clair : il ne restait plus d'air dans les bouteilles. Il leva les yeux ; ses dernières bulles montaient vers la surface argentée ; c'était comme s'il se trouvait là, dans le chenal, seize étages au-dessous de la surface.

À Cadix, quand on fait ses adieux, on embrasse les gens du sexe opposé, et même les étrangers, sur les deux joues. Quand elle lui avait confié les lettres, la jeune fille l'avait embrassé sur les deux joues. Puis, dans un geste inattendu, elle l'avait serré contre son corps mince. « *Buena suerte* », lui avait-elle chuchoté.

Dans la panique du manque d'air, il pensa qu'il était prisonnier de cette étreinte.

Cinquante-cinq mètres, six atmosphères et deux litres d'air dans les poumons. Robert défit nerveusement les bretelles de ses encombrantes bouteilles et s'en débarrassa, comme pour se délivrer de l'étreinte de la jeune femme. Ainsi, les bouteilles ne le gêneraient-elles plus dans la remontée. Cherchant désespérément de l'air, il battit des palmes vers la surface. Une seule idée le hantait : sortir d'ici, monter.

Quarante-quatre mètres, cinq atmosphères. La pression diminuant, l'air dans les poumons de Robert se dilata jusqu'à deux litres quatre. Il ne s'en avisa pas. Battant toujours des palmes, comme un poisson poursuivi par un prédateur, il courait vers les petites bulles de son dernier souffle, qui scintillaient à la surface. Règle d'or de la plongée : ne pas monter plus vite que ces bulles, qui vont à la vitesse de dix mètres par minute, afin de permettre l'évacuation de l'azote. Pis, Robert viola une autre règle de la remontée : respirer régulièrement. L'instinct animal l'emporta sur les lois de la plongée : il voulait garder son air jusqu'à ce qu'il fût remonté.

Vingt-deux mètres, trois atmosphères. L'envers argenté de la houle devint plus distinct, l'écume courait en traînées blanches, comme il les avait vues dans l'avion, à onze mille mètres. La surface était à portée de main. L'air dans ses poumons avait doublé de volume et atteint quatre litres, une inspiration entière. Mais Robert avait foulé aux pieds la loi de Haldane et passé outre aux paliers de décompression. Il poursuivit sa remontée ; l'intérieur de son corps était comparable à une bouteille de soda : des petites bulles se formèrent dans ses articulations ; dans quelques minutes ou quelques heures, elles lui vaudraient des douleurs articulaires et des éruptions et démangeaisons. D'autres bulles d'azote endommagèrent ses capillaires, pénétrèrent dans ses veines et grossirent de taille au fur et à mesure qu'elles étaient pompées dans sa circulation sanguine.

On ne sait pas pourquoi les bulles d'azote ont une affinité pour la moelle épinière, qui contient les fibres nerveuses servant à la transmission des messages entre le cerveau et le corps. La victime éprouve parfois, en remontant à la surface, des picotements ou une sensation de constriction sur le thorax ou l'abdomen ; entre une demi-heure et une heure et demie plus tard, elle se trouve engourdie et faible, perd le contrôle de sa vessie et de ses intestins, et éprouve parfois des douleurs dans la poitrine ou le dos. Dans les cas graves de cette maladie neurologique de la décompression, la victime perd connaissance et se réveille avec une jambe, ou même les deux jambes définitivement paralysées.

Onze mètres, deux atmosphères. La surface argentée de la mer attirait toujours Robert. L'air dans ses poumons avait atteint le volume de six litres, ce qui correspondait à une très grande inspiration et à sa capacité pulmonaire maximale. Ces derniers mètres représentaient sans doute le moment le plus dangereux ; en effet, l'air doublait encore une fois de volume dans le passage de deux à une atmosphère et, s'il retenait sa respiration, il pourrait en remontant d'un mètre ou deux seulement causer à ses poumons des lésions importantes.

Huit mètres. Robert ne ressentait pas de douleur, mais, s'il n'avait pas cédé à la panique et n'était pas remonté si vite, il se serait avisé que ses poumons étaient gonflés à bloc. Il continuait pourtant de se débattre, montant comme une fusée sous-marine, porté par la flottabilité de l'air qui se dilatait. Durant ces huit mètres, les alvéoles, de petits sacs d'air dans ses poumons, s'étaient rompues sans causer de douleur, en effet. Quand il parvint à la surface, l'air dans ses poumons totalisait douze litres, le double de sa plus ample inspiration, mais il ne pouvait le retenir. Tandis qu'il franchissait les derniers mètres, cet air s'échappa de sa bouche en un chapelet de bulles.

La surface : Robert jaillit la tête la première hors de l'eau, dans un tourbillon de bulles, comme une baleine qui remonte à l'air. Le vent, les vagues, le soleil tropical lui giflèrent soudain le visage. Cela faisait moins d'une minute qu'il avait quitté le fond du chenal. Il exhala de l'air, en aspira une large goulée et aperçut le bateau de Félix qui se balançait à une centaine de mètres de là. Il parvint à lever le bras pour que Félix vienne le chercher. Épuisé, il nagea à peine, tentant de retrouver son souffle. Les capillaires des alvéoles rompues de ses poumons étaient pendant ce temps exposés à l'air qu'il aspirait avidement. Cet air pénétra dans le sang sous forme de bulles, que le ventricule gauche de son cœur pompa vers le cerveau. Les bulles se logèrent dans les capillaires cérébraux et bloquèrent l'apport de sang, riche de l'oxygène capté par l'hémoglobine. Plus d'oxygène pour le cerveau. Entre-temps, les bulles d'air affluaient aussi dans le cœur, qui se mit bientôt à pomper une mousse de sang. C'est tout ce qui parvenait désormais au cerveau. Quelques secondes après avoir fait surface, Robert perdit connaissance.

Quand Félix aperçut Robert, il leva l'ancre et mit le bateau en marche vers les vagues au-dessus du chenal. Robert ne remuait plus, son gilet le faisait flotter, mais la face en bas, au gré de la houle. Félix parvint à se saisir de la combinaison de Néoprène et, poussant des ahans d'effort, hissa Robert par-dessus bord. Celui-ci retomba dans le bateau comme un grand poisson noir. Félix lui arracha le masque, puis la cagoule, tira la fermeture Éclair de la combinaison et découvrit le vaste torse blanc. Pas un signe de vie. Il scruta les flots, à la recherche d'équipements qui seraient remontés avec le plongeur. Rien. Il chercha des signes de vie. Rien. Tout ce que Félix connaissait d'intéressant dans ce chenal en bas, c'était un vieux chaland chargé de matériaux de construction qui avait coulé là plusieurs années auparavant. De temps à autre, lui ou un autre pêcheur remontaient dans leurs filets une brique du ballast répandu sur le fond.

Le pêcheur prit la direction du vent et du courant, s'assura qu'il n'y avait pas de grain à l'horizon et vérifia le niveau d'essence de son réservoir. Le paquet de photocopies de lettres anciennes de la vieille dame de Cadix et de sa jolie petite-fille gisaient près du corps de Robert. Félix mit le moteur en marche et la proue de la barque fendit les flots en direction de l'île. Il allait à faible allure pour éviter le choc de la houle. Il n'y avait d'ailleurs pas de raison de se presser.

10.

La malaria cérébrale :
dans le sang de l'amour

La première nuit sur la plage, Zach et Jason plantent leur tente près de celles d'autres voyageurs et, marchant sous les cocotiers, se dirigent vers la seule lumière visible : un petit restaurant qu'une famille entreprenante a ouvert là pour servir les étrangers amoureux des plages. Des lumières orangées sous un toit de palmes palpitent irrégulièrement, au rythme du générateur local. Un haut-parleur déverse une musique métallique, mélange de reggae et de gamelan. Des groupes de jeunes Occidentaux parlent et rient devant des tables de bambou chargées de bouteilles de bière indonésienne et de plats.

« Par là », dit Zach, indiquant du menton une table vide.

Jason le suit. Près d'eux, trois femmes sont assises à une table, les cheveux décolorés par le soleil et le sel, les peaux hâlées, les bras minces et musclés par la natation dans les mers chaudes. Pendant les deux dernières semaines, qu'ils ont passées dans la jungle des plateaux pour visiter des volcans, la seule expérience sociale de Jason et de Zach a été la compagnie obstinée d'une bande de singes autour de leur tente. Jason regarde avidement ses voisines. *Quelle chance !*

« Faisons les indifférents un moment », murmure Zach quand ils s'asseoient.

Les deux jeunes gens parcourent les Tropiques depuis près de six mois, vivant comme des routards aux Fidji, en Irian Jaya ; et ils sont arrivés là, sur une île au large de Sumatra. Ils en ont entendu parler aux Fidji : il y a une plage superbe, de l'herbe de qualité, une petite colonie de surfeurs, « snorkeleurs » et routards occidentaux en quête de bon temps.

La très jeune fille du propriétaire vient prendre leur commande de bière et de nouilles frites. Tandis qu'elle baragouine dans son anglais approximatif, il y a un petit point brun sur une feuille sèche de la toiture. Même s'ils regardaient dans cette direction, Jason et Zach ne le remarqueraient pas et ne sauraient sans doute pas que c'est un anophèle femelle, le moustique qui transmet la malaria. Ils sont tout occupés à prendre un air dégagé pour le bénéfice de leurs trois voisines. La serveuse leur apporte les bières, les deux voyageurs en boivent quelques gorgées au goulot, puis Zach se penche avec désinvolture vers l'une des femmes :

« Comment est le snorkeling par ici ? »

Quinze jours plus tôt, la petite tache brune est sortie d'une larve qui flottait sur une flaque près du temple du village. Elle a séché ses ailes au soleil pendant quelques heures, puis au crépuscule elle est partie à la recherche d'un congénère mâle. Près de la salle de réunion du village, elle a entendu l'irrésistible vibration des ailes d'un essaim d'anophèles mâles. Elle et un mâle se sont rejoints d'emblée et ont copulé, et le mâle, après avoir injecté son sperme, a scellé l'orifice de la femelle avec une sécrétion qui en interdit l'accès à tout autre mâle. Elle porte donc en elle tout le sperme nécessaire pendant le reste de sa vie – quelques semaines, un mois, peut-être plus – pour fertiliser son entière production d'œufs. Les deux anophèles se sont ensuite séparés, le mâle épuisé est allé à la recherche d'une boisson rafraîchissante, comme un jus de fruits, mais la femelle est partie en quête d'un repas, des protéines de sang animal, pour nourrir ses œufs.

« Le snorkeling est parfait, répond la fille à Zach. Vous pourrez en juger demain.

— Sûr, j'y serai. »

Elle est australienne, son accent le dit assez, et elle paraît très amicale. Son sarong bleu est assorti à ses yeux vifs, elle est pieds nus. Zach fait à Jason un petit signe qui veut dire : *la situation peut nous convenir à tous les deux, mais laisse-moi faire pour commencer.* Jason acquiesce discrètement. Zach se penche un peu plus vers sa voisine ; la bière, la chaleur tropicale et l'impatience contenue lui ont donné des couleurs.

« Comment vous appelez-vous ?

— Chloé. »

Les deux autres femmes discutent des tissus brodés de Sumatra qu'elles ont vu le matin au marché de la ville, à dix kilomètres en motocyclette.

« Il y a longtemps que vous êtes arrivée ? demande Zach.

— Pas assez longtemps. Deux mois. Je suis venue de Perth avec mon ami, mais il est tellement attaché à son petit confort qu'il n'a pas pu supporter de vivre sur la plage et il est reparti. Je lui ai souhaité bon voyage et j'ai décidé de rester. »

Quel idiot ! songe Jason.

Abandonnant le théâtre de son idylle, le moustique femelle est parti vers une case familiale et y a trouvé un jeune garçon endormi sur un banc. Elle lui a pompé du sang dans le creux de la jambe. Or, ce sang contenait le parasite responsable de la forme la plus dangereuse de malaria, le *Plasmodium falciparum.* Comme beaucoup d'enfants dans les zones d'endémie, le garçon a été depuis l'enfance exposé au parasite, mais à la différence de ceux qui en sont morts, il a développé une forme d'immunité partielle, qu'on appelle « prémunition ». La malaria s'est manifestée chez lui, par crises intermittentes, par une perte de poids, un gros foie et une grosse

rate. Si ce village se trouvait dans l'Afrique subsaha-
rienne, l'enfant aurait été protégé par une anomalie
génétique de l'hémoglobine appelée anémie falciforme :
les globules rouges y revêtent, en effet, la forme d'une
faucille.

Quand l'anophèle a aspiré par sa trompe, le *proboscis*, le sang de l'enfant, celui-ci est passé dans son estomac. Là, les globules rouges ont éclaté et libéré les
plasmodiums sous leur forme sexuelle. À l'intérieur du
minuscule estomac de l'insecte, le sperme des *plasmodiums* mâles a vibrionné avec sa petite queue vers les
œufs du parasite et les deux ont fusionné. La fertilisa-
tion des œufs de *plasmodium*, infinitésimale merveille
d'ingénierie biologique, a donné naissance à de petites
vrilles qui se sont foré une sortie à l'extérieur de l'estomac de l'anophèle. Là, ils se sont attachés à la paroi
extérieure de l'estomac et ils ont grossi comme des ballons gonflés de centaines de vermisseaux appelés des
sporozoïtes. Quand ces kystes éclatent, des milliers de
sporozoïtes s'en échappent et infectent alors les glandes
salivaires du moustique.

Tout le cycle, commencé avec l'ingestion du sang
du jeune garçon, a duré deux semaines. Pendant ce
délai, l'anophèle s'est réapprovisionné en sang humain
et a pondu des œufs. Ses premières piqûres n'étaient
pas infectieuses parce que les *plasmodiums*, sous leurs
formes diverses, étaient soit dans son estomac, soit
dans les kystes accrochés à cet estomac. Mais maintenant, tandis que Zach et Jason sont attablés, les sporozoïtes infestent ses conduits salivaires.

« Je peux me joindre à vous ? demande Zach à
Chloé, passant sur le banc voisin avec sa bouteille de
bière Bintang.

— Je vous en prie, répond Chloé, et dites à votre
ami qu'il est aussi le bienvenu. »

Quand Zach s'installe à la table voisine, ses expirations de gaz carbonique et la chaleur de sa peau irra-
dient vers le toit de palmes. Elles attirent l'attention de
la petite tache brune, que son instinct prévient de la

proximité d'un sang chaud affleurant à la peau. Et l'anophèle a justement besoin de sang pour nourrir sa nouvelle ponte.

Il quitte donc son perchoir et volète autour de la table, négligeable et invisible dans la semi-pénombre. Il tourne autour des têtes, d'abord celles des deux femmes, qui émettent moins de chaleur et de gaz carbonique. Puis celle de Jason, dont il sent qu'elle est plus chaude, puis celle de Chloé, encore plus chaude, et enfin celle de Zach, enveloppé d'un riche nuage de gaz carbonique et qui émet des infrarouges intenses d'une zone de peau de son cou, bien délimitée par ses deux nattes rasta. Il se pose sur ses six pattes, si légèrement qu'il ne le remarque pas. Il est en train de raconter avec animation à Chloé son escalade d'un volcan en compagnie de Jason et comment ils ont échappé de peu à une éruption explosive de lave près du sommet. Il fait de grands gestes pour illustrer le danger des bombes de lave et c'est alors que l'anophèle plonge son proboscis dans son cou.

La malaria revêt une teinture romanesque, du moins dans les zones tempérées. Éradiquée des États-Unis il y a un siècle, elle passe pour une maladie d'explorateurs et d'aventuriers, de missionnaires d'Amazonie et de marchands d'ivoire africains. On ne compte plus les drames exotiques de Hollywood, où le héros, allongé sous la lumière d'une lampe à pétrole dans une hutte malsaine, montre à ses amis anxieux un beau visage brûlant de fièvre et luisant de sueur. Et c'est quand même une fièvre de jungle, sans nul doute la malaria, qui eut raison de ce prototype de l'aventurier, le trafiquant d'ivoire Kurtz dans le roman *Au cœur des ténèbres* de Joseph Conrad.

Les parages du fleuve Congo comme théâtre de la mort du paludéen Kurtz ne pouvaient pas être mieux choisis : on estime, en effet, que c'est dans cette région même que, à l'ère néolithique, le parasite *Plasmodium falciparum* s'adapta à l'être humain. C'est la même région, d'ailleurs, qui vit se répandre les parasites du sida et du virus d'Ebola. À l'époque, les humains devenaient sédentaires pour pratiquer l'agriculture et l'élevage. De là, les migrations transportèrent le parasite en Europe, en Asie et aux Amériques, où l'anophèle vivait déjà. On pense que la malaria est arrivée dans les Amériques plusieurs siècles avant Christophe Colomb. Pendant certaines périodes de l'histoire, elle fut une des grandes plaies de l'humanité, à l'instar de la peste et, de nos jours, du sida, et ses épidémies ont changé le cours de l'histoire. Elle a décimé l'élite de l'armée athénienne en 413 avant notre ère, quand les soldats, faisant le siège de Syracuse, campèrent dans un marécage. Ce fut probablement une forme de malaria cérébrale qui, en 323 avant notre ère, à Babylone, sur l'Euphrate, tua l'invincible Alexandre le Grand alors âgé de trente-trois ans ; à sa mort, l'immense empire qu'il avait conquis jusqu'à l'Inde se désagrégea rapidement. Ce fut aussi de malaria que mourut le grand poète de la Renaissance italienne Dante Alighieri. L'empereur du Saint Empire romain Charles-Quint y succomba à son tour en 1558, et les colons britanniques du Nouveau Monde eurent à en découdre à Jamestown avec les différentes souches de la maladie importées par navires avec les esclaves africains.

Pendant des siècles, les modes de transmission de la malaria furent un mystère. On associait toujours « les fièvres » à des parages marécageux. Shakespeare représente son Caliban, dans *La Tempête*, comme « atteint de toutes les infections que le soleil tire des marais, des fougères et des terrains bas ». Jusqu'à la fin du xixe siècle, les épidémies sévissaient bien au-delà des zones tropicales et infestaient les zones tempérées aussi loin au nord que les Pays-Bas, que la ville russe d'Arkhangelsk, juste au-dessous du cercle arctique et que les régions les plus humides des États-Unis et du Canada.

En 1880, le médecin militaire français Alphonse

Laveran, en poste en Algérie, détecta au microscope de petits parasites dans le sang de ses patients. Dix-sept ans plus tard, Ronald Ross, médecin général de l'armée des Indes britanniques, découvrit que le parasite était transmis par un moustique bien particulier, le petit anophèle. Depuis le xviie siècle, les médecins occidentaux traitaient la maladie avec de la quinine, dérivée de l'écorce du *chinchona* péruvien. Ce remède secret était connu des herboristes incas, il fut ramené par les missionnaires jésuites. Mais la découverte du rôle du moustique, qui valut à Ross le prix Nobel de médecine de 1902, fit espérer qu'on effacerait un jour la maladie de la surface du globe.

Les marécages furent asséchés, des insecticides répandus et de nouveaux médicaments répliquèrent et amplifièrent les effets de la quinine. On parvint à éliminer la maladie de presque toute l'Europe, des États-Unis et des autres pays de la zone tempérée. Non seulement elle persista dans les zones tropicales, mais encore moustiques et parasites développèrent une résistance aux insecticides et médicaments nouveaux. En 1952, cent millions de personnes en Inde souffraient de la malaria. Dix ans plus tard, l'épandage de DDT sur les régions propices à la reproduction des moustiques firent tomber ce nombre à soixante mille. Hélas, peu après, la mortalité fit un rebond et l'on estime actuellement que trois milliards d'humains, près de la moitié de la population terrestre, souffrent de malaria. Dans certaines régions de l'Afrique, la moitié des enfants en sont atteints et beaucoup en mourront. Selon l'Organisation mondiale de la santé, on compte chaque année trois cents millions de nouveaux cas, dont deux millions cent mille mourront. La malaria est la troisième maladie infectieuse et parasitaire la plus mortelle, après la tuberculose – deux millions huit cent mille morts par an – et le sida – quatre millions deux cent mille morts.

Pour ceux qui vivent dans les pays tropicaux, la malaria est une réalité de la vie quotidienne. La plupart des souches occasionnent un accès de fièvre guère plus

dangereux que la grippe. Mais il en existe une variété
mortelle, surtout pour les enfants de un à cinq ans qui
n'ont pas encore développé de résistance et pour les
voyageurs des pays tempérés. On peut la traiter facilement à ses premiers stades, bien que les symptômes en
soient difficiles à interpréter, parce qu'ils ressemblent
souvent à ceux d'autres maladies. Les voyageurs
informés et prudents prennent des antipaludéens à titre
préventif avant d'aller dans les tropiques. Non traitée,
en effet, cette variété peut aboutir à la malaria cérébrale
et mérite pleinement les derniers mots du trafiquant
Kurtz sur son lit de mort : « L'horreur ! L'horreur ! » On
interprète parfois ces mots comme l'expression de la
misère morale du mourant, ou encore de la rapacité des
puissances coloniales au Congo ; mais ils pourraient
aussi bien s'appliquer aux ravages du *Plasmodium falciparum* dans l'organisme et surtout le cerveau.

Tandis que Zach fait son récit animé à Chloé, des
instruments spéciaux sur le proboscis de l'anophèle,
conçus pour tailler dans la peau humaine, fendent les
deux premières couches de son épiderme et parviennent à la couche adipeuse sous-cutanée. Là, un réseau
de petites veines se ramifient vers la surface ; elles se
sont dilatées quand Zach s'est congestionné et le cœur
excité du garçon y pompe son plein de sang. Le proboscis parvient à une veine qu'il perfore ; les glandes salivaires du moustique se contractent pour cracher de la
salive qui empêchera le sang de se coaguler. Avec la
salive, des nuées de sporozoïtes de *Plasmodium* pénètrent dans la circulation de Zach.

« Nous avons cru mourir », dit Zach, poursuivant
le récit de l'aventure du volcan. « Des bombes de lave
tombaient partout, *whomp, whomp, whomp*. »

De grands gestes accompagnent ces mots. Chloé rit.

« C'était le sauve-qui-peut. Nous étions au sommet,
à plus de trois mille mètres et nous n'avons pas cessé

de courir jusqu'à ce que nous soyons descendus à mille cinq cents. »

L'image de Zach et de Jason courant dans la jungle sur les flancs du volcan, poursuivis par des bombes de lave, fait rire les femmes. Pourtant, si les deux garçons avaient accepté les risques et étaient restés au sommet du volcan, il n'y aurait pas de sporozoïtes nageant dans le sang de Zach. En effet, le cycle complexe de la transmission de la malaria exige une température constante d'au moins 15 °C pendant un mois pour que le moustique vive assez longtemps et que le parasite se développe complètement à l'intérieur. Même à l'Équateur, la malaria n'est pas transmissible au-dessus de trois mille mètres, parce qu'il y fait trop froid.

Zach a à peine senti la piqûre. Il se gratte inconsciemment la nuque entre ses nattes. L'anophèle est alors retourné en sécurité sur la feuille du toit.

« Hé, j'ai une idée, dit Zach, qui se sent moite et chaud dans la nuit tropicale. Allons tous nager dans le lagon.

— Allons-y ! s'écrie Chloé. La phosphorescence est phénoménale ! »

D'un commun accord, tout le monde paie l'addition et quitte la hutte du restaurant pour se lancer dans la nuit tiède et bourdonnante, laissant l'anophèle sous les poutres digérer paisiblement les protéines de Zach. Il restera là trois jours, à l'abri du soleil, maturant ses œufs. Puis il s'envolera pour les déposer dans une mare voisine afin d'achever le cycle de reproduction.

Les jeunes gens se défont de leurs vêtements et les empilent sur le sable. Zach espère que la nuit lui offrira l'occasion d'entreprendre un cycle reproducteur bien à lui. Ils plongent tous dans le lagon peu profond et observent les uns les autres la phosphorescence des petites bulles qui nimbent leurs corps et les traînées qu'ils sèment comme des comètes. Les poissons s'écartent d'eux, dispersant aussi de ces miettes phosphorescentes que constituent les animalcules lumineux du lagon.

Tandis qu'ils s'ébattent, nageant les uns par-dessus les autres, voire entre les jambes les uns des autres, telle une bande d'animaux supérieurs chargés d'énergie sexuelle dans ce bouillon de vie qu'est la mer des tropiques, les parasites du *Plasmodium falciparum* font de même dans le sang de Zach, mais avec encore plus de détermination et sans chercher dans l'immédiat un partenaire. Ils se promèneront de la sorte pendant neuf jours dans le corps de leur victime. Leur principal centre d'attraction sera son foie, qu'ils doivent rallier sans retard sous peine de périr. À son arrivée, chacun des sporozoïtes s'infiltrera dans une des cellules hépatiques de Zach. Protégé par les parois de la cellule, il changera alors de forme et se livrera à une orgie reproductrice, se divisant follement jusqu'à ce que la cellule éclate. Chaque cellule infectée et rompue diffusera alors dix millions trois cent mille petites créatures vibrionnantes en forme de poire, portant le nom alarmant de « mérozoïtes invasifs ».

Ces hordes de mérozoïtes se déverseront alors dans le flux sanguin de Zach. Leur mission est de coloniser autant de globules rouges que possible, de telle sorte que, si un autre anophèle femelle venait à piquer Zach de nouveau pour s'assurer un repas, il absorberait à coup sûr suffisamment de globules rouges parasités pour enclencher dans son estomac un autre cycle reproductif de *Plasmodium falciparum* et contaminer un autre humain. C'est ainsi que le parasite s'entretient en tant qu'espèce, bien que parfois sa frénésie reproductrice le mène à sa perte en même temps qu'elle cause la mort de son hôte.

Une fois relâchés dans le sang, les mérozoïtes se comportent avec une détermination féroce, piquant de leur nez pointu des globules rouges dans le temps remarquablement court de vingt à trente secondes après le contact initial. À l'intérieur, ils changent encore de forme, se repaissent du cytoplasme et de l'hémoglobine, puis se divisent en huit à seize nouveaux mérozoïtes. Le globule rouge en est plein à craquer. Ce qui en reste finit d'ailleurs par craquer et libère une famille de mérozoïtes invasifs en quête d'autres globules rouges qui leur permettront de se reproduire une fois de plus. Et le cycle continuera sans fin, le nombre de globules rouges infectés et de parasites croissant pendant ce temps de façon astronomique.

Jason ne voit guère Zach durant les neuf jours suivants. La séance de bain de minuit a pris fin quand Zach et Chloé sont sortis nus et ruisselants, ont repris leurs vêtements et sont partis seuls sur la plage. L'évidence de cette liaison privée a dissipé l'exubérance du groupe, Jason et les deux autres filles se rhabillent sans gaieté et regagnent leurs tentes séparément. Jason se reproche de n'avoir pas été aussi entreprenant que Zach. *Encore un coup de raté*, se dit-il. Il manque toujours sa chance et c'est toujours Zach qui est le favori.

Zach ne retourne pas à sa tente, ni ce soir-là ni les autres. Jason ne le rencontre que dans la journée en compagnie de Chloé et demeure seul et morose. Les mérozoïtes invasifs procèdent pendant ce temps à la prise de possession du système circulatoire de Zach ; c'est une conquête âpre, globule par globule. Le neuvième jour, Jason est en train de relire un recueil de nouvelles de Somerset Maugham sur les colons britanniques perdus sous les tropiques, acheté à Singapour, quand l'ombre de Zach couvre la page.

« Et où est Chloé ? demande Jason sans lever la tête.

— Elle est partie. »

Jason pose son livre sur le sable.

« Partie ? Tu plaisantes ? Pourquoi est-elle partie ? Je croyais qu'elle allait rester ici pour toujours. Surtout depuis qu'elle t'avait rencontré. »

Zach s'allonge, ses nattes de rasta écartées, et regarde les paumes de ses mains. Il laisse distraitement couler du sable sur son torse.

« Elle a dit que son petit ami en Australie lui manquait.

— Parlons-en ! rétorque Jason. Après *tout ça*, elle
veut retourner à son petit ami ? J'allais ramasser mes
affaires et continuer sans toi. Bon, je suis content que
ça soit fini. Peut-être qu'on va s'amuser un peu, maintenant.

— Ouais, mais je suis vraiment fatigué », répond
Zach en fermant les yeux.

La nuit, Zach est pris de frissons dans son sac de
couchage de Nylon vert. Tenant le faisceau de sa torche
électrique sur lui, Jason extirpe une petite pilule jaune
de sa loge de plastique et la lui tend. La main de Zach
sort du cocon vert, mais il tremble tellement qu'il laisse
tomber la pilule. Jason la récupère et la lui pose sur la
langue, puis lui donne à boire.

Cette pilule, des antihistaminiques, a fait son effet
chaque fois que l'un ou l'autre ne pouvait dormir, à
cause d'un coup de soleil, de blessures sur des coraux,
de piqûres d'insectes. Mais ils eussent mieux fait d'emporter des traitements préventifs de la malaria.

Zach se met sur le côté et rentre son bras dans son
sac de couchage. Les frissons qui le secouent sont la
réaction de l'organisme à une température interne qui
monte rapidement et qui remplit un rôle : tuer les parasites par élévation de la température. En présence de
toute intrusion de bactéries, de virus ou de parasites,
les globules blancs du sang libèrent des protéines, les
pyrogènes, qui déclenchent des réactions chimiques. Le
thermostat situé dans l'hypothalamus déclenche alors
la fièvre. Le parasite de la malaria est si efficace dans le
déclenchement de pareilles fièvres que, dans les années
1920, avant l'invention de la pénicilline, on l'injectait
dans les lobes frontaux des malades de la syphilis. Dans
80 pour cent des cas, la fièvre induite tuait, en effet, le

tréponème pâle de la syphilis ; le *Plasmodium*, toutefois, y survivait et devait ensuite faire l'objet d'un traitement.

Jason éteint la torche et se recouche. Mais il entend quand même dans le noir l'agitation de son compagnon dans son sac de Nylon. Les frissons, en effet, sont des contractions musculaires qui contribuent à élever la température. Et elle s'élève. À chaque degré de plus, les rythmes biologiques de Zach, respiration, pouls, s'accélèrent et son métabolisme augmente de 7 pour cent.

38,3 °C, une fièvre moyenne.

38,8 °C, Jason est réveillé par l'agitation de Zach.

« De l'air, crie ce dernier, j'ai vraiment chaud. »

Jason, inquiet, s'assoit et relève la portière de la tente.

« Veux-tu aller nager ? demande-t-il.

— Au diable les baignades. »

L'idée de l'eau de mer sur sa peau en feu fait craindre à Zach d'exploser, comme des braises qu'on jetterait dans l'eau froide. Son cœur bat à se rompre, sa nuque est raide. Il s'extrait de son sac pour avoir un peu de fraîcheur, se traîne à l'extérieur sur les coudes et s'étend sur le sable frais.

39,5 °C, la confusion intellectuelle s'instaure.

40 °C, c'est le délire.

40,5 °C, c'est assez pour tuer le tréponème et bien d'autres bactéries en les privant du fer dont elles ont besoin, mais pas le parasite de la malaria. Jason sort dormir à son tour à la belle étoile et s'endort près de Zach. Celui-ci ne dort ni n'est éveillé, il nage dans des cauchemars et sait seulement qu'il se trouve entre terre et ciel, pareil à un lézard surchauffé qui bat le sable de sa queue. Puis, à l'aube, il est couvert de sueurs profuses qui le rafraîchissent enfin. Il se rappelle alors qu'il est sur une île au large de Sumatra et que le bloc près de lui n'est ni un rocher ni un animal, mais son compagnon Jason. Il s'endort enfin, épuisé.

Sa fièvre a suivi le cours décrit depuis l'antiquité : frissons, montée rapide, sensation de chaleur insupportable pendant une heure ou deux, puis sueurs profuses.

Les films de Hollywood ont également familiarisé le
public avec elle : « Dites aux indigènes ! La fièvre de
Bwana est tombée ! » La température revient à la normale cinq à huit heures après l'accès. La victime est
alors exténuée.

Ils se réveillent tard, quand le soleil filtre à travers
les palmes et tombe sur le sable blanc. La fièvre de Zach
a disparu, il se sent bien, mais il est vanné. Jason s'assied, se frotte les yeux et suggère :
« C'est peut-être quelque chose que tu as mangé.
— Ouais, dit Zach. Rappelle-moi ce soir de me
méfier de ces piments de Sumatra. »
Ils rient. Cela fera un souvenir de voyage.
La journée se passe tranquillement. Zach se repose
près de la tente et lit le recueil de nouvelles de Somerset
Maugham. Demain, décident-ils, ils visiteront les
grottes. La fièvre de Zach n'a pas vraiment disparu,
mais les parasites dans son sang observent une pause.
Ils se divisent selon un cycle de quarante-huit heures,
c'est le délai entre le moment où un mérozoïte envahit
un globule rouge et celui où huit à seize mérozoïtes
quittent ce globule pour en envahir d'autres. Zach
connaîtra donc un nouvel accès de fièvre dans quarante-huit heures. L'intervalle entre les accès est le suivant : un accès le premier jour, une pause le deuxième,
un accès le troisième, une pause le quatrième, un accès
le cinquième et ainsi de suite. C'est ce qu'on appelle une
« malaria tertiaire » ; elle caractérise trois des quatre
variétés de *Plasmodiums*. Mais dans le cas du *Plasmodium falciparum* ce cycle est souvent déréglé et, dans
le cas du *Plasmodium vivax*, le premier accès peut se
manifester des années après l'infection.
Cette nuit-là, le sommeil de Zach est paisible et, le
lendemain matin, il se sent assez bien. Il est cependant
encore faible, parce que beaucoup de ses globules
rouges ont été détruits et qu'il est donc anémié. Tou-

jours en proie à de légers tremblements, il se rend avec Jason au village ; là, ils trouvent deux jeunes gens à motocyclettes qui, moyennant finances, acceptent de les conduire dans les collines, jusqu'aux grottes. Après des sentiers boueux, les quatre jeunes gens parviennent à des grottes dans des falaises de calcaire, couvertes de lianes. Munis de leurs torches électriques et de chandelles, ils s'aventurent à l'intérieur des cavernes. Ils éclairent les voûtes et s'émerveillent des stalactites qui luisent à la lumière et des milliers de chauves-souris qui pendent la tête en bas, dormant les ailes repliées, dans l'attente de la nuit.

Parallèlement, les globules rouges parasités ont commencé à adhérer aux parois des capillaires du cerveau de Zach. C'est le commencement d'une complication dangereuse, la malaria cérébrale. Le parasite du *Plasmodium falciparum* possède cette particularité unique : sur les globules rouges qu'il envahit apparaissent des bourgeons contenant une protéine adhésive, et celle-ci les colle aux parois veineuses ; de plus, ils ont tendance à migrer vers les vaisseaux du cerveau et à les coloniser. Autre bizarrerie, cette « séquestration », comme on l'appelle, n'apparaît pas chez les indigènes des zones de paludisme qui ont développé une tolérance à la maladie et, pour une raison encore inconnue, chez les personnes qui ont subi l'ablation de la rate.

Dans les populations atteintes d'anémie falciforme, l'hémoglobine anormale qui se trouve à l'intérieur des globules rouges infectés se contracte en une masse compacte qui détruit le globule. Les généticiens supposent donc que l'anémie falciforme serait une adaptation préventive chez les Africains des zones subsahariennes, où la forme mortelle de la malaria constitue la majorité des cas.

Cependant Zach vient des régions tempérées, il possède sa rate, son hémoglobine est normale et il est particulièrement vulnérable à la malaria parce qu'il n'a pas pris de traitement préventif. Vers la fin de l'après-midi, il est de nouveau pris de frissons. Il suppose d'abord que c'est à cause du froid qui régnait dans les grottes, mais ses frissons persistent bien après qu'il en est sorti et s'est retrouvé dans le jour humide des tropiques. *Zut !* se dit-il, les lèvres tremblantes, et il s'assied par terre, se serrant les genoux contre le menton. Le trajet de retour est cahoteux et Jason et les jeunes gens doivent aider Zach à descendre de la moto et à s'asseoir sur le sable. La fièvre et la sensation de chaleur intense suivent, puis, à minuit, c'est la grande suée, puis le sommeil. Jason, qui veille son compagnon, s'inquiète : c'est là une maladie bien plus sérieuse qu'une indigestion de piments de Sumatra.

Cette nuit-là, c'est Jason qui dort mal. Le matin le trouve accroupi près du petit réchaud sur lequel il prépare son thé. Zach ouvre les yeux.

« Que veux-tu faire ? lui demande Jason, remuant le sucre dans son bol et s'efforçant de dissimuler son inquiétude.

— Je ne sais pas, répond Zach, le regard fixé sur les brisants. Je ne sais pas combien de nuit pareilles je pourrai supporter.

— Où veux-tu aller ? » demande encore Jason d'un ton égal. Il veut, en effet, que Zach lui-même prenne la décision qui paraît incontournable.

« Là où il y a un hôpital convenable, je pense. Retournons à Singapour.

— Bon, conclut Jason, éteignant le réchaud. On y va. »

Le ferry met douze heures pour rallier Sumatra. Il faut ensuite six heures de car pour rejoindre la côte opposée de Sumatra, et là, prendre un autre ferry pour la Malaisie et ensuite le train jusqu'à Singapour. La fièvre de Zach ne suit plus son rythme de quarante-huit heures ; elle semble devenue erratique. Il a subi deux défaillances, l'une en descendant du car, l'autre en montant dans le train, parce que le flux sanguin à son cerveau est freiné par les globules rouges pleins de parasites qui sont collés aux parois de ses capillaires. Ainsi, le cerveau privé d'oxygène, il accuse de bizarres anomalies de caractère ; il devient inexplicablement irritable à l'égard de Jason, qui tout à la fois porte leurs sacs et le soutient.

« Garde ton calme, lui dit gentiment Jason, j'essaie seulement de t'aider. »

Dans le train pour Singapour, la tête de Zach ballotte sur le dossier du siège, ses yeux mi-clos semblent ne rien voir, ses bras et ses jambes sont saisis de spasmes sporadiques. Jason doit faire appel à un porteur pour l'aider à descendre Zach du wagon. Celui-ci a l'air ivre et c'est en titubant, soutenu par les deux hommes, qu'il traverse la gare. La malaria cérébrale est parfois confondue avec d'autres affections, épilepsie, méningite et même intoxication alcoolique dans les régions où elle est rare. Mais ici, ils connaissent la malaria. Quand le taxi arrive à l'hôpital, Zach est totalement inconscient. Il est immédiatement admis aux urgences et les médecins, internes et infirmières qui interrogent Jason devinent déjà le diagnostic. Ils prélèvent du sang sur le malade et le dépêchent au laboratoire. Le fer de l'hémoglobine digérée par le *Plasmodium* donne au sang une couleur sombre caractéristique.

Un peu plus tard, une femme médecin entre dans la salle d'attente : c'est une Allemande d'âge moyen qui parle anglais avec un accent caractérisé.

« Pourquoi avez-vous attendu si longtemps pour l'amener ici ? dit-elle à Jason. Son sang est *noir* de malaria ! »

Puis elle retourne à l'unité de soins intensifs, où Zach a été admis. Un masque est appliqué sur son visage pour alimenter son cerveau en oxygène. Le médecin a ordonné une perfusion intraveineuse d'une forte dose de quinine sur trente minutes. Il aurait pu choisir un autre produit parmi les traitements anti-malaria de synthèse modernes, mais, près de quatre siècles après que les missionnaires en ont reçu le secret des Incas, la quinine reste l'un des produits les plus efficaces ; jadis les Anglais découvrirent qu'ils pouvaient en masquer l'amertume en la mélangeant à du gin, ce qui donna naissance au *gin and tonic*. La première substance moderne qui fut utilisée à grande échelle fut la chloroquine, découverte par des chimistes allemands dans les années 1930. Elle protégea les armées alliées en Asie pendant la Seconde Guerre mondiale. Durant cette guerre et les décennies qui suivirent, près d'un demi-million d'autres molécules furent testées dans la lutte gigantesque contre le paludisme, mais il en était peu d'efficaces. Dans certaines régions, le *Plasmodium*, doté d'adaptabilité, développa une résistance à la chloroquine et les médecins recourent désormais à de nouvelles molécules, telles que la méfloquine ou bien encore à la classique quinine. Les dérivés d'une herbe de l'herboristerie traditionnelle chinoise, le *quing hao*[1], ont également montré une efficacité rapide dans les essais cliniques.

Tandis que Zach inhale lentement de l'oxygène, des paquets de globules rouges infestés s'amassent dans ses capillaires, comme des feuilles mortes qui engorgent un égout. La quinine qui court dans son système circulatoire attaque le noyau et le cytoplasme du parasite, mais le *Plasmodium falciparum* a quand même infecté trente pour cent de l'ensemble de ses globules rouges.

Zach est pour le moment dans un coma profond. Dans la salle d'attente, Jason tente de lire les récits de Somerset Maugham. Près de lui, de petits Singapouriens jouent dans les jambes de leurs parents. Jason ne parvient pas à se concentrer sur sa lecture. *Aurait-il pu en faire plus ?* se demande-t-il. Comme ils ont été stupides ! La malaria. Pourquoi n'y avaient-ils pas pensé plus tôt ? Mais est-ce que cela aurait été utile ?

La doctoresse allemande entre doucement dans la salle d'attente. Elle s'assied près de Jason, et il sait déjà ce qu'elle va lui dire.

---

1. Il s'agit de l'armoise commune (*N.d.T.*).

11.

La déshydratation : au pays sans ombre

Vous ne savez pas pourquoi ils vous font ça. Vous ne savez même pas exactement ce qu'ils ont fait. Tout ce que vous savez, au milieu du Sahara, c'est ceci : au début de la soirée, la caravane s'est arrêtée. Ils sont descendus de leurs chameaux et sont venus vers vous pieds nus, dans leurs vastes robes bleues. Vous ne pouviez pas deviner leurs intentions, car leurs turbans traditionnels et les voiles bleus sur leurs visages, les *tagilmosts*, ne découvraient que leurs yeux sombres et perçants. Ils ont forcé votre chameau à se coucher. Sans mot dire, ils ont détaché de votre poignet votre montre-bracelet, ont attaché vos mains au pommeau de la selle avec de la corde tressée à la main et ils ont noué un *tagilmost* en bandeau autour de vos yeux. Vous entendiez les grognements des chameaux quand ils se sont relevés. Prenant le vôtre par la longe, ils vous ont emmené dans la nuit du désert.

Vous supposez maintenant qu'il est minuit passé. Les autres soirs, quand la caravane était encore en route à cette heure tardive, vous ressentiez la même fraîcheur de l'air saharien et vous aviez aussi les reins brisés par ces heures de balancement à dos de chameau. Voilà deux semaines que vous vous êtes joint à leur caravane, cinq jours que vous avez quitté l'oasis en leur compagnie, quand ils vous ont convoqué sous les palmiers pour l'entrevue avec le marabout, le saint homme, et qu'ils vous ont informé que la caravane devait se remettre en route. Ils sont censés vous emmener vers les guérilleros nomades du désert, qui harcèlent de raids les postes frontières du gouvernement. Pourquoi vous font-ils cela ? Et pourquoi à vous ? Est-ce qu'ils essaient de vous intimider pour que vous ne révéliez pas leurs secrets ? Ou bien veulent-ils vous empêcher de voir le chemin qui mène aux repaires de la guérilla ? Ou bien encore pensent-ils que vous en savez déjà trop et se proposent-ils de vous tuer ?

Ils savent que vous avez de la sympathie pour leur combat contre un gouvernement beaucoup plus puissant qu'eux, qui veut les rendre sédentaires, les assujettir et leur voler leur liberté. Or, ils se sont toujours appelés *Imazighen*, « les hommes libres ». Leurs voisins sédentaires de la frontière du Sahara les désignent toutefois sous un autre nom, « Ceux qui ont été rejetés par Dieu ».

Un célèbre magazine de New York vous a envoyé ici. Se penchant vers vous d'un air entendu et confidentiel, le rédacteur vous a dit que cette mission pourrait assurer votre carrière en tant que journaliste indépendant.

« Et avouons-le, ça n'a pas été facile pour vous, a-t-il ajouté après avoir enroulé adroitement une grosse bouchée de spaghettis à la sauce aux truffes noires et l'avoir avalée, puis avoir pris une lampée de barolo. Votre carrière n'en souffrira pas. »

Ce n'était pas contestable. Votre carrière, en effet, n'était pas facile. Les magazines ne voulaient plus acheter vos longs et subtils articles sur des voyages aventureux dans des lieux éloignés. Ils préféraient vos articles « haut de gamme », de préférence sur des pays méditerranéens, des baigneurs célèbres, de préférence des baigneuses sans le haut sur de grands yachts, sur des lieux de shopping « fabuleux ». Mais quand vous avez téléphoné au directeur et que vous lui avez proposé un reportage sur les guérilleros nomades du Sahara du Sud, une région où vous avez toujours voulu aller, vous avez retenu son attention. Il vous a invité à déjeuner, vous lui avez exposé votre projet en dégustant ses spaghettis et son barolo. Il vous a finalement dit que vous pouviez, dans ce reportage, vous passer des célébrités et du shopping si vous parliez de violence. C'est alors que, d'un air de conspirateur, il s'est penché vers vous pour vous déclarer que non seulement un tel article ajouterait un zeste d'aventure périlleuse à son élégante publication, mais encore ferait véritablement progresser votre carrière.

Vers la fin avril vous avez donc pris l'avion pour Paris, puis un autre avion plein de passagers de haute taille en élégantes tuniques brodées, à destination de Ouagadougou, près de la frontière du Sahara. Il vous a fallu une semaine de voyage dans des cars surchauffés et à l'arrière de camions pour arriver dans la poussiéreuse ville de province où vous avez d'abord établi un contact clandestin avec un représentant de la guérilla nomade. Vous avez exposé ce que la guérilla avait à gagner en vous prenant en confiance et en vous emmenant dans le désert, sur le théâtre de ses opérations. Peut-être que votre article dans un magazine célèbre influencerait l'opinion publique dans votre pays. Peut-être la guérilla obtiendrait-elle ainsi des appuis. De l'aide étrangère. Voire des armes, par exemple ces petits lance-missiles qu'on porte à l'épaule et qui peuvent descendre un hélicoptère et même un chasseur à réaction dans le ciel. Le guérillero a hoché pensivement la tête. Il semblait comprendre. Un soir, il vous a emmené dans les faubourgs de la ville, au-delà des enceintes de boue séchée, et il vous a présenté aux nomades en voiles bleus qui allaient partir en caravane dans le désert. Ils étaient huit, chacun monté sur son propre chameau et tirant les longes de deux ou trois autres chameaux chargés de bagages. Ces bagages étaient petits mais lourds, emballés dans des nattes. Vous ignoriez ce que c'était et vous n'osiez pas demander.

« Va avec eux, vous a-t-il dit, ils t'emmèneront vers les gens que tu veux voir. »

Vous avez d'emblée apprécié les nomades, leur connaissance du désert, leur grâce, leur humour vif, et vous avez supposé qu'ils vous appréciaient aussi. Vous ne pouviez qu'à peine, évidemment, communiquer avec eux, dans votre français d'occasion et à l'aide de quelques mots de leur *Tamachek* natif que vous aviez appris. Deux longues et dures semaines de traversée du désert, interrompues par deux haltes dans de fraîches oasis ont suivi. Ici et là, caravane et oasis, les gens que vous avez rencontrés vous ont témoigné de l'hospitalité et vous vous êtes assis avec eux durant ces longues soirées étoilées pour boire de petits verres de thé vert, vous avez ri et plaisanté avec eux et tenté d'apprendre leurs chansons. Vous avez partagé leurs repas. Chemin faisant, et pour ne pas arrêter les chameaux et les faire se coucher, vous avez fait passer le long de la caravane des outres d'*aragira*, une bouillie de mil pilé, de fromage de chèvre sec, de dattes et d'eau, dont chacun prenait de longues goulées. Mais, même alors, ils ne vous montraient jamais leurs visages et buvaient toujours leur thé ou leur *aragira* sous ces vastes écharpes bleues. Dans cette culture nomade, ce sont les hommes et non les femmes qui portent le voile et il est considéré comme malséant de montrer même son nez. Pour distinguer les individus, il faut se fier à leurs allures et à leurs yeux, parfois rieurs, parfois coléreux, et toujours vifs et aigus.

« Qu'est-ce que vous me faites ? » criez-vous quand on vous a bandé les yeux.

Mais la seule réponse que vous obtenez est le crissement des fardeaux que portent les chameaux sur le sable froid.

Ils ne s'arrêtent qu'une fois pour ouvrir une *gerba*, une outre en peau de chèvre qui ressemble à un gros ballon de football avec une pipette de cuir qui pend au cou d'un chameau. Ils vous présentent la pipette aux lèvres.

« Bois », dit une voix.

Gorgée après gorgée, vous videz toute l'outre, pour étancher cette soif qui ne vous quittera jamais, mais diminuera seulement. L'eau est délicieusement fraîche et rafraîchissante, en dépit des poils de chèvre et des traces de bouse de chameau puisés avec le reste à l'étang de l'oasis. Cette eau fraîche est la dernière chose que vous vous rappelez.

Vous ne savez pas où vous êtes. Vous êtes couché sur le flanc. Vous voyez d'abord un ciel rose. Puis, à hauteur des yeux, une vaste étendue de sable d'un orange terni, aux grains fins, sans cailloux, rochers ou aucun accident. Vous commencez à vous rappeler que vous êtes dans le désert. Vous restez immobile. Vous guettez les bruits familiers, le murmure de voix somnolentes, le choc d'un ustensile sur un pot, le grognement d'un chameau. Rien. Pas un cri d'oiseau. Pas un souffle de vent. Pas une goutte d'eau. Rien que le silence. Le silence absolu, le silence de la pierre.

Alarmé, vous vous redressez et vous asseyez. Quelqu'un a jeté sur vous un manteau bleu pour vous servir de couverture et un *tagilmost* pour vous servir d'oreiller. Mais où sont les gens qui vous ont amené ici ? Ils doivent sûrement être proches. Vous regardez autour de vous. Rien que le sable orange qui se perd à l'infini en dunes basses. Au-dessus de votre tête, les branches noueuses de l'acacia sous lequel on vous a abandonné, un unique acacia. Puis vous remarquez les traces des chameaux. Elles partent dans sept ou huit directions. C'est là que les nomades de la caravane se sont séparés, chacun allant son chemin dans les dunes, comme pour vous égarer dans le cas où vous voudriez les suivre.

C'est alors qu'une question s'impose à vous avec force : où est la *gerba* ?

À l'aube du 23 août 1905, les échos d'un bruit singulier dans le canyon éveillèrent le naturaliste
W.L. McGee dans son campement du désert de Gila, en
Arizona, près de quelques mares. McGee étudiait là les
effets de la lumière sur la vie dans le désert. Lui et le
Peau-Rouge Papago, son guide, bondirent de leurs couchettes pour voir ce que c'était. À un demi-kilomètre de
là, en suivant le sentier, ils trouvèrent ce qui restait de
Pablo Valencia, un robuste prospecteur d'une quarantaine d'années, qui était passé par leur campement huit
jours plus tôt, à la recherche d'« une mine perdue ».

« Pablo, écrivit McGee, avec la précision qui vaut à
son texte d'être devenu un classique de la littérature sur
la soif, était entièrement nu. Ses jambes et ses bras,
autrefois musclés, étaient émaciés ; ses côtes saillaient
comme celles d'un cheval étique ; son abdomen massif
s'était affaissé jusqu'à la colonne vertébrale ; ses lèvres
avaient disparu, comme amputées, et il n'en restait que
des bandes de tissu noirâtre, dénudant ses dents et ses
gencives comme celles d'un animal écorché. Ses gencives étaient noires et sèches comme de la viande bou-
canée ; son nez avait rétréci de moitié, et l'on en voyait
les trous noirs des narines ; la peau autour de ses yeux
fixes s'était également rétrécie au point qu'on voyait ses
conjonctives, noire comme les gencives ; son visage
était sombre [...], sa peau était devenue d'un pourpre
sinistre teinté de gris et marqué de traînées et de taches
livides ; ses jambes et ses pieds ainsi que ses avant-bras
et ses mains avaient été lacérés par les épines et les
rochers, mais les blessures les plus récentes ressemblaient à des éraflures sur du cuir, sans la moindre trace
de sang ou de sérum ; ses articulations et ses os étaient
visibles comme ceux d'une victime de consomption,
mais la peau s'y accrochait à la façon du cuir qu'on uti-
lise pour réparer une roue cassée. À première vue, j'esti-
mai son poids à cinquante-cinq ou soixante kilos. Nous
le trouvâmes quasi sourd, sauf aux bruits violents, et
presque aveugle, ne pouvant distinguer que l'ombre et
la lumière. La muqueuse de sa bouche et de sa gorge

était desséchée, fendillée et noircie et sa langue n'était plus qu'un moignon de tégument noir. Sa respiration était lente, spasmodique, accompagnée d'un râle guttural et profond, et c'était le bruit qui nous avait réveillés à un demi-kilomètre de là. Ses extrémités étaient aussi froides que l'air, on ne détectait pas de pouls aux poignets, la circulation sanguine était apparemment nulle, sauf aux genoux et aux coudes ; le rythme cardiaque était lent, irrégulier et s'interrompait pendant les intervalles de sa respiration ronflante[1]. »

Bien qu'il fût incapable de parler et même d'avaler, Pablo fut lentement ramené à la vie en plusieurs jours, grâce aux soins de McGee et de Papago José. Son état s'améliora considérablement plusieurs jours plus tard après un séjour à Yuma où il ne mangea toute la journée que des melons et dormit beaucoup. Comme beaucoup de victimes de ce qu'on appelle la « soif du désert », Pablo avait tout perdu dans son voyage de cent cinquante à deux cents kilomètres, sans eau, conséquence d'un rendez-vous manqué avec un partenaire censé lui apporter plusieurs bonbonnes d'eau. Il avait d'abord jeté ses pépites d'or, puis ses vivres, son manteau, le pantalon qui contenait son argent, son tabac et son couteau – bien que c'eût été l'envie de poignarder son partenaire qui lui avait donné la force d'avancer. À la fin, il avait jeté son chapeau, ne portant plus que la bonbonne dans laquelle il recueillait ses dernières gouttes d'urine pour les boire. Le matin d'avant le jour où McGee et Papago José l'avaient trouvé, Pablo s'était agenouillé à l'ombre d'un buisson, à l'aube, avait dit une dernière prière et, regrettant de n'avoir pas d'eau bénite, avait fait le signe de la croix. Puis il avait pensé qu'il mourait. Son corps était resté étendu sur le sol desséché cependant que quelque chose à l'intérieur de lui flottait dans les parages, surveillant les vautours qui guettaient

---

1. W.J. McGee, cité par A.V. Wolf in *Thirst : Physiology of the Urge to Drink and Problems of Water Lack*, Charles C. Thomas éd., Springfield, Illinois, 1958.

son cadavre. Cette nuit-là, heureusement, la température du désert était descendue à 26 °C. Une réaction s'était produite dans le corps de Pablo. Nu, aveugle, mais capable de s'orienter avec les mains le long du vieux sentier de roulottes près de la frontière mexicaine, le Camino del Diablo, il avait cheminé jusqu'au campement de McGee, où il y avait de l'eau. À l'aube, il s'était écroulé dans la poussière.

Le désert et la soif inextinguible, qui peut être mortelle, revêtent une qualité mystique. La soif du désert est une expérience hallucinatoire. Non seulement on perçoit les fameux mirages, des lacs d'eau créés par la lumière qui traverse les différentes couches de température sur le sol, mais la victime souffre de visions, entend des sons imaginaires et croit que son âme est sortie de son corps. Comme Pablo, elle se dépouille souvent de ses vêtements et de toutes ses possessions et, ainsi libérée de ses conquêtes terrestres, s'avance nue dans un désert nu sous un ciel nu. Ce n'est sûrement pas une coïncidence si le désert a été le territoire d'élection des mystiques, des prophètes et des voyants. Son dépouillement a façonné quelques-unes des plus grandes religions du monde. Moïse et les Hébreux ont traversé le désert au cours des quarante ans de l'exode. Avant de fonder sa propre religion, Jésus fut probablement un disciple de l'ascète errant Jean le Baptiste. Les parents de Mahomet l'avaient envoyé loin du climat délétère de La Mecque pour vivre avec une tribu nomade du désert. Tout se passe comme si le désert dépouillait toutes les couches superflues de l'existence, non seulement celles des étendues verdoyantes d'une si grande partie de la planète, mais également celles des humains, des possessions matérielles et, en fin de compte, du moi lui-même.

Les Français, grands colonisateurs du Sahara, ont trouvé des mots justes pour définir la manière dont le désert transforme une personne : « le baptême de la solitude ». « C'est une sensation unique », écrit le romancier, musicien et familier du Sahara, Paul

Bowles, que de se retrouver seul dans la nuit du désert, « et cela n'a rien à voir avec la solitude, car celle-ci suppose qu'on se souvient. Ici, dans ce paysage entièrement minéral éclairé par les étoiles comme par des fusées, même la mémoire s'évanouit ; il ne reste rien que votre respiration et les battements de votre cœur. Une métamorphose qui n'est guère agréable s'engage à l'intérieur de vous, et vous pouvez ou bien la repousser et demeurer la personne que vous avez toujours été, ou bien la laisser advenir. Personne qui ait séjourné quelque temps dans le Sahara n'en est reparti identique. »

Le désert ne transforme pas seulement l'esprit, mais aussi la physiologie, et tout aussi profondément. Les humains sont composés aux deux tiers d'eau. Le corps est pareil à un aquarium de cellules vivantes, selon l'image d'un philosophe français mais, de plus, chaque cellule elle-même est un aquarium. L'une des nombreuses propriétés de l'eau est qu'elle est un solvant très actif. C'est ainsi que, sous la forme de liquides organiques tels que le plasma, composé à 90 pour cent d'eau et qui charrie les nutriments, les déchets et la chaleur à travers le corps, l'eau joue un rôle dans presque tous les processus biologiques des animaux et des plantes.

L'aquarium, ou plutôt le réservoir du corps humain, est équipé d'un système précis de valves qui maintient ses niveaux d'eau avec une extrême rigueur ; la marge de variation est environ de 0,22 % du volume corporel en vingt-quatre heures, ce qui, pour une personne de poids moyen de soixante-dix kilos, représente tout juste une demi-tasse d'eau. Si l'on déverse par la bouche trop d'eau dans le réservoir, les reins l'élimineront sous forme d'urine diluée. Si l'on en verse trop peu, ou bien s'il s'en évapore trop, par la sueur par exemple, le niveau hydrique général baisse et le réservoir fermera ses valves, ne laissant filtrer qu'une petite quantité d'urine. Mais si le niveau continue de baisser en raison de l'évaporation et d'un manque d'hydratation, ce qui arrive fréquemment dans le désert, les bassins de dérivation les plus lointains et les moins importants du circuit commenceront à s'assécher. Bientôt, ils se craquelleront et il n'y restera plus que des sédiments boueux où la vie ne peut subsister.

Les physiologistes calculent la carence en eau d'après le pourcentage de perte pondérale. Un homme adulte de soixante-dix kilos contient 60 pour cent d'eau, ce qui représente quarante-deux litres. Dans les conditions normales les moins éprouvantes, il perd un minimum d'un litre et demi chaque jour. La plus grande partie en est évacuée sous forme d'urine et un tiers sous la forme de sueur et de la vapeur d'eau de la respiration. Les climats chauds et les grands efforts physiques peuvent élever considérablement la perte en eau, jusqu'à un litre et demi par heure, en plus grande partie sous forme de transpiration pour rafraîchir le corps. Or, une perte d'un litre et demi, que ce soit par jour ou bien en une heure, représente 3 pour cent du poids d'un homme adulte. L'organisme peut tolérer sans problèmes majeurs une perte de cet ordre, mais il souffrira alors d'une soif intense, commençant à se manifester à partir d'un seuil de déficit de 0,8 pour cent, soit environ un demi-litre. De 5 à 8 pour cent de déficit, soit de trois à cinq litres, la victime souffre d'épuisement et est menacée de défaillance. À 10 pour cent, ce qui est une perte grave, la détérioration physique et mentale s'enclenche. Et à 12 pour cent, soit huit litres et demi, la victime ne peut plus avaler, l'état de choc est imminent et la mort survient dans la zone de 15 à 25 pour cent de déficit hydrique. En somme, pour un mâle adulte de soixante-quinze kilos, une perte de dix à dix-sept litres est fatale. Pour quelqu'un qui marche sous le soleil du désert et transpire un litre et demi par heure, il peut suffire de sept heures pour en arriver là.

« Combien de temps survivrais-je sans eau si je devais en manquer ? » se demandait au début du XXe siècle J.S. Chase, voyageur vétéran des déserts de Californie. « Dans cette chaleur intense, avançant dans ce terrible pays, il était impossible de supporter la soif plus de quelques minutes. Et j'entrevis soudain ce qui m'arriverait au bout d'une heure – deux heures seraient la torture – : le délire et après la folie délirante, l'agonie, l'insensibilité et la mort. »

Les études classiques sur la soif d'E.F. Adolph et d'autres chercheurs militaires américains dans les déserts de la Californie du Sud pendant la Seconde Guerre mondiale conclurent qu'une personne marchant par une température de 26 °C peut couvrir soixante-quinze kilomètres sans eau. Par une température de 37 °C, la distance se réduirait à vingt-cinq kilomètres. Et à une température de 49 °C, courante au Sahara et dans d'autres déserts, elle s'écroulera après seulement une dizaine de kilomètres. Les études d'Adolph recommandaient qu'en règle générale le voyageur à pied emportât quatre litres d'eau, un gallon, pour effectuer trente-trois kilomètres de nuit, et le double si le trajet devait être fait le jour. Pour franchir de jour une distance de cent soixante-cinq kilomètres dans le désert, presque rien au Sahara qui, avec ses cinq millions de kilomètres carrés, contiendrait quasiment tous les États-Unis, un voyageur devrait donc emporter la quantité étonnante de quatre-vingts litres d'eau. C'est justement pour ces raisons que ce ne fut qu'à l'avènement du chameau, capable de marcher une semaine sans s'abreuver et de supporter d'énormes différences de température, mais aussi de boire cent trente litres d'un coup, que les humains purent s'aventurer dans le Sahara. Ce furent les Romains qui l'introduisirent.

Pour minutieuses qu'elles fussent, les expériences d'Adolph ne mesurèrent pas les conséquences d'une déperdition d'eau supérieure à 10 pour cent du poids corporel, seuil où justement apparaissent des complications physiologiques graves. Pour savoir ce qui se produit au-delà de ce seuil, il faut consulter les observations de voyageurs tels que McGee et Pablo. À l'époque de McGee, les vieux durs du désert du sud-ouest américain et du Mexique avaient établi dans leur propre langage les stades de la « soif du désert », dont chacun correspondait, selon les paramètres des chercheurs modernes, à une perte de 5 pour cent d'eau. Les noms mêmes de ces stades offrent une description imagée de la progression de la soif :

> Évidente
> Bouche de coton
> Langue rétrécie
> Sueur de sang
> Mort vivante

Pourtant, en dépit de ces périls, des aventuriers et des voyageurs continuent de se lancer dans les déserts d'Afrique, d'Asie, des Amériques, d'Australie, où ils meurent toujours de soif ou d'autres causes. Chacun a ses raisons de se risquer dans ces vastes étendues : l'or, la gloire de l'exploration, la quête spirituelle. Mais, à un certain niveau du moins, toutes ces raisons rejoignent les propos de Paul Bowles quand il s'est demandé à propos du Sahara : « Pourquoi y aller ? »

« La réponse est celle-ci : quand un homme est déjà allé là-bas et qu'il a reçu le baptême de la solitude, il ne peut pas y résister. Une fois qu'il a éprouvé la magie de ces régions vastes, lumineuses et silencieuses, il n'existe plus pour lui de pays assez puissant, aucun autre milieu ne peut lui offrir le sentiment suprême d'exister au milieu de l'absolu. Il y retournera, quel qu'en soit le prix en désagréments et en argent, parce que l'absolu n'a pas de prix. »

Pas de *gerba* sur le sol alentour. Rien donc que le silence et les traces de chameaux qui se dispersent. Les premiers rayons du soleil balaient le sommet des dunes orangées. Vous sentez déjà l'air chauffer, bien que le sable soit encore frais de la nuit. Vous y plongez les doigts pour éprouver sa fraîcheur. Près de votre main droite vous remarquez une tache noire. Vous levez les yeux. Une *gerba* pend d'une branche basse de l'acacia.

Elle perd des gouttes que le désert boit, comme disent les nomades.

Vous vous redressez d'un bond, vous dégagez la lanière par laquelle elle est accrochée et vous la saisissez, comme vous saisiriez un enfant au berceau. Les petits pores de la peau de chèvre suintent, comme toutes les *gerbas* parfois. Vous avez observé que les nomades bouchaient les trous avec des poils de chameau. Mais pour sauver la précieuse eau, vous vous arrachez péniblement des cheveux, vous les tordez et vous les insérez dans les pores de l'outre.

Celle-ci cesse de suinter. La *gerba* dans vos bras, vous regardez de nouveau alentour. Où sont-ils passés ? Sont-ils partis faire une course ? Ou bien seront-ils absents longtemps ? Mystère. Et qu'est-ce que vous êtes censé faire ? Attendre ici, à l'ombre parcimonieuse d'un acacia, qu'ils reviennent et vous conduisent à un havre ? Ou bien vous mettre en marche ? Quoi qu'il advienne, si vous ne les retrouvez pas ou qu'ils ne vous retrouvent pas, votre eau va finir par s'épuiser et tôt plutôt que tard. Peut-être qu'ils veulent réellement que vous mouriez. Sinon, pourquoi auraient-ils attaché vos mains et vous auraient-ils bandé les yeux ? C'est peut-être aussi simple que ça. Peut-être que vous en saviez trop sur leur guérilla. Ou peut-être n'en saviez-vous pas assez. Mais s'ils voulaient réellement vous tuer, pourquoi ne l'ont-ils pas fait quand ils le pouvaient ?

Assis avec la *gerba* dans votre giron, vous regardez le soleil monter un peu plus et l'orange virer au jaune. Vous secouez la *gerba* et vous en évaluez la capacité au bruit : une dizaine de litres. Tandis que vous méditez sur la *gerba* et votre plan d'action, des changements complexes se produisent déjà dans votre physiologie. Depuis la dernière fois que vous avez bu, et durant la nuit, votre corps a perdu près d'un demi-litre d'eau par les voies habituelles, respiration, sueur, urine. Vous vous déshydratez lentement et la concentration des sels et d'autres substances dans votre plasma augmente. Normalement, cette concentration, qui se mesure en

milliosmoles (mOsm), se situe entre 275 et 295 milliosmoles par litre d'eau. Selon les variations de ce niveau,
votre système d'osmorégulation décide d'ouvrir ou de
fermer les circuits de vos reins.

Quand vous avez lentement perdu de l'eau durant
la nuit et le matin, la concentration de sels s'est élevée
aux environs de 290 milliosmoles, alertant les osmoré-
cepteurs de l'hypothalamus afin qu'ils agissent sur la
glande pituitaire ; celle-ci devra libérer la substance qui
ferme les circuits, la vasopressine arginine ou VPA. Les
reins, qui filtrent sans cesse l'eau de votre corps et en
extraient l'urine, reçoivent alors l'ordre de réabsorber
une plus grande quantité de l'eau qu'ils excréteraient
normalement. Votre volume d'urine décroît donc en
proportion inverse des sels dans votre plasma. Quand
vous vous avisez que vous avez soif, sensation qui se
déclenche de façon variable selon les physiologies, mais
qui se produit aux environs de 295 mOsm par kilo, votre
volume d'urine a déjà été réduit de dix à vingt fois. Bref,
votre cerveau a dit à vos reins de garder leur eau bien
avant que vous ayez ressenti la soif.

Assis là, vous avez passé le seuil de 295 mOsm ;
vous avez soif, mais vous vous retenez de boire pour
économiser votre eau. Vous vous levez pour uriner, et
comme elle est concentrée, votre urine est déjà d'un
jaune plus sombre.

Au-dessus de l'acacia rachitique, la lumière est
maintenant passée du jaune au blanc chaud, la couleur
du sable a changé et le bleu du ciel a revêtu l'intensité
du midi. Vous cherchez des traces que les nomades
auraient laissées. Vous secouez le manteau bleu dont ils
vous ont couvert : rien. Vous saisissez le *tagilmost*, long
de quatre mètres, et le secouez aussi, votre bloc-notes
en tombe, avec le stylo encore accroché au carton. Vous
le feuilletez, au cas où ils y auraient inscrit un message,
mais vous ne retrouvez que vos notes, interviews, descriptions de paysages, anecdotes. Pas un mot d'eux.
Vous vous rasseyez et vous rendez compte qu'au moins
vous avez votre bloc-notes. L'histoire qu'il contient vau-

dra bien au retour une poignée de billets de mille dollars ! Il fera votre carrière et encore plus d'argent. L'important est de tenir soigneusement un journal afin d'écrire un brillant récit de votre expérience. Ce bloc-notes est aussi important qu'une *gerba* pleine d'eau. Le soleil est encore monté. Vous vous réfugiez encore plus à l'ombre de l'acacia. Et le soleil vous force à vous concentrer sur vos trois options. Laquelle choisir ? Rester là et espérer ? Suivre les traces des chameaux jusqu'à la dernière oasis, au village de boue séchée, aux palmiers et aux canaux d'irrigation ? Ou bien suivre n'importe quelle piste dans l'espoir qu'elle vous conduira bientôt à de l'eau et des secours ?

Vous secouez l'outre en peau de chèvre. Dix litres, assez pour marcher deux nuits ou un jour. La dernière oasis est à cinq jours de marche. Vous n'y parviendrez pas avec le seul contenu de la *gerba*. Ça ne vous laisse que deux autres options. Quelles qu'elles soient, vous n'irez nulle part avant que la chaleur du jour soit passée.

Adossé au tronc de l'acacia avec le *tagilmost* comme oreiller, le bloc-notes et la gerba près de vous, vous vous endormez pour le reste de la journée. La caravane ne s'arrête que tard et, comme les nomades, vous n'avez donc eu que quelques heures de sommeil. Il vous faut dormir. Chaque fois que vous vous réveillez, l'air est plus chaud. Vous reculez de plus en plus pour rester à l'ombre. Les expériences d'Adolph ont montré qu'un homme qui marche six kilomètres par jour dans le désert par une température de 37,5 °C perd environ un litre de sueur par jour. Mais assis à l'ombre, il n'en perd que le quart, soit une tasse d'eau par heure. C'est l'un des faits fondamentaux du désert.

On est en mai et c'est justement la température qui règne. Vous vous rappelez que, à la dernière oasis, personne ne s'aventurait à l'extérieur pendant la journée.

Les habitants se réfugiaient dans les labyrinthes frais de la casbah, un ensemble d'habitations et de passages couverts, érigée à la façon d'une forteresse du XIIIe siècle : des murs épais de boue séchée, percés de quelques ouvertures au plafond. Des douzaines de familles apparentées, quelque deux à trois cents personnes, vivent derrière d'épaisses portes de bois. Et c'est là que, buvant du thé vert sucré avec l'une des innombrables familles qui vous offraient l'hospitalité, vous avez rencontré un garçon intelligent qui parlait assez bien l'anglais. À la fin de l'après-midi, quand la chaleur diminuait, il vous a fait faire un tour de l'oasis, le long des fossés d'irrigation qui gargouillaient, des carrés de céréales soigneusement cultivés et des palmiers chargés de régimes de dattes.

Sous les palmiers, vous avez rencontré un homme assis à croupetons devant une simple hutte de boue séchée, qui semblait chanter des poésies. Son turban n'était pas bleu comme celui des nomades, mais blanc, et sa robe était multicolore. Mince, avec un beau visage, ni vieux ni jeune, ni pâle ni trop tanné, il s'est arrêté de chanter quand il vous a aperçu, vous, un Occidental, sur un sentier de la palmeraie.

« Qui est cet homme ? avez-vous demandé au garçon.

— Un marabout, un saint homme. Il vient parfois de loin et il séjourne ici quelque temps.

— Pouvons-nous lui parler ?

— Bien sûr. C'est pourquoi il vient ici. Pour que les gens lui parlent. »

Le marabout vous a accueilli avec un sourire amène et vous a fait signe de vous asseoir par terre, en face de lui. Vous vous êtes exécuté. Le garçon vous servant d'interprète, vous avez expliqué que vous êtes venu au Sahara pour écrire un article pour un grand magazine américain sur les nomades et leur combat. Il a hoché la tête et souri avec détachement, comme si les concepts de « magazine » et d'« Amérique » lui étaient aussi étrangers que la planète Jupiter. Et vous avez demandé au garçon si le marabout consentirait à parler de ce qu'il fait.

« Que veux-tu savoir ? »

Vous improvisez des questions qui fourniront des informations sur lui, des réflexions qui conféreront un parfum de vécu et de la substance à votre article. Peut-être apportera-t-il un narguilé et fumera-t-il un peu de hachisch avec vous, à supposer du moins que les marabouts fassent ce genre de choses. Ce serait une belle anecdote. Votre rédacteur en chef l'apprécierait et l'usage de drogues exotiques dans les cultures étrangères vaut bien, dans un article de voyage, quelques célébrités aux seins nus autour d'une piscine. Quel que soit le résultat de l'interview, vous décidez de ratisser large.

« Qu'est-ce que tu enseignes ? avez-vous demandé.

— Je suis un soufi, a-t-il répondu avec son sourire serein. J'enseigne au voyageur, au *sakil*, à suivre le chemin, le *tariq*. J'enseigne à celui qui suivrait ce sentier les sept étapes des soufis.

— Parle-moi du chemin des soufis et de ces sept étapes », avez-vous demandé, sortant votre bloc-notes de la poche arrière de votre short.

Il n'a pas semblé troublé par le bloc-notes, ni par le fait que vous preniez rapidement des notes, relevant les mots pour « voyageur » et « sentier », que vous vous proposiez d'insérer dans votre texte.

« Veux-tu apprendre le chemin du soufi ? a-t-il demandé avec le même sourire.

— Je suis impatient de l'apprendre.

— Veux-tu être un voyageur ?

— Oui », avez-vous répondu aussi sincèrement que possible.

C'était partiellement vrai, de toute façon. Il y avait longtemps que vous étiez attiré par le mysticisme oriental et vous aviez toujours pensé que vous pouviez suivre ce sentier. Vous ignoriez que le soufisme pouvait y conduire, et que l'occasion de le suivre se présenterait ici. Tout ce que vous vouliez était d'en apprendre le plus possible de la bouche de ce soufi, afin d'enrichir votre article. Ce fut alors que ce soufi vous demanda si vous connaissiez le grand poète soufi Hâfiz, qui vivait en Perse au xive siècle.

« Non, avez-vous répondu, la pointe du feutre bleu suspendue au-dessus du papier. Mais peux-tu me dire comment écrire son nom ? »

Ce fut alors que le soufi tendit la main et vous prit le bloc-notes des mains. Il regarda en riant le ciel frangé de palmes et, tenant le bloc-notes au-dessus de sa tête, chanta d'une voix mélodieuse deux vers du poète :

Ô toi qui essaies d'apprendre la merveille de l'amour dans le manuel de la raison,
J'ai bien peur que tu ne comprennes jamais de quoi il s'agit.

Sous le ciel rougeâtre du crépuscule, vous vous offrez une autre longue rasade de la *gerba* qui coule dans votre gorge desséchée. Vous avez réussi à vous contenter d'une seule rasade tout au long de l'après-midi. Cependant ; Adolph et ses collègues ont établi qu'il ne sert à rien de rationner l'eau dans le désert, car, que l'on boive vite ou lentement, le corps a toujours besoin de la même quantité d'eau. Et que, d'une certaine façon, mieux vaut boire tôt que tard parce que, sans boisson, on maintient mal la force nécessaire à la marche, aussi endurant qu'on croie être. Toutefois, sous l'acacia, vous êtes content de votre tempérance.

Chacune de vos rasades équivalait à un demi-litre d'eau, ce qui vous laisse neuf litres dans la gerba. Mais vous avez perdu un quart de litre par heure pour rafraîchir votre corps, même à l'ombre de l'acacia, il en ressort que, si vous avez bu un litre, vous en avez perdu deux, sans parler du demi-litre de déficit que vous accusiez déjà au réveil.

Paradoxalement, si vous aviez à votre disposition toute l'eau du monde, cela aussi pourrait vous être fatal. Une quinzaine de coureurs de marathons sont morts ces dernières années pour avoir bu trop d'eau durant les épreuves ; ils ont succombé à ce qu'on appelle une « intoxication par l'eau ». En effet, le système digestif ne peut pas absorber de l'eau en excès alors que le sang est détourné vers les muscles ; les équilibres sodiques du corps s'en trouvent déréglés. Mais le même déséquilibre sodique peut advenir à des travailleurs dans le désert, même s'ils boivent régulièrement et abondamment. Le corps peut excréter son sodium, appelé électrolyte en raison de son rôle dans la transmission des influx électriques dans le corps, et en abaisser ainsi le niveau dans le plasma et d'autres fluides organiques. L'eau perdue dans la sueur est remplacée par la boisson, mais le sodium n'est remplacé que par le sel et les aliments qui en contiennent. Faute de cela, les tissus cérébraux peuvent enfler, ce qui déclenche des convulsions et, dans certains cas, la mort. C'est la raison pour laquelle les boissons pour sportifs annoncent dans leurs publicités qu'elles contiennent des électrolytes pour remplacer ceux qui ont été perdus dans la sueur.

L'eau de votre *gerba* contenait des traces de sel provenant des puits de l'oasis et de la peau de l'outre elle-même. La déplétion sodique n'est donc pas votre problème. De plus, dans la fraîcheur du soir au désert, les voyageurs qui manquent d'eau trouvent souvent que leur besoin d'eau diminue. Vous vous sentez la tête plus claire que durant le jour. Vous avez considéré vos options durant tout l'après-midi et il vous est devenu évident que les nomades ne reviendront pas. Vous devriez sans doute vous mettre en mouvement. Vous savez que vous devriez rester immobile, comme le conseillent les manuels qui recommandent de ne pas s'égarer et d'attendre les secours. Mais qui donc viendra à votre secours ? Les seules personnes qui savent que vous vous trouvez sous cet acacia solitaire au milieu du Sahara sont les guérilleros nomades, et leur intention semble bien être que vous restiez perdu. Vous pensez, bien sûr, à votre rédacteur en chef : voilà deux semaines, vous lui avez envoyé une carte postale annonçant votre intention de suivre la caravane, mais il ne la recevra que dans plusieurs semaines et bien du temps s'écoulera encore avant qu'il s'avise que vous n'avez plus donné signe de vie. Et que croyez-vous qu'il fera ? Qu'il annulera ses déjeuners pour un mois, endossera une tenue de safari et partira pour l'Afrique à votre recherche ? C'est douteux. Il exploitera sans doute l'affaire dans l'intérêt de son magazine. Mais à ce moment-là, il y aura belle lurette que vous serez mort.

Oui, vous devriez vous mettre en route. Choisissez l'une des pistes de chameaux et suivez-la. Ou bien attendez une heure ou deux pour voir si les nomades ne reviennent pas le soir. Certes, l'idée de vous lancer seul dans le désert pendant le jour est angoissante. Quitter l'ombre de l'acacia et vous aventurer dans ces espaces brûlants sans la moindre idée de votre direction vous effraie. Mais si vous ne le faites pas, ces espaces brûlants vous anéantiront là où vous êtes.

Une brillante demi-lune éclaire vos préparatifs de départ. La température est devenue assez frisquette, une vingtaine de degrés, mais vous sentez encore sur votre visage la cuisson des infrarouges émanant du sable, comme la chaleur d'un four allumé et ouvert.

Vous ramassez le manteau et l'enfilez, vous tentez d'enrouler le *tagilmost* autour de votre tête comme le font les nomades mais chaque fois il glisse et, finalement, vous vous l'attachez autour de la taille. Vous glissez votre bloc-notes dans la poche revolver de votre short et vous balancez la *gerba* par-dessus l'épaule : ce sont vos deux sauf-conduits. La lumière de la lune éclaire bien les traces des pas des chameaux : elles partent en étoile à partir de l'acacia. Chaque série de traces semble être celle de l'un des huit caravaniers et de deux ou trois de ses chameaux, et elles partent dans des directions différentes. Vous avez médité sur ce problème et décidez de suivre deux séries de traces qui se chevauchent et qui se dirigent vers l'est. Vous vous enfoncerez encore plus dans le désert, mais c'est la direction que la caravane suivait avant de vous abandonner. Depuis l'oasis où vous avez rencontré le marabout, elle voyageait déjà depuis cinq jours sans se réapprovisionner. Dans deux ou trois jours, les chameaux auront besoin de boire et les nomades, de regarnir leurs *gerbas*. Il leur faudra donc trouver bientôt un point d'eau, vous dites-vous.

Vous vous avancez donc, en sandales, comme si vous sortiez d'une capsule spatiale et que vous vous aventuriez sur la lune. Vous abandonnez derrière vous votre seul lien avec le monde fertile et verdoyant où vous êtes né. Une bouffée d'inquiétude vous vient : et si les nomades revenaient ? Vous les aurez manqués. Mais vous comprenez aussi que, s'ils veulent vous retrouver, ils suivront vos traces sans peine. Ce sont des pisteurs-nés. Ils peuvent s'accroupir auprès de traces de pas de chameau et, tels des experts en empreintes digitales, identifier la trace d'un animal particulier qu'ils n'ont pas vu depuis des années. Ils peuvent savoir, rien qu'à la trace des pas d'un homme, à quelle vitesse il va, l'état dans lequel il est et s'il est pressé à cause d'activités douteuses. « La conscience d'un homme, disent les nomades, se reflète dans ses traces. » Et encore : « Ni le désert ni les traces ne peuvent mentir. »

Peu vous importe que leurs traces vous mènent vers eux ou d'autres, ou l'inverse, pourvu que la rencontre vous permette de vous abreuver abondamment. La marche est d'abord commode, avec ces larges et minces sandales que vous avez achetées à l'oasis : elles tiennent bien sur la surface molle. Les dunes montent et descendent doucement. Ces mers de sable ne couvrent qu'une partie du Sahara et elles sont connues en arabe sous le nom d'*areg*, pluriel d'*erg*, « sable du désert » ; en tamachek, on appelle *edeyen* les dunes plates et *iguidi* celles qui sont monstrueuses. La plus grande partie du Sahara est recouverte de plaines caillouteuses appelées *reg* ou *serir*, et par de grandes étendues rocheuses appelées *hammada*, ce qui, pour de bonnes raisons, signifie, « mourir ».

Heureusement pour vous, il est facile de suivre les traces des chameaux sur l'*erg* : vous repérez bien leurs chevauchements sur les sables argentés. Votre soif semble avoir diminué. Vous vous sentez fort. La masse fraîche de la *gerba* est sous votre bras et votre gros bloc-notes plein de possibilités est dans votre poche. Après l'avoir agité au-dessus de sa tête et cité Hâfiz sur la futilité d'apprendre l'amour dans les livres, le soufi vous l'a rendu.

« Tu peux continuer à écrire dans ton petit livre », vous a-t-il dit.

Au crépuscule, cet après-midi-là, vous avez lentement appris les préceptes de la voie du soufi grâce à vos questions prudentes, à ses citations poétiques mélodieusement chantées, à ses fragments d'explications énigmatiques. Vous avez compris que, fondé en Perse au IXᵉ siècle, le soufisme fait partie de l'islam bien qu'il soit en même temps une réaction contre son austérité. Par sa poésie, sa musique, ses chants et ses danses, il vise à l'abandon du moi et à une union mystique et extatique avec Dieu.

« Être un soufi, dit le marabout, citant Abou Saïd de Mihneh qui vivait au XIᵉ siècle, c'est abandonner tous ses soucis et il n'est pire souci que le moi. Quand tu t'occupes du moi, tu es séparé de Dieu. Le chemin vers Dieu ne comporte qu'un seul pas : se séparer de toi-même. »

Vous avez noté ce précepte à toute vitesse dans le bloc-notes. Oui, avez-vous pensé, cette brève rencontre avec le soufi ajouterait une touche pittoresque à votre article. Votre rédacteur en chef n'a jamais été hostile à une pointe de mysticisme oriental dans un article de voyage, surtout s'il évoque le sexe ritualisé, pourvu que les concepts n'en soient pas trop difficiles à saisir. Il ne semblait pas que des rites sexuels fussent vraiment dans la tradition des soufis, mais les transes l'étaient et cela aussi enrichissait le pittoresque.

« Les sept stades, dit le soufi, ne viennent pas de la contemplation, la *mouchahhada*, mais de l'effort, la *moujahhada*. Le voyageur doit transcender le moi en mettant constamment à l'épreuve la pureté de ses intentions et en éliminant tous ses autres motifs, le *gharad*. »

Il observe une pause ; vous notez.

« Comprends-tu ?

— Oui, avez-vous répondu, levant les yeux de votre bloc-notes.

— Et tu désires toujours connaître la voie du soufi ?

— Je le désire. » Il vous fallait encore plus d'éléments pour votre article et peut-être vous offrirait-il du hachisch ou entrerait-il en transe. « Continuons.

— Le voyageur sur le chemin du soufi doit savoir que Dieu lui-même l'aidera à atteindre l'abandon de soi, son but, en envoyant au voyageur des afflictions mystérieuses. Cela aidera le voyageur à atteindre la mort volontaire, *maut el ikhtyari*. »

Vous êtes réveillé par la chaleur, la brûlante chaleur du désert sur votre tête, vos bras, vos jambes, dans votre bouche et votre gorge, et même dans vos poumons. Vous faites un effort pour vous asseoir. Vous vous trouvez au sommet d'une petite dune, où vous vous êtes allongé avant l'aube pour prendre du repos. Vous avez suivi les traces entrelacées des chameaux pendant sept heures, et vous avez franchi, selon vos estimations, de quinze à trente kilomètres au travers de l'*erg*. Comme l'avait calculé Adolph, l'effort pour couvrir cette distance par une nuit fraîche a brûlé trois litres d'eau de votre corps. Vous vous êtes sagement arrêté pour boire quatre fois, bien que vous n'ayez pas eu le sentiment d'avoir tellement soif. Les physiologistes ont observé que les humains qui travaillent dans la chaleur n'ont jamais besoin de récupérer tout de suite le liquide qu'ils ont perdu ; ils ne ressentent ce besoin que plusieurs heures plus tard. Vos haltes pour boire ont remplacé deux des trois litres que vous avez perdus, et vous avez donc un litre de déficit en plus du litre et demi que vous accusiez déjà avant votre départ. De plus, vous avez perdu un demi-litre au cours de votre somme de quatre heures. Quand vous reprenez votre chemin à l'aube, votre déficit est de trois litres, ce qui, pour un poids de soixante-dix kilos, représente 4,3 pour cent de votre poids, en comptant qu'un litre d'eau pèse un kilo. Ce n'est pas très supérieur au seuil de 3 à 4 pour cent où vous n'enregistrez qu'une baisse modérée de l'efficacité. Mais vous êtes quand même entré dans cette phase de la soif du désert que les durs du désert appelaient « évidente ».

En fin de matinée, vous avez très soif et, à chaque souffle, il vous semble qu'un vent chaud entre dans vos poumons et en aspire l'humidité. Le soleil frappe vos avant-bras nus, qui sortent de vos manches, vous causant une sensation presque viscérale de pression, comme si vous étiez effleuré par la vapeur d'une bouilloire fumante. Vous aviez, dans la fraîcheur de la nuit, oublié la puissance absolue du soleil qui domine le jour saharien. Car le soleil frappe l'air et le sable autour de vous avec tant de force qu'il semble que les molécules se soient mises à vibrer.

Vous avez donc saisi la *gerba* et, sans pouvoir vous contrôler, vous en avez vidé un litre dans votre gosier brûlant. Cette eau fraîche, pourtant souillée de traces de bouse, vous soulage instantanément. Vous serrez soigneusement la cordelette autour de la peau de chèvre, et celle-ci est sensiblement plus petite et plus légère qu'à votre départ : il n'y reste que six litres au lieu de dix. Vous la pressez contre vous. Vous voudriez boire davantage, mais vous n'osez pas. Vous n'avez aucune idée de la distance qui vous sépare d'un puits ou d'une oasis ou même d'un autre humain, et le contenu de cette outre représente tout ce qui vous permettra d'arriver jusque-là. Contemplant le désert du haut de la dune, vous constatez que chaque centimètre carré, aussi loin que porte votre regard, est dévoré par le soleil avec la même intensité. C'est comme si, poussant une porte, vous vous étiez trouvé dans un sauna grand comme un continent. Combien de temps vous faudra-t-il marcher avant d'atteindre un simple coin d'ombre ? Vous vous ressaisissez et reprenez votre marche, non sans trébucher, signe que votre manque d'eau a déjà affecté votre équilibre, et vous tentez d'enrouler le *tagilmost* autour de votre tête pour vous protéger du soleil. Vous parvenez à tortiller une extrémité devant votre bouche et votre nez, ne laissant de jour que pour vos yeux. Cela protège votre tête et rafraîchit un peu l'air que vous respirez à travers ce tissu léger. Vous comprenez maintenant pourquoi les nomades ont adopté cette tenue : c'est parce qu'elle protège autant de peau que possible du soleil du désert. Selon les études d'Adolph, un homme portant un uniforme et restant assis au désert économise un quart de litre de sueur par heure, en comparaison, et c'est là le paradoxe, avec un homme nu qui se sent sans doute plus à l'aise.

Vous recommencez à suivre les traces des chameaux. L'été arrive au Sahara et c'est de loin la journée la plus chaude que vous avez connue depuis que la caravane a abordé le désert, il y a deux semaines. Vous avez lu que l'été, pendant le jour, la température saharienne peut atteindre 50 °C par endroits et que l'humidité n'est que de 5 pour cent. Les rayons du soleil tombent sur vous comme une grêle, l'air semble vibrer et claquer sous leurs coups. La chaleur devient une substance visqueuse à travers laquelle vous devez pousser votre corps. La robe bleue fait office d'isolant, mais la chaleur traverse les minces semelles de cuir de vos sandales. Votre cornée vous brûle comme si vous vous teniez devant un feu. L'effet de l'eau commence à s'évanouir.

À pied, sous le soleil saharien, le corps humain

excrète un litre de sueur ou plus par heure. Au bout
d'une heure de marche dans les sables, vous en avez
perdu encore un litre et demi, ce qui porte votre déficit
total à trois litres et demi, soit 5 pour cent de votre
poids. Vous n'avez ainsi perdu qu'un dixième de toute
l'eau que contient votre corps, mais vous êtes entré dans
le stade de la « bouche de coton ». La fatigue vous gagne
et vous commencez à trébucher. Votre pouls passe de
soixante-dix à cent par minute. Votre peau vous brûle et
vous éprouvez des picotements sous votre robe, premier
signe de l'engourdissement qui affecte les victimes de la
soif. La déshydratation peut aussi engendrer de l'agitation, sans doute à cause de la faible tension artérielle.
Les gens déshydratés compensent souvent leur souffrance en marchant. Et c'est ce que vous faites.

Vous pensez de plus en plus à l'eau. Vous rêvez de
l'eau qui gargouille dans la *gerba*, de l'eau qui coule en
rigoles sous les palmiers, de l'eau dans les piscines, de
celle qui jaillit des fontaines fraîches, des verres d'eau
que vous avez recrachés après vous être brossé les dents
et rincé la bouche. Si vous pouviez tous les récupérer
maintenant ! Par la force de la volonté, vous vous inter-
disez de dénouer le col de votre outre, mais vous ignorez combien de temps vous tiendrez. Vous avancez,
votre salive devient gluante et votre langue parfois colle
au palais et vous devez faire un effort pour la décoller.
Votre respiration devient plus courte et l'air que vous
respirez vous brûle. Il ne reste plus d'humidité dans la
muqueuse de votre trachée pour humidifier et rafraîchir l'air que vous inhalez, et les tissus desséchés de vos
poumons n'assument plus aussi bien leur fonction
d'échangeurs d'oxygène. Vous sentez que vous avez une
boule dans la gorge que vous ne pouvez pas avaler et
que les parois de votre trachée vont rester collées. Votre
visage vous semble gonfler, parce que votre épiderme
rétrécit sur vos pommettes et votre mâchoire. Périodiquement, vous entendez des bruits de tambour et des
claquements ; c'est l'effet du dessèchement des tissus de
vos oreilles.

Votre pas se ralentit. Pendant l'heure suivante, vous perdez un autre litre d'eau et votre déficit total se monte à quatre litres et demi, soit 6,4 pour cent de votre poids. Les dunes vous paraissent d'un blanc incandescent au soleil de midi. Chaque pas exige un plus grand effort de volonté que le précédent. Si vous marchiez avec un partenaire, c'est le moment où vous commenceriez à vous quereller avec lui et à vous soupçonner l'un l'autre et où vous vous sépareriez, mais sans doute vous rejoindriez-vous ensuite, pour la simple satisfaction de vous disputer de nouveau avec vos voix rauques. Faute de partenaire, vous pensez à votre rédacteur en chef. Il doit être installé dans une salle d'un bistrot de Manhattan et le serveur lui verse un grand verre d'eau glacée. Il consulte le menu juste assez longtemps pour commander un saumon sauvage de la Copper River nappé de sauce aux câpres et une bouteille de vouvray glacé. Puis il reprend à l'intention de son vis-à-vis ses lamentations sur la crise de la presse magazine. Avait-il la moindre idée de ce que vous alliez affronter quand il vous a commandé cet article ? S'en souciait-il même ? Est-ce qu'il voulait vraiment cet article, ou bien voulait-il simplement savoir ce que vous alliez rapporter ? Et si l'article n'était pas publié, est-ce qu'il vous accorderait la compensation de 25 pour cent pour non parution, afin d'en finir avec ce souci ? Et si vous ne reveniez pas du tout, pensez-vous en pataugeant dans ces sables brûlants, il ferait même l'économie de ces 25 pour cent !

Dans une dépression entre deux dunes, vous remarquez des bouses ; les deux chameaux se sont donc arrêtés ici. Leurs traces deviennent circulaires. Là, il y a aussi des traces de pieds. Vous vous accroupissez et vous analysez l'état de ces bouses, évaluant leur dessèchement en les écrasant entre vos doigts. Un nomade vous dirait exactement quand ces chameaux sont passés par ici, parce que la bouse est totalement sèche au bout de deux jours. Le mieux que vous sachiez déduire est qu'ils sont passés par là il y a moins de deux jours et plus de quelques heures.

Vous vous relevez en titubant. Vous essayez de reconstituer les traces entrelacées des deux chameaux, mais elles se séparent ; l'une d'elles va vers la dune voisine et l'autre continue à l'est. Il y avait donc quelqu'un sur chacun de ces chameaux. Quelle trace suivre ? Un problème insoluble se pose à vous. Vous décidez de vous asseoir pour y réfléchir et c'est alors que vous vous rendez compte que vous n'irez pas plus loin ce jour-là.

Vous vous remettez en marche le soir. Vous avez survécu à la fournaise de l'après-midi en creusant un trou dans le sable jusqu'aux couches plus fraîches et en vous y installant, la robe étendue autour de vous comme une tente. Les études d'Adolph ont confirmé ce que les nomades et les vieux durs du désert savaient déjà, c'est que le meilleur moyen de conserver votre eau par une température de 38 °C est de vous asseoir tranquillement à l'ombre en gardant vos vêtements, ou bien sous un ciel nocturne, étant donné que, dans les deux cas, on ne perd qu'un tiers de litre par heure en sueur. Si l'on est assis au soleil, la perte causée par la sudation monte à un demi-litre, et si l'on est allongé, ce qui augmente la surface du corps exposée au soleil, elle monte à sept cents grammes par heure. Marcher nu au soleil est le pire recours d'un voyageur du désert, puisque ses pertes en sueur montent alors à un litre et deux cents grammes.

Vous vous sentez bien mieux que durant la journée, bien que votre déficit en eau soit monté à trois litres et demi et que votre *gerba* ne contienne plus que quatre litres. Vous ignorez jusqu'où ces quatre litres vous mèneront et vous vous rendez compte que vos réserves corporelles et votre outre sont sensiblement dégarnies, parce que vous avez voulu marcher dans la chaleur du jour. Quand vous urinez, le jet réduit est d'un brun orangé sombre, car vos reins conservent toute l'eau qu'ils peuvent.

La lune est plus grande et haute et claire dans le ciel. Vous suivez les traces du chameau qui vont vers l'est et non celles qui vont vers le sud. C'était la direction originelle de la caravane et c'est votre conviction que c'est là que vous trouverez le prochain point d'eau. Ou bien est-ce que ces gens vous mettent à l'épreuve ? Est-ce que le fait que leurs traces se soient séparées est un stratagème ? De toute façon, vous savez qu'ils auront besoin d'eau demain ou le jour suivant. Si vous pouvez franchir vingt-cinq kilomètres cette nuit et autant demain ou demain soir, vous devriez arriver à ce point d'eau. Mais pourrez-vous parvenir aussi loin avec quatre litres ?

Les dunes roulent toujours dans la mer de sable de l'erg. L'après-midi, vous avez réussi à prendre quelques notes sur la croyance soufi que les voyageurs sont en réalité engagés dans une quête. Les traces sombres du chameau que vous suivez à la vive clarté de la lune montent et descendent, puis se perdent là où le ciel nocturne se pose sur l'horizon. Vous songez que ce n'est pas une coïncidence si le soufisme a prospéré dans les déserts et autour d'eux. Au cœur le plus aride du désert, le voyage est la métaphore centrale, car le voyage permet de sortir vivant, mais transformé.

Pendant que vous étiez assis avec le soufi dans l'oasis, le bleu du ciel a viré à l'orange. Vous avez sorti quelques billets fanés de l'argent local et vous avez demandé au garçon qui vous a servi d'interprète d'acheter du thé vert et du sucre de palme pour les offrir au soufi. Il est revenu quelques minutes plus tard avec deux paquets enveloppés dans de la paille sèche et un gros melon. Mais quand vous les avez offerts au soufi, il les a refusés.

« Non, ils sont pour toi, a-t-il dit. Mange le melon et bois le thé. Le soufi qui voyage sur le chemin de l'amour doit passer par le stade de pauvreté. Quand le moi qui jadis convoitait les richesses a disparu, le stade de pauvreté a été transcendé et l'amant est tout ce qui compte. C'est pourquoi nous disons *idha tamima'l faqr, fahwallah*, « Là où la pauvreté est complète, il y a Dieu. »

Vous avez compris alors ce que signifiait la robe multicolore du soufi et sa modeste hutte. Il y a des siècles, ils s'habillaient de laine non teinte, *souf*, d'où leur nom.

Le jeune interprète est allé à une hutte proche et, là, une femme a préparé le thé dans un pot sur un petit réchaud de braises et elle a coupé le melon en tranches. Quand le thé et les tranches de melon vous ont été présentés sur un petit plateau de bois, le soufi vous a amicalement invité du geste à manger et à boire.

Vous vous êtes exécuté volontiers. Ce n'était pas comme si vous aviez vous-même fait vœu de pauvreté. Le melon était sucré et juteux et le thé était sucré et chaud, et bien qu'il fût un peu filandreux à cause du sucre de palme, il était étrangement rafraîchissant, comme toujours, dans l'air du désert.

« Quels sont les six autres stades ? » avez-vous demandé, gardant votre feutre et votre bloc-notes prêts, ce qui posait quelques problèmes d'étiquette, car, selon la tradition dans cette partie du monde, vous ne pouvez vous servir que de la main droite pour manger, alors que c'est aussi de cette main-là que vous écrivez.

« Nous n'avons pas de doctrine. Chaque guide ou *morshod* définit ses propres stades, mais plusieurs de ceux-ci sont les mêmes. »

Il cita les plus courants :

> *Tawba*, la repentance ou conversion,
> *Wara*, crainte du Seigneur,
> *Zohd*, détachement,
> *Faqr*, pauvreté,
> *Sabr*, patience ou endurance,
> *Tawakkol*, confiance en Dieu ou reddition à Lui,
> et *Rida*, contentement.

Puis, de sa voix mélodieuse, le soufi cita le cheikh Attar, c'est-à-dire l'Apothicaire, car telle avait été sa profession au XVIIIᵉ siècle en Perse, l'un des plus grands écrivains et poètes parmi les soufis, qui avait ainsi décrit sa version des sept stades :

> Il y a sept vallées sur la Voie... La première est celle de la Quête et de la Recherche. Vient ensuite la vallée de l'Amour, puis celle du Savoir. La quatrième est celle du Détachement et de la Liberté du cœur. La cinquième est l'Unification pure. La sixième, l'Étonnement douloureux. La septième est la Pauvreté et la totale perte du moi. Après cette vallée-là, il n'est plus d'avance volontaire. Il est inutile d'avancer, l'on s'est déjà retiré.

Vous vous êtes assis pour vous reposer quelques heures avant l'aube, la tête sur les genoux. Puis le ciel s'est éclairci à l'orient, vous vous êtes levé avec raideur et vous avez repris votre chemin. Vous projetez d'aller aujourd'hui aussi loin que possible avant que le soleil chauffe le monde. Vous estimez que, pendant la nuit, vous avez couvert près de vingt-cinq kilomètres. Mais la *gerba* ressemble à un sac vide ; vous la secouez, deux litres. Vous vous êtes lentement mis en route, respirant profondément pour éviter de transpirer ou de perdre plus d'eau par une respiration trop rapide, mais même dans la fraîcheur de la nuit, il vous a fallu boire deux litres d'eau pour remplacer ce que vous avez perdu et tout simplement pour avoir la force de marcher. Vous vous êtes maintenu au niveau de déshydratation que vous accusiez quand vous avez commencé votre marche nocturne : 5 pour cent de votre poids corporel. Mais la chaleur d'une journée de désert vous attend et vous n'avez aucune idée de la distance qu'il vous faudra franchir.

Dès la première heure, le terrain change. Dans les

creux entre les dunes, la surface est pareille à une croûte argileuse et caillouteuse. Puis les dunes prennent fin ; vous avez sans doute quitté l'*erg*, au moins pour quelque temps. Vous interprétez cela comme de bon augure. Vous êtes sur une plaine caillouteuse et ondulante, le *reg*, encore assez friable pour conserver les traces des chameaux. Une demi-heure plus tard, vous atteignez ce qui semble être un ancien lit de rivière asséché, aux bords duquel jaillissent quelques touffes de végétation. Les pistes continuent. Encore une demi-heure plus tard, vous arrivez à un autre lit de rivière asséché, où poussent deux acacias rabougris ; il doit y avoir de l'eau sous la surface. Le soleil est haut dans le ciel et le sol du désert commence à cuire. Vous savez que vous devriez vous réfugier sous les ombrages des acacias, en attendant que le gros de la chaleur soit passé. Mais il ne vous reste que deux litres d'eau, une protection bien mince contre la chaleur du désert. Vous n'êtes pas sûr de pouvoir tenir tout un jour à attendre ici et de pouvoir ensuite marcher toute une nuit avec ce qui reste d'eau trouble dans la *gerba*. Vous pressentez qu'il y a de l'eau devant. Votre décision sera cruciale. Vous poursuivez donc votre route.

À midi, vous êtes dans le pétrin. Peu importe que vous ayez pris ou non la bonne décision, ce qui compte est de continuer à marcher. Et vous avez bu vos derniers deux litres. La *gerba* qui pend sur votre épaule est flasque. Mais l'eau que vous avez bue n'a pas comblé votre déficit hydrique, soit un litre et demi de sueur pendant votre marche, plus les trois litres et demi que vous accusiez déjà à l'aube, cela fait cinq litres, 7,1 pour cent de votre poids. Vous êtes au stade de la « bouche de coton ». À chaque pas sur la plaine qui ondule, vous vous attendez à voir une caravane arrêtée près d'un puits ou les palmes d'une oasis à l'horizon. Rien, rien qu'une buée bleuâtre qui ressemble à des montagnes.

Vous ne pensez qu'à suivre les traces du chameau et à l'eau que vous trouverez au bout, la piscine, la fontaine, le verre d'eau pure à la table de votre rédacteur en chef. Vous êtes engagé dans une course entre le taux d'évaporation de l'eau de votre corps et la distance qui vous sépare de votre délivrance. Une heure d'effort sous le soleil du désert et vous avez perdu encore un litre. Votre corps franchit rapidement les stades de la déshydratation : vous en êtes à six litres de déficit, 8,6 pour cent de votre poids. Les observations d'Adolph sur des soldats ont établi que, à ce taux-là, le cœur effectue quarante battements de plus par minute, mais qu'il pompe un volume sensiblement inférieur à la normale. En effet, comme l'eau dans le plasma sanguin s'évapore pour rafraîchir la peau, le sang s'épaissit et le volume que pompe le cœur diminue aussi.

Si vous vous retourniez pour observer vos propres traces, vous verriez qu'elles oscillent sur le *reg*. Au-delà d'un déficit de 10 pour cent, c'est-à-dire de sept litres, vous marchez toujours vers l'horizon bleuâtre, sur les traces du chameau ; vous abordez le stade de la langue rétrécie. Avec l'épaississement de votre sang, l'osmose fait que l'eau de vos cellules franchit les membranes cellulaires pour diluer le plasma ; en d'autres termes, votre corps absorbe l'eau de ses cellules vivantes pour maintenir la fluidité du sang.

À chaque battement de votre cœur, non seulement vous entendez un craquement dans vos oreilles desséchées, mais vous commencez à voir des étoiles. Parfois, le bruit semble sourdre de la crête devant vous et vous essayez d'aller plus vite pour le rejoindre, mais vous traînez le pas, comme si des pierres étaient attachées à vos sandales ; vous comprenez alors que le son vient de vos propres oreilles. Votre peau devient insensible et vous picote. Votre short kaki frotte de façon agaçante contre vos jambes et le manteau, vous n'en avez pas besoin et vous relevez le manteau pour défaire la ceinture et le laisser tomber sur vos pieds, puis vous vous débarrassez aussi de votre caleçon et l'envoyez bouler sur la caillasse. Vos jambes libres vous procurent un certain confort, vous ne souffrirez plus du frottement du short contre votre peau desséchée. Mais vous vous avisez que vous avez laissé le bloc-notes dans la poche du short et vous allez l'en retirer. Or, votre T-shirt sous la robe n'a pas de poche et vous ne pouvez porter à la fois la *gerba* et le bloc-notes. Vous vous défaites donc de l'outre désormais inutile et vous reprenez votre chemin.

Votre tête vous fait mal comme si un bandeau de fer enserrait votre crâne. Vous vous grattez sous le turban. Vous voulez défaire également celui-ci et le jeter dans le vent, mais un instinct profond vous invite à le garder. Votre respiration est lourde, à cause de vos poumons desséchés, vos paupières sont raidies par la déshydratation et clignent mal. Vous accusez le symptôme caractéristique de la soif du désert, le regard qui ne cille pas. Vos membres gourds ne semblent plus attachés à votre corps et la main qui porte le bloc-notes se balade bizarrement devant vous comme si elle appartenait à quelqu'un d'autre. À la fin du stade de la langue rétrécie, rapporte McGee, un prospecteur « voyant un beau bras devant lui, le saisit et y mordit, essayant avidement d'en sucer le sang ; il eut alors le sentiment obscur que le propriétaire de ce bras, qui lui paraissait distinct, protestait ; il fut stupéfait de constater deux jours plus tard qu'il s'était lui-même infligé des blessures ».

Les muqueuses exposées à l'air, bouche, nez, lèvres, sont les premières à se dessécher. Votre corps a littéralement commencé à se momifier de l'extérieur. La salive ne coule plus dans votre bouche, et le mucus a formé une pellicule sèche sur votre langue, vos gencives et l'intérieur de vos narines, généralement humides, rétrécissent faute d'humidité. Votre nez rétrécit aussi et la boule dans votre gorge semble être une pierre inamovible, en dépit de vos efforts répétés pour l'avaler. Enfin, votre langue devient un poids mort. Vous remarquez un curieux mouvement de pendule dans votre bouche et vous comprenez que, à chaque pas sur le *reg* durci, votre langue durcie se balance dans votre bouche et entre vos mâchoires, pendue aux tissus encore humides du fond ; c'est un des symptômes spécifiques du stade de la « langue rétrécie ».

À ce stade, sinon avant, les victimes boiront n'importe quoi qui puisse humidifier leurs bouches. On appelle « mariposia » le comportement de ceux qui boivent de l'eau de mer, « hemoposia » celui de ceux qui boivent du sang, et « uriposia » celui de ceux qui boivent de l'urine, que ce soit la leur ou celle d'animaux. Ce dernier comportement est fréquent chez ceux qui sont gravement déshydratés, et c'était une pratique courante dans les déserts du sud-ouest américain et du Mexique à l'époque de McGee, même si elle ne consistait parfois qu'à s'humecter la bouche. Même quand il a atteint un seuil de déshydratation de 7 ou 8 pour cent, le corps humain continue de sécréter de l'urine, mais à un taux évidemment moindre du litre et demi qu'il produit normalement ; on estime toutefois que l'excrétion cesse quand la déshydratation a atteint un seuil mortel. On ne connaît pas encore bien les effets de cette pratique ; boire de l'eau de mer n'étanche pas la soif, en raison de la forte teneur en sel de cette eau. Il n'en va pas de même pour les fluides animaux. Les nomades du désert sacrifient parfois leurs montures dans des cas désespérés ; ils percent alors l'abdomen du chameau avec un couteau ou un sabre et boivent le liquide verdâtre et mêlé de sang qui s'écoule de la plaie. Un détachement de la cavalerie américaine qui pourchassait des Indiens en 1877, au Texas, vint à manquer d'eau et, lors du retour désastreux vers le lac où la poursuite avait commencé, les militaires ne survécurent qu'en buvant le sang coagulé de leurs chevaux mourants.

Votre langue ballotte donc entre vos dents et vous vous arrêtez. Vous éprouvez le besoin urgent d'uriner. L'idée vous vient que si vous pouviez seulement vous humidifier la langue, vous pourriez avancer encore plus loin sur la plaine, vers les montagnes bleuâtres. Vous relevez le manteau et, titubant, vous essayez d'uriner ;

cela prend très longtemps de déclencher le flot d'urine de votre corps. Il vous semble que vos yeux se dessèchent encore plus à rester là, concentré. Les traces du chameau deviennent difficiles à distinguer. À la fin, l'urine brûlante s'écoule, d'une couleur d'eau mêlée de rouille. Vous en recueillez un peu dans vos mains et la portez à votre bouche ; vous n'éprouvez pas de dégoût, mais seulement un désir de liquide. Vous l'aspirez entre vos lèvres sèches et la gardez dans votre bouche pour humecter votre langue ; elle a un goût salé ; vous l'avalez, ce qui atténue le poids de la boule dans votre gorge. Vous tentez d'en recueillir davantage, mais quels que soient vos efforts, vous n'urinez plus.

La première rafale de vent vous frappe dans le dos et vous fait trébucher en avant, comme si vous avez buté sur une grosse pierre. La seconde rafale vous fait perdre l'équilibre et tomber à quatre pattes sur le sable et les cailloux, le bloc-notes toujours dans la main droite. La tempête de sable s'abat sur vous, nuage fauve de poussière et de sable fin. Vous vous retrouvez donc à quatre pattes tandis que le vent fouette votre manteau, que le sable vous pique la peau, et vous essayez d'attacher le *tagilmost* autour de votre visage ; mais le vent vous l'arrache des mains et le fait claquer droit comme un drapeau dans la tempête. Vous rentrez la tête à l'intérieur du manteau pour échapper au sable et au vent, et vous attendez là, fiévreux, ne pensant qu'à aller de l'avant.

Vous vous rappelez la première fois que vous avez vu le Sahara, la seule où vous l'ayez vu auparavant ; il vous avait inspiré le désir de revenir pour suivre les nomades. Vous aviez été en mission dans le sud de l'Espagne, vous aviez pris un ferry pour le Maroc et vous aviez loué une voiture à Tanger. Vous avez alors suivi la route du sud, au-delà des montagnes du Haut-Atlas et là, vous êtes arrivé au désert. Sur la route étroite et pavée qui franchit le col de la montagne, vous embrassiez du regard l'immensité du Sahara. Loin à vos pieds une tempête de sable soufflait, emplissant l'espace d'un nuage jaune et lumineux sous un ciel qui restait clair et bleu. Vous avez conduit jusqu'à une oasis à la lisière du désert, et la tempête de sable a littéralement décapé la peinture à l'avant du véhicule.

Et maintenant, vous êtes au cœur de cet océan jaune et furieux, recroquevillé, les bras serrés sur vous, protégeant votre vie.

La tempête s'interrompt aussi inopinément qu'elle s'est levée. Vous sortez la tête du manteau. Il vous faut vous y prendre à trois fois pour vous remettre sur pied. Vous essayez de vous ressaisir. Quelque chose vous manque. Votre bloc-notes. Vous le teniez en main jusqu'au moment où vous avez dû le poser pour vous abriter sous votre manteau. Il doit être en train de voler à cent kilomètres à l'heure quelque part au sud-est. Mais vous êtes trop déshydraté pour évaluer votre perte. Vous titubez vers l'avant, suivant les traces pâlissantes du chameau.

À 12 pour cent de déficit hydrique, vous avez franchi un seuil. Vous ne pouvez plus avaler et même si vous trouviez de l'eau, il faudrait que quelqu'un vous aide à vous réhydrater. La zone potentielle de mort par déshydratation n'est pas loin : elle commence à près de 15 pour cent de déficit. Personne n'a encore établi les seuils des deux derniers stades décrits par McGee. Les lèvres, les gencives, la langue et d'autres tissus muqueux se fendent et forment des plaies sanglantes, la langue enfle et sort d'entre les dents. Les mouches s'amassent dessus et sur les autres tissus, afin de sucer le sang qui suinte des plaies et les larmes de sang qui suintent également sous les yeux. Les oiseaux de proie tournoient au-dessus de la victime. Un ami de McGee, vieux dur-à-cuire du désert mexicain de Seri, sauva de la sorte un *vaquero* jeté à bas de son cheval trois jours auparavant et raconte qu'il trouva la victime « suant du sang et se battant contre les vautours ». Pour ce stade de la soif, McGee parle de « sueurs de sang ».

La phase finale est la « mort vivante », toujours dans le langage de McGee. Si l'on suit les traces de la victime dans la poussière et le sable, on s'avise qu'elle s'est arraché les cheveux pour atténuer la sensation de constriction autour du crâne, écrivit-il. Dans les hallucinations qui surviennent, les victimes s'imaginent que des rochers ou des cactus sont des mares ou des carafes d'eau qu'ils accrochent de leurs doigts et sur lesquels ils s'écorchent le visage dans leurs tentatives d'y boire. Même pour les chercheurs modernes, on ignore quel facteur déclenche vraiment la mort par déshydratation. Dans le désert, il se peut que ce soit le coup de chaleur frappant un organisme tellement déshydraté qu'il ne peut plus dissiper sa chaleur corporelle.

Mais même à ces derniers stades, les victimes de la soif restent capables de suivre une piste qui les mène vers de l'eau, bien qu'elles parviennent à peine à se déplacer et à voir ; « quelque chose » leur commande d'aller de l'avant. Maintenant, vous titubez fortement, vous entendez des bruits et de la musique, ainsi que le bruit de soufflerie de votre respiration dans vos poumons desséchés. Périodiquement, le désert se transforme en un hémisphère lumineux au-dessus et en un autre sombre au-dessous, coupés par les traces du chameau. Le manteau vous érafle les jambes et vous sentez un étau autour de la poitrine. Vous n'avez pas besoin du manteau, il est trop chaud. Vous le tirez par-dessus la tête, enlevez votre T-shirt et arrachez le *tagilmost* en fer qui vous enserre le crâne. Ces jambes et ces bras nus et desséchés ne sont pas les vôtres. Ils ont été abandonnés dans le désert par un animal vagabond. Il y a quelqu'un ici aussi. Vous le regardez de loin. Il est très fatigué et il a soif. Vous le dépassez, lui, ses vêtements, ses jambes et ses bras.

Tard dans l'après-midi, un jeune nomade rassemblant les chameaux et les chèvres qui paissaient quelques touffes d'herbe dans un *ouadi*, c'est-à-dire un lit de cours d'eau saisonnier, a vu une étrange forme nue qui rampait dans la caillasse. Il a d'abord cru que c'était un animal inconnu, peut-être l'un des crocodiles qui, lui a-t-on dit, vivent dans les lacs du sud. Il s'en est approché prudemment et il a vu que cela ressemblait à un homme. Pas un *Imazaghen*, mais un *Frangui*, ce qui est le nom des nomades pour tous les Européens. Sa peau était d'un gris singulier, ses lèvres rétrécies étaient noires et son nez était réduit à deux trous dans le crâne ; ses yeux enfoncés dans les orbites fixaient le garçon sans ciller ; et la poitrine de cet homme-bête émettait un bruit de soufflerie. Le garçon s'approche, bâton à la main, prêt à chasser cette créature s'il le fallait. Mais celle-ci semble reconnaître une forme vivante. Puis ses avant-bras cèdent et elle s'écroule face contre terre.

Le garçon le laisse là et court au campement, dans une petite oasis au pied de la montagne bleue ; il rapporte à son père ce qu'il a vu. Un groupe de nomades monte sur des chameaux, guidé par le garçon et son père, pour courir vers la créature. Ils savent que ce n'est ni un crocodile ni une autre bête, mais un *Frangui* déshydraté. Ils le recueillent sans peine, car il est à peine plus lourd qu'une peau de chèvre, le chargent sur un chameau et retournent au campement.

Ils l'allongent sur le sable et les femmes nomades, dont quelques-unes seins nus, sortent de leurs tentes en peau de chèvre pour regarder le *Frangui* qu'on descend de la selle. Sa peau a rétréci sur ses os et son ventre est un grand creux.

« Il est comme un chevreau abandonné par sa mère », observe une des femmes.

Si le lieu était une salle des urgences dans un hôpital occidental, le personnel médical insérerait tout de suite des sondes intraveineuses dans les bras de la victime pour lui injecter de l'eau et d'autres minéraux, après avoir établi au laboratoire quels sont les sels dont il a besoin. Mais les compétences médicales les plus proches se trouvent à des centaines de kilomètres d'*erg* et de *reg*, et elles se résument à une infirmière de village. Les nomades, hommes et femmes, recourent à leurs recettes traditionnelles pour ranimer les victimes de la soif. Les habitants du Sahara les ont mises au point depuis des siècles, et elles ont été décrites en détail dans les années 1930 par un médecin militaire français qui séjournait alors chez les Goranes du Sahara central. Certaines victimes ne peuvent plus avaler, et si elles le peuvent encore, on serait tenté de leur donner à boire jusqu'à ce qu'elles vomissent.

Mais là, les femmes se munissent d'une outre et d'une robe. Les hommes se groupent autour du corps nu du *Frangui*, qu'ils auraient de toute façon dépouillé de ses vêtements s'il lui en restait. La victime est à demi inconsciente, elle bouge à peine et remue les lèvres comme pour parler. Les femmes versent alors soigneusement un filet d'eau sur certains endroits sensibles de sa peau, les creux des clavicules, les aisselles, le pli du coude, le creux de l'estomac et les plis de l'aine. Elles tapotent délicatement les endroits humectés avec leurs mains. Puis elles versent encore de l'eau goutte à goutte sur la tête et le visage de la victime, et poursuivent leur humidification sur les jambes. Enfin, elles mouillent la robe et en recouvrent le *Frangui*. Il sombre dans un sommeil léger. Un peu plus tard, il se réveille et fait des bruits avec sa bouche. Versant de l'eau d'une *gerba* dans un bol de bois, les nomades lui en donnent alors un peu à boire. Il avale avec beaucoup de difficulté. On enlève la robe qui le recouvrait, on recommence l'opération précédente et on le recouvre après lui avoir de nouveau donné un peu d'eau. Ces soins sont répétés plusieurs fois. La victime sombre alors dans un profond sommeil.

Ce que vous entendez d'abord quand vous reprenez vos sens, c'est de la musique. Une musique lente, rythmée par des tambours et qui ressemble à des tambourins. Vous percevez également des voix qui chantent. Vous ouvrez les yeux et vous avisez que vous êtes couché par terre. Le ciel au-dessus revêt le pourpre profond du crépuscule. Des palmes se balancent sur ce fond et les reflets d'un feu de camp s'accrochent aux gros régimes de dattes qui en pendent. Des têtes enturbannées de bleu s'avancent et reculent en mesure au-dessus de vous, elles forment un cercle qui tourne lentement au-dessus, puis s'élargit vers l'invisible orchestre. Les nomades dansent.

Vous êtes conscient de votre faiblesse et de votre soif. Vous n'avez plus la bouche sèche, mais la soif jaillit du fond de vous-même et vous dépasse, elle semble s'étendre jusqu'aux confins du désert. Un homme voilé s'accroupit près de vous et les reflets des flammes dansent dans ses yeux ; il glisse la main sous votre tête pour la soulever légèrement, afin que vous puissiez boire à un bol de bois. Vous buvez l'eau la plus exquise et la plus fraîche que vous ayez goûtée ; elle provient en effet d'un puits artésien et de pluies qui tombèrent il y a des centaines de milliers d'années, à l'âge de pierre ; ces pluies filtrèrent lentement à travers les sables et formèrent une nappe souterraine qui nourrit aujourd'hui les palmiers et leurs dattes succulentes. Que ce simple bol d'eau ait survécu à la sécheresse avide des sables, à l'atmosphère déshydratée et surchauffée au-dessus et à l'aridité du ciel vous paraît être un miracle. Tout l'or et tous les livres du monde ne valent pas un bol d'eau. Sans cette eau, vous n'êtes que poussière dans le vent.

Vous vous endormez de nouveau au son des tambours, des tambourins et des chants, parmi les visages voilées, les yeux étincelants, les robes qui se balancent et les seins nus qui tournent autour du feu sous un ciel maintenant noir. Est-ce pour vous qu'ils chantent et dansent ? Vous l'ignorez et que vous importe. Vous glissez dans des rêves de vallées arides éclairées par la lune et que vous tentez de franchir. Quelque chose de bien vous attend au bout. Vous ne savez ni ce que c'est ni pourquoi, vous n'avez qu'un but, franchir ces vallées, gravir et descendre leurs pentes sableuses. Vous aviez dans les mains un bol de bois qui était très important, mais vous l'avez perdu. Il vous manque, mais vous savez qu'il vous faut aller de l'avant.

Vous vous rappelez, dans votre rêve, des fragments du poème de Roumi que le soufi vous avait chanté :

> Quel que soit ton état, continue ta quête !
> Toi, l'homme aux lèvres sèches,
> Cherche toujours l'eau !
> Tes lèvres sèches l'assurent,
> À la fin tu trouveras la source.
>
> Ta quête est une inquiétude bénie,
> Elle triomphe de tous les obstacles,
> Elle est la clé de tes désirs.
> Bien que tu n'aies pas de récipient,
> Tôt ou tard celui qui cherche devient celui qui trouve...

Quand vous vous réveillez, le cercle des visages s'est agrandi, le rythme des tambourins s'est accentué, la danse est devenue frénétique. Des pieds poussiéreux et desséchés tournent dans le sable autour de votre tête. Au-dessus, tourne une robe multicolore et, dans la lumière des flammes, vous reconnaissez le visage du danseur. C'est le soufi. Il tourne rapidement au centre du cercle des nomades, les bras tendus. Maintenant, vous comprenez ce qu'ils font. Il vous avait décrit le rite du *sama*, un festival de poésie chantée, surtout des poèmes d'amour, et il vous avait dit que la musique et la danse transportaient les danseurs dans une extase comparable à une transe. Le soufi qui tourne au centre représente le soleil et les danseurs autour de lui sont les planètes.

Mais qu'est-ce que le soufi fait ici ? Il devrait être à

l'autre oasis, à quelque trois cents kilomètres d'*erg* et de *reg*.

L'un des nomades s'aperçoit que vous êtes réveillé et vous apporte un autre bol d'eau. Une fois de plus, il s'accroupit pour l'approcher de vos lèvres. Après quelques gorgées, vous essayez de l'interroger dans le bruit des tambours, des tambourins et des chants, en vous servant des quelques mots de *tamachek* que vous connaissez.

« D'où vient ce soufi ?

— De loin.

— Comment est-il arrivé ici ?

— Ne le sais-tu pas ? C'est lui qui t'a amené ici. C'est lui qui t'a envoyé dans le désert et c'est lui qui a laissé les traces que tu as suivies. »

Vous comprendrez bien d'autres choses de votre expérience dans le désert. C'est un lieu de dépouillement qui arrache les couches superflues du moi et l'enveloppe fertile de végétation qui recouvre une si grande partie de la planète. Comme les sommets sans oxygène de l'Himalaya ou les étendues glacées et silencieuses de l'Arctique, le désert vous enseigne combien mince est cette pellicule de vie, et combien votre prise sur elle est fragile. Il n'est pas plus difficile de vous détacher de cette couche mince que d'enlever vos vêtements par une froide nuit d'hiver ou de marcher quelques heures sans eau au soleil. Et quand vous y parvenez, votre *ego*, votre vanité, votre insignifiance et l'aspect dérisoire de ce qui si souvent passe pour un but dans la vie ne deviendront que trop clairs. C'est ce que les grandes religions, les chamans et les soufis tentent de vous enseigner, de vous défaire de ce moi qui vous aveugle. Comme le soufi le savait, quand vous aurez dépouillé votre richesse matérielle et vos ambitions dans ce monde, vous tournerez avec extase sous les étoiles, dans la nuit vide du désert.

C'est pourquoi vous gravissez des montagnes,

pagayez sur des torrents, explorez le désert et cherchez
des lieux lointains : pour vous débarrasser du superflu,
supprimer les protections qui vous séparent de cette
chose que vous appelez le moi et de quelque chose de
bien plus vaste. Votre corps est encore affaibli, à moitié
rabougri, encore avide de l'eau qui le rendra entièrement à la vie, mais, tandis que vous gisez sur le sable,
dans les flammes qui jaillissent dans la nuit, le désert
vous invite à y retourner. Les montagnes vous invitent
à les escalader et les torrents à les parcourir en canoë.
Les lieux exotiques vous appellent.

La question qui se pose n'est pas de savoir si vous
y retournerez, mais où vous irez ensuite et jusqu'où.

Remerciements

La générosité, la patience, les connaissances et l'intuition de très nombreuses personnes à l'intérieur et à l'extérieur des cercles médicaux m'ont été précieuses dans la rédaction de ce livre. À quelques rares exceptions près, toutes mes demandes d'informations ont été spontanément bien accueillies, et ce fut là un grand encouragement.

Je remercierai d'abord Doug Webber, spécialiste de la médecine des urgences à l'hôpital St. Patrick de Missoula, Montana. Alpiniste, canoéiste, plongeur et coureur de marathon, il m'a éclairé sur bien des points de physiologie et de traitement des urgences, et sa compétence sur les sports de grand air a également enrichi ces pages. Je remercie ensuite Scott Elrod, aussi médecin à Missoula, pour ses intuitions dans le domaine de la psychologie. Plusieurs des chapitres ont bénéficié des communications des 16e Rencontres de médecine de grand air de Keystone, Colorado, patronnées par le Bureau de formation médicale continue de la faculté de médecine de l'université de Californie. Ce fut une chance considérable que de trouver tant d'experts assemblés en un seul lieu et d'avoir la permission d'y assister en tant que profane. Que les médecins de la conférence qui m'ont offert leurs lumières soient également remerciés ici ; j'ai essayé d'utiliser aussi fidèlement que possible les données qu'ils m'ont communiquées et je les prie de bien vouloir pardonner d'avance des erreurs éventuelles.

En ce qui concerne l'hypothermie, qui fit d'abord l'objet d'un article dans le mensuel *Outside*, j'ai reçu les avis de plusieurs experts, dont MM. les médecins Daniel Danzl, Robert Pozos, William Forgey, Cameron Bangs et Tom Bulger, ce dernier également attaché au service des urgences de l'hôpital St. Patrick, qui a précisé des détails sur la procédure médicale et Paul Ryan, du Pipestone Mountaineering de Missoula, qui m'a éclairé de ses compétences sur l'équipement de sports de plein air. Patrick Gallagher m'a fait le récit de ses propres et dures expériences en hypothermie. Le guide de plein air et compagnon de ski Skip Horner, de la firme Skip Horner Worldwide, m'a raconté les détails vécus de ce qu'est de dormir sous une tente par des températures de plusieurs dizaines de degrés au-dessous de zéro en Antarctique.

Pour le chapitre sur la noyade, j'ai été informé par Jerome Modell, de l'université de Floride, expert national sur la question. L'instructeur de kayak Kurt Doettger m'a raconté sa propre expérience de quasi-noyade durant une intervention de secours en Caroline du Nord. John Anderson et John Cox, des magasins The Trailhead à Missoula, ont enrichi mes connaissances en matière d'équipement de kayak, et Richard Gallun et Mark Wheelis, sur ce qu'est le kayak sur torrents.

Le chapitre sur le mal des montagnes doit beaucoup à Peter Hackett, l'un des participants à la conférence sur la Médecine de grand air et l'un des chercheurs de pointe sur les effets physiologiques de l'altitude. Également présent à cette conférence, Clifford Zwillich m'a instruit sur l'apnée du sommeil en haute altitude. Mon ancien voisin et partenaire de ski Daniel Mazur, d'Himalaya Incorporated, qui est devenu l'un des alpinistes les plus accomplis de l'Himalaya, m'a fourni – le plus souvent par e-mail depuis le Tibet, le Népal et le Pakistan – des détails sur l'alpinisme en haute altitude et ses effets. Delbert Kilgore, spécialiste de la physiologie des oiseaux à l'université du Montana, m'a offert ses connaissances sur la physiologie des oiseaux qui volent en haute altitude. Noel Ragsdale m'a enrichi de ses aperçus sur la question et l'alpiniste Chris Brick m'a raconté son cas personnel d'œdème pulmonaire lors d'une escalade des Andes.

Les données neurologiques du chapitre sur les avalanches n'auraient pas été possibles sans l'assistance cordiale de Jim Robbins, d'Helena, Montana, auteur de *A Symphony in the Brain : The Evolution of the New Brain Wave Biofeedback*, et de Bernadette Pedersen, également d'Helena et des Brainworks Neurofeedback Services. Bernadette m'a obligeamment raccordé à un appareil qui définissait mes ondes cérébrales et m'a permis de pratiquer le neurofeedback décrit dans ces pages. Scott Lewis m'a raconté son extraordinaire expérience d'ensevelissement, pendant vingt-sept minutes, à plusieurs mètres sous une avalanche en Colombie britannique – il se comporta avec beaucoup plus de calme que le personnage décrit dans ces pages. Linda Parker m'a également rapporté comment elle échappa de près à une avalanche. Le physiothérapeute Fred Lerch m'a permis de mieux comprendre les interactions entre le corps et l'esprit. Beau Johnson, du Board of Missoula, m'a informé sur le surf de neige et le National Weather Service de Salt Lake City m'a expliqué pourquoi il neige tellement dans les monts Wasatch. Neil Beidleman, grimpeur, ingénieur de Big Air Design et l'un des conférenciers des Rencontres de Keystone, a effectué pour moi une démonstration de la façon dont le gilet Black Diamond permet de respirer dans une avalanche. Pour mieux comprendre la physiologie des victimes d'avalanche, je remercie Colin K. Grissom, M.D., et Martin I. Radwin, M.D., qui font des études passionnantes dans les montagnes de l'Utah, en enterrant des volontaires sous la neige pour observer leurs réactions.

En ce qui touche au scorbut, mon compagnon de voile et expert général en sports de plein air, Tom Duffield, m'a fourni les données précises sur les bateaux et la navigation dans les parages de Puget Sound.

Le chapitre sur le coup de chaleur a bénéficié de la contribution de Charlie Holbrook, cycliste de compétition, sur la stratégie d'un coureur et l'épreuve imposée à son corps dans les côtes, cependant que Len LaBuff, propriétaire des bicyclettes Open Road à Missoula, m'a détaillé l'équipement des bicyclettes de compétition. Peter Felsch, météorologue du National Weather Service à Missoula, et Bryan McAvoy, du même organisme à Greenville, en Caroline du Sud, ont établi pour moi un scénario météorologique plausible. Merci aussi à P.Z. Pearce, M.D., qui a présenté un sujet passionnant sur les effets de la chaleur sur le corps humain, lors d'un colloque sur la médecine dans la nature.

Otto Plattner, d'Innsbrück, en Autriche, qui tomba dans un défilé des Alpes du Tyrol et dut attendre des secours pendant des heures dans la neige, et Bill Watson, de Missoula, qui survécut sans dommages à une chute du quatrième étage d'un immeuble en construction, m'ont fait des récits éloquents de leurs mésaventures. Le grimpeur Jack Tuholske et Susan Duffield m'ont indiqué des ouvrages sur l'alpinisme et la varappe, et Ann DiCesare, bibliothécaire au Reader's Digest, réussit avec une étonnante célérité à retrouver le récit du mitrailleur qui tomba de l'empennage d'un avion, que je me rappelais avoir lu dans ma jeunesse, aussi bien que l'article sur le chasseur suédois qui demeura huit jours enterré par une avalanche. Pour les détails techniques de l'escalade de rochers, il me faut exprimer ma gratitude à J. R. Plate, de Piepestone Mountaineering et à Doug Webber pour un scénario tout à fait crédible d'un accident traumatique lors de la pratique de l'escalade. Ebo Uchimoto, professeur de physique à l'université du Montana, et Jennifer Fowler, technicienne de laboratoire du même département, ont effectué pour moi les calculs cités dans ce chapitre. Chuck Leonard, du département de Thérapie physique de la même université, m'a aidé à clarifier certains mouvements. Et Charles Vogel a contribué à élaborer le passé du personnage.

Le chapitre sur le prédateur et la description de la physiologie d'une piqûre de méduse ont bénéficié des connaissances du Dr Paul Cullen, médecin des urgences au Cairns Base Hospital de Cairns, Australie. Les fascinantes statistiques sur les attaques d'animaux dans le monde et en Amérique du Nord ont été citées lors d'une conférence des Rencontres de Keystone par le Dr Michael Callahan, directeur de la médecine de secours au département des Sciences de la santé à l'université du Colorado. Écrivain de Missoula, Connie Poten a contribué aux détails sur l'environnement, et Nici Holt et Andy Cline m'ont raconté la terrifiante histoire de leur rencontre avec un groupe de méduses vénéneuses alors qu'ils faisaient du kayak sur les côtes hawaïennes.

Les détails essentiels sur l'ivresse des profondeurs m'ont été fournis par le Dr Paul Reneau, du Bélize, conseiller de collège à Missoula. Carl Thomas, instructeur de plongée et employé à la Gull Boats de Missoula, a consacré beaucoup de patience et de savoir pour m'expliquer les détails de l'équipement de plongée, ainsi que les plans et les techniques. Tom Neumann, médecin de l'université de Californie à San Diego, m'a également éclairé sur la physiologie de la plongée. Mark Bracker, de la faculté de médecine de la même université et co-directeur des Rencontres de Keystone, m'a fourni des commentaires originaux sur la physiologie de la malaria. Bryan Di Salvatore et Jill Belsky m'ont fait des descriptions angoissantes de la malaria dont avaient souffert certains de leurs compagnons de voyage.

Pour la déshydratation et la survie dans le désert, j'ai bénéficié aux Rencontres de Keystone des lumières de Ronald et Peter Kummerfeldt, instructeurs de survie à la firme Outdoor Safe de Colorado Springs, dans le Colorado. Jay Christopher m'a raconté son expérience de déshydratation pendant qu'il faisait de la varappe en Utah.

J'ai également consulté certains de mes propres compagnons de sport, dont Fred Haefele, Steve et Matt Runella, Ian Frazier, Christopher Preston, Bill Bevis, Ted Stark, Paul Jensen et Gray Thompson.

Ira Byock, auteur de *Dying Well*, et Yvonne Corbeil m'ont fourni de nombreuses informations sur la physiologie de l'agonie. Vaughn Stevens et Don Spritzer de la bibliothèque municipale de Missoula ont toujours réussi à trouver des réponses à mes questions. Shawn Lake de la bibliothèque Mansfield de l'université du Montana m'a fourni des références très utiles pour plusieurs chapitres. Merci aussi à l'équipe de la bibliothèque médicale de l'hôpital St. Patrick. L'idée même du livre est née de l'article sur l'hypothermie pour *Outside*, cité plus haut. Mark Bryant, alors rédacteur en chef de ce mensuel, a joué un rôle décisif dans la conception de ce qui ne devait d'abord être qu'un essai sur l'hypothermie. Laura Hohnhold et Gretchen Reynolds ont donné forme au texte actuel et mon agent Frances Kuffel m'a soutenu de ses encouragements. Jennifer Weltz de l'agence littéraire Jean Naggar m'a beaucoup aidé. Les écrivains Bryan Di Salvatore, Steve Krauzer, Fred Haefele et Bill Vaughn, de Missoula, m'ont également soutenu de leurs conseils et encouragements, et mon père, William Stark, et mon beau-père, Wilmott Ragsdale, tous deux écrivains et aventuriers de la vieille école, en ont relu les chapitres et m'ont encouragé par la parole et l'exemple.

Enfin, je voudrais remercier ma femme, Amy Ragsdale, qui, la première, m'a encouragé à entreprendre ce travail et soutenu durant toute son élaboration. Merci encore à mes enfants, Molly et Skyler, qui ont eux aussi fait preuve d'endurance lorsqu'ils attendaient mon retour pour jouer avec moi.

Table des matières

*Ce volume a été composé
par Nord Compo
et achevé d'imprimer en mai 2002
par **Bussière Camedan Imprimeries**
à Saint-Amand-Montrond (Cher)
pour le compte des éditions Lattès*

N° d'édition : 22787. — N° d'impression : 022190/4.
Dépôt légal : mai 2002.

Imprimé en France